主权债务违约的国家豁免问题研究

STUDIES ON PROBLEMS OF STATE IMMUNITY REFERRED TO SOVEREIGN DEBT DEFAULT

严文君 著

 中国政法大学出版社

2019·北京

声　明	1. 版权所有，侵权必究。
	2. 如有缺页、倒装问题，由出版社负责退换。

图书在版编目（ＣＩＰ）数据

主权债务违约的国家豁免问题研究/严文君著.—北京:中国政法大学出版社,2019.12
ISBN 978-7-5620-9429-6

Ⅰ.①主… Ⅱ.①严… Ⅲ.①国际法－债权法－研究 Ⅳ.①D997.1

中国版本图书馆CIP数据核字(2020)第007417号

出 版 者	中国政法大学出版社
地　　址	北京市海淀区西土城路25号
邮寄地址	北京100088 信箱8034分箱　邮编100088
网　　址	http://www.cuplpress.com（网络实名：中国政法大学出版社）
电　　话	010-58908586(编辑部) 58908334(邮购部)
编辑邮箱	zhengfadch@126.com
承　　印	固安华明印业有限公司
开　　本	880mm×1230mm　1/32
印　　张	11
字　　数	265千字
版　　次	2019年12月第1版
印　　次	2019年12月第1次印刷
定　　价	59.00元

目 录

CONTENTS

导 论 | 001
    一、国内外研究现状 | 003
    二、本书的思路和结构 | 013

第一章 全球化背景下的主权债务违约问题 | 017
  第一节 国际法律环境的宏观发展 | 017
    一、全球治理思潮下的国际法律秩序 | 017
    二、法律多元化和法律冲突思潮下的主权债务违约 | 022
    三、国家主权论和资本自由化的冲突 | 026
  第二节 主权债务的内涵 | 031
    一、主权债务的定义 | 031
    二、主权债务的相关理论 | 038
  第三节 主权债务的种类和债务违约的成因 | 041
    一、主权债务的主要分类方式 | 041
    二、主权债务违约的多种成因 | 044
  第四节 主权债务法律关系分析 | 049
    一、主权债务法律关系中的主体、客体和内容 | 051

二、违约和破产 | 054
三、国家继承 | 055
四、主权债务诉讼和国际仲裁 | 057
第五节 历史上几次较为重大的主权债务违约案例及各自特点 | 060
一、20世纪80年代拉丁美洲经济危机 | 060
二、1997年至1998年俄罗斯金融危机 | 062
三、2005年阿根廷债务重组 | 064
四、2009年迪拜主权债务危机 | 066
五、2010年欧洲主权债务危机 | 068
第六节 小结 | 070

第二章 主权债务违约中的国家豁免主体 | 072
第一节 主权债务违约中产生国家豁免问题的根源 | 072
一、国家是主权债务发行和担保的主体 | 074
二、主权特质赋予了国家特殊的市场交易地位 | 077
第二节 主权债务人的主体适格性 | 080
一、国家与准国家实体 | 080
二、代表国家行使权力的机构或实体 | 083
第三节 国家豁免理论中对中央银行的特殊规定 | 090
一、对中央银行进行特殊规定的必要性 | 090
二、主权债务中中央银行扮演的角色 | 091
三、中央银行享有的国家豁免权 | 093
第四节 小结 | 096

第三章 主权债务诉讼中的管辖豁免 | 097
第一节 主权债务诉讼中的一般管辖规则 | 097

一、解决主权债务违约争端的七种方式　　| 097
　　二、外国法院对主权债务违约案件的管辖态度　　| 103
　　三、确定主权债务违约案件管辖权的法律　　| 109
第二节　主权债务买卖的"特殊商业交易"性质　　| 113
　　一、绝对豁免理论与限制豁免理论的核心之争　　| 113
　　二、商业行为认定标准　　| 124
　　三、主权债务违约特殊性的法理和实证分析　　| 130
第三节　主权债务违约案件的管辖权依据　　| 138
　　一、领土联系　　| 139
　　二、最低限度联系　　| 142
　　三、协议管辖　　| 145
　　四、应诉管辖　　| 148
第四节　主权债务违约中对管辖豁免的放弃　　| 149
　　一、放弃管辖豁免的方式　　| 150
　　二、放弃管辖豁免的效力　　| 158
第五节　其他可能影响到主权债务违约案件管辖权的理论和实践　　| 159
　　一、"卡尔沃主义"　　| 159
　　二、"德拉戈主义"　　| 163
　　三、用尽当地救济原则　　| 165
第六节　小结　　| 169

第四章　主权债务诉讼中的执行豁免　　| 171
第一节　执行阶段的"绝对豁免倾向"　　| 171
　　一、执行豁免与管辖豁免的比较　　| 171

二、财产执行的强制措施　　| 175
　　三、执行豁免的放弃　　| 179
第二节　主权债务违约中涉及的国家财产　　| 182
　　一、国家财产的界定　　| 182
　　二、可执行国家财产的分类　　| 183
　　三、特定种类的国家财产　　| 191
第三节　外国法院判决和国际仲裁裁决的承认与执行　　| 197
　　一、对外国法院判决的承认与执行　　| 198
　　二、对国际仲裁裁决的承认与执行　　| 203
第四节　小结　　| 206

第五章　主权债务重组程序中的国家豁免问题　　| 208
第一节　主权债务重组程序对国家豁免权的影响　　| 208
　　一、对债务重组条款的解构　　| 210
　　二、债务重组协议的效力　　| 219
第二节　"国家破产规则"中的国家豁免问题　　| 222
　　一、IMF 创立 SDRM 的必要性　　| 225
　　二、破产规则中的管辖豁免　　| 228
　　三、破产规则中的执行豁免　　| 231
第三节　小结　　| 235

结　论　　| 237
　　一、国家主权与私人权益形成的良性平衡　　| 239
　　二、转换性视角的运用　　| 248
　　三、在法律的框架内解决问题　　| 253

参考文献 | 258
　一、中文资料 | 258
　二、外文资料 | 265
　三、网站资料 | 272
　四、数据库资料 | 273
附录一　中英文名称对照表 | 274
附录二　常用简称对照表 | 281
附录三　相关国际公约和国家法律节选 | 283
后　记 | 342

导 论
INTUODUCTION

"欠债还钱，天经地义。"这是指在债务法律关系中，债务人有义务按时向债权人履行债务的规则。但当国家作为债务方时，债权人寻求救济的问题就没有那么简单了。历史上，债权人向债务国要求偿付债务有多种方式，如主权债务重组、国际仲裁、司法诉讼以及成立专门的债权委员会处理债务问题，甚至出现过债权人向其母国寻求帮助，母国对债务国进行经济制裁、外交保护甚至是武力索债等方式。在这些索债方式中，武力索债已经为国际法明文禁止，而经济制裁和外交保护也由于容易造成国家之间的紧张关系而为各国所较少使用。债务重组、国际仲裁和司法诉讼的方式成为解决主权债务违约案件的主要方式。与经济安排和仲裁裁决相比，将主权债务违约案件纳入司法诉讼程序在某种程度上可以使最终的债务安排具有更强的规范性、可执行性和法律效力，所以司法诉讼日益成为债权人所青睐的纠纷解决方式。基于国际法上的国家主权原则，国家在司法诉讼中享有国家及其财产豁免权。国家及其财产享有豁免权，意味着债务国免于外国法院的管辖和执行，这无疑是对债务国的强大保护。但随着大量国家采取了限制豁免理论，以及限制豁免理论适用内容和程度的扩张，以英国、美国、新加坡、加拿大为代表国家的立法和司法实践，都在一定程度上对国家豁免权进行了限制性规定。由于国家豁免权可能直接影响到债务国和债权人的根本权益,所以外国法院在审理主权债务违约案件时,如何理解和适用有关的国家豁免规则成为法院需要考虑的重要问题。

主权债务一直以信誉好、安全度高、保值等优点为资本市场所青睐。对于债务国而言,发行外债有利于获得大量、稳定的资本以支持本国的经济发展;对于债权人而言,稳健的收益率也使之成为投资的重要选择。在国际社会中,无论是发展中国家还是发达国家,都将发行主权债务作为实现推动经济发展、支持社会建设、实施公共管理等国家职能的重要手段,主权债务市场也逐渐成为一个巨大的资本市场。根据彭博社2011年统计,世界范围的主权债务已达45万亿美元,其对世界经济的影响力不容小觑。随着主权债务违约事件的不断发生,尤其是前几年的阿根廷债务风波以及欧债危机,使全球的目光聚集在主权债务违约或债务危机的问题上,对其研究的深度和广度都达到了前所未有的程度。

主权债务之所以具有信誉好、安全度高、保值的优点,从根本上说是因为主权债务是由国家发行并以国家信用和财富作为担保,因此有着其他债券不可比拟的优势。但是,问题也同时存在:国家一方面是市场交易者,另一方面是主权者。根据国家主权理论,国家相互平等,彼此之间不能相互管辖,因此国家拥有着一般的市场交易者所不能享受的特权与豁免。对国家而言,在主权债务足以承担的情况下,自然遵守正常的市场交易规则,但是一旦国家无法按时支付债务而导致违约甚至破产的情况发生,很多国家会通过各种方式去减免、逃避甚至拒绝偿付债务。根据国家豁免原则,债务国可以通过主张管辖豁免、执行豁免、判决承认与执行的抗辩、特定协议条款等方式去避开债权人为保护债权而提起的诉讼程序。在这种情况下,就会出现债务国与债权人的利益出现对立乃至冲突的情况。一方面，债务国希望借助国家豁免原则使其免于外国法院的管辖和执行，但这种特权常常会成为债务国逃避债务的借口；另一方面，债权人则希望起诉到有关法院对债务国的债务违约行为进行审判，并执行债务国财产以清偿其债务；但这也容易导致债权人滥用司法权力，形成竞相诉讼的后果，甚至成为一些投机债权人通过诉讼获取暴利的手段。所以，在主权债务违约纠纷中，片面地赋予债务国及其财产以国家豁免权可能会加强债务国的强势地位，容易导致侵害债权人合法权益的情况产生；而武断地将债务国的所有主权债务行为纳入有关法院的管辖范围，并予以其执行债务国财产的权力，也可能会因过度保护债权人而使债务国的信誉和财产受到损害，甚至形成债务危机或"国家破产"的结局。因此，找到一个行之有效而又较为合理的解决主权债务违约的国家豁免问题的法律规则，不仅有利于平衡债权人和债务国之间的利害关系，还可以使债权人和债务国更好地实现债权和履行债务。

一、国内外研究现状

主权债务违约自欧债危机以来被各国尤为关注，其导致的债务危机对一个国家造成的冲击，以及对债权人造成的损害，都让国际社会印象深刻。但实际上债务违约并非一个新鲜事物，早在19世纪，美国、埃及、阿根廷、希腊以及巴西等国家就发生过主权债务违约的情况。根据国际货币基金组织的统计，从1824年到2004年，全球共发生了257起主权债务违约。最近30年发生的较为重大的债务危机主要有：20世纪80年代的拉美主权危机、1994年的墨西哥经济危机、1998年的俄罗斯金融危机、2002年的阿根廷主权债务危机以及刚刚过去的欧债危机。主权债务违约或债务危机由来已久，各国学者也已陆续在不同程度上对其进行了研究。为什么债务国会出现无力支付其主权债务的情况？债务国应承担什么样的法律责任？债务国可否在主权债务违约诉讼中主张国家豁免权，其限度在哪里？用什么方式能平衡债权国和债务人的权益，从而找到较好的解决方案？这些问题是学者们在研究主权债务违约的国家豁免问题时所需要论证的基本内容。

目前，学界对主权债务违约问题的研究主要集中在政治经济学和法学领域。总体来说，政治经济学中对主权债务的研究已经比较全面，涉及了金融、货币、财税等各个方面，法学领域的研究较为集中在债务担保、破产重组、债务诉讼和仲裁三个方面，仅有少数学者对主权债务涉及的国家豁免问题进行了初步的研究。

在主权债务领域对国家豁免问题的研究较有影响的学者主要有"解决投资争端国际中心"[1]前高级法律顾问、著名的国际仲裁专家乔治斯·R. 德劳莫（George R. Delaume）。在他所著的《主权豁免的三个方面——公债和主权豁免：以1976年美国〈外国主权豁免法〉》[2]以及《主权豁免和公债》[3]为代表，明确提出了公债中的国家豁免问题，他主要通过比较欧美立法中可能对公债产生影响的条款，就管辖豁免、执行豁免、放弃豁免、债务诉讼和国际仲裁的局限性等问题进行了讨论，并主张国际仲裁作为一种争端解决方式在公债领域的"复兴"。德劳莫先生第一次以国家豁免的视角对主权债务问题进行研究，并提出了许多富有建设性的观点，为后来学者的研究提供了有益

---

［1］ 即 International Center for Settlement of Investment Disputes，简称 ICSID。

［2］ See Georges R. Delaume, Three Perspectives on Sovereign Immunity, *The American Journal of International Law*, 1977, Vol 71, No. 3, pp. 399~422.

［3］ 参见［英］乔治·R. 德劳莫："主权豁免和公债"，张文庆译，载《环球法律评论》1991年第2期，第58~63页。

的视角。但由于研究的年代距离现在较为久远,许多新问题新情况已经超出了他原来研究的范围,而且他研究该问题的视角主要站在欧美立法的立场,因此不能全面地囊括其他国家的立法和实践。奥地利学者迈克·瓦博在其所著的《国际法视角下的主权债务违约》[1]一书中,专门从国际法的视角对主权债务违约的内涵、政治回应、债权人组织、国家继承与偿债能力、国际仲裁方式、债务违约的国际责任等方面进行了理论和案例分析,其中也涉及债务诉讼中的一些问题。Jonathan I. Blackman 和 Rahul Mukhi 教授在《现代主权债务诉讼的演化》[2]一文中,通过对主权破产保护程序的缺失、拉美主权债务二级市场和经济危机、包揽诉讼中的债务国、平等权利条款以及执行程序等方面问题的分析,专门讨论了在债务诉讼中对秃鹫基金的限制,其中涉及对国家豁免问题的一些观点。以及最近美国学者 Weidemaier 发表的《主权豁免与主权债务》[3]一文中,以美国 1976 年《外国主权豁免法》为立场,对主权债务解决方式的转变、法律强制措施的关联性、格式合同的限制等方面涉及的国家豁免问题进行分析。在国外学界,上述几位是少数将主权债务和国家豁免两者结合起来进行直接论述的学者,并获得了一定的成果,但稍有不足的是,他们的研究多是针对具体案例或具体领域,并未形成一个与主权债务有关的国家豁免问题研究的完整的、全面的理论体系。

---

[1] 参见[奥]迈克·瓦博:《国际法视角下的主权债务违约》,郭华春译,法律出版社 2013 年版。

[2] See Jonathan I. Blackman, Rahul Mukhi, The Evolution of Modern Sovereign Debt Litigation: Vultures, Alter Egos, and other Legal Fauna, *Law and Contemporary Problems*, 2010, Vol. 73, pp. 47~61.

[3] See W. Mark C. Weidemaier, Sovereign Immunity and Sovereign Debt, *The University of Illinois Law Review*, 2014.

除了上述对主权债务的国家豁免问题进行的专门性论述文献以外,还有一些文献是关于某些更细致的问题进行的相关研究,可以成为论文研究的有益借鉴:

关于主权债务违约的定义。比较权威的定义是全球三大评级机构(美国标准普尔公司、穆迪投资服务公司、惠誉国际信用评级有限公司)给出的:如果一国不支付一种或一种以上的债务,或者一国的贬值债券互换导致利息或本金的减少或到期日的延长,则该国属于主权违约。[1]对于主权债务本身,学者也有不同的观点。比如国内学者张虹在《主权债务重组法律问题研究》一书中认为,主权债务是指一国政府或其授权部门代表国家举借的、以国家信用保证偿还的所有债务。[2]与此稍有不同的是,国外学者Jonathan Eaton 和 Raquel Fernandez 在他们合著的论文《主权债务》[3]中提到,主权债务由政府、通常是发展中国家的政府,对寻求竞争性回报的外国投资者所承担的债务。这样的分歧是本书讨论的重要支点,即主权债务是否全部由政府发行追求利润回报的外债构成。实际上,根据 IMF 对紧急资金融通的定义,Jonathan Eaton 和 Raquel Fernandez 的说法明显排除了在国际金融市场上国家可利用的其他一些金融种类。

关于主权债务对国家经济的作用。国外的经济学界认为主权债务对国家经济的作用经历了一个发展过程。早期的西方古典经济学家认为外债对国家经济是有害的,因为公债具有政府

---

[1] See IMF, *Reviewing the Process of Sovereign Debt Restructuring within the Existing Legal Framewor*, Aug. 1, 2003, p. 35.

[2] 参见张虹:《主权债务重组法律问题研究》,中国人民大学出版社2007年版,第1页。

[3] See Jonathan Eaton, Raquel Fernandez, Sovereign Debt, *Handbook of International Economics*, 1995, Vol. 3. 11.

干预经济的强烈色彩,与自由市场理论中经济应由市场"这只看不见的手"来调整的基本理念格格不入,亚当·斯密、大卫·休谟和大卫·李嘉图都是这一观点的代表。而凯恩斯则认为主权债务可以弥补投资的不足,进而刺激有效需求,强调了主权债务对一国经济的作用,提出了外债有益论。同样的,德国财政学家瓦格纳也认为如果公债资金的来源是国内外经济中的剩余资本时,其对经济的发展也是有益的。纳克斯的贫困恶性循环理论和罗斯托的起飞理论也是这一理论的支持者。美国耶鲁大学著名的经济学家陈志武在其著作《金融的逻辑》中认为美国建国初期就是靠借债存活下来的。[1]一般来说,各国在实践上并不排斥通过发行外债来发展本国经济,加大经济驱动力。

关于主权债务违约的原因。以欧债危机为例,欧元之父蒙代尔在其文章《只有债务危机,没有货币危机》中认为:"一是财力不济的国家要效仿财力充沛的国家所实行的养老金和福利计划,这远非其国内财力所能承担;二是目前欧元区劳动力的流动性较低,距离最适度货币区理论的要求有一定的差距。"[2]亚尼斯·斯图尔纳拉斯则认为,希腊爆发严重的政府债务危机,原因有三点:一是政府财政常年超支;二是公务员队伍过于庞大;三是存在严重的偷税漏税现象。国内学者李惠瑛和缪建民的主张与此相似。[3]另外,国外学者 Cole 和 Kehoe 认为虽然可将政府债务危机的直接原因归结于公共预期的改变,但政府支出的过度增加才是债务危机爆发的根本原因。中国学者安国俊则认

---

[1] 陈志武:《金融的逻辑》,国际文化出版公司 2009 年版。
[2] 参见[加]蒙代尔:"只有债务危机,没有货币危机",载《财经》2011年9月。转引自 http://magazine.caijing.com.cn/2011-09-04/110840356.html,访问日期:2013 年 10 月 1 日。
[3] 转引自卢璨:"欧洲主权债务危机的演进与解决方案研究",华中师范大学 2012 年硕士学位论文,第 2 页。

为，欧洲主要国家在金融危机中收购部分银行，将原来银行的负债转化成公共部门负债，从而导致债务负担率激增超过风险警戒线，为债务危机埋下了隐患。[1]还有 Michael D. Bordo，Christopher M. Meissner 和 David Stuckler 在《外国货币债务、金融危机和经济增长：一个长期的观点》一文中将金融危机作为欧债危机的直接原因。[2]国际组织也根据自身的研究数据分析做出自身的判断。世界清算银行 2011 年的年度报告中认为，欧洲主权债务危机的产生原因之一是危机国各个经济部门间的发展不平衡。又如 IMF 指出危机爆发的间接原因："在全球金融危机之后，大多数国家的经济活力减弱、税收减少、失业率大幅上升，这导致了政府给付的压力越来越大，最后由于无法偿还而产生了债务危机。"[3]从理论上来讲，一个国家不可能无力清偿债务，国家总是可以通过增加赋税、借债或者将国内产品出口以换取收入和所需外汇等方法来清偿其债务。所以，Jonathan Sedlak 认为从某种意义上说，国家不履行债务义务的关键在于其支付意愿，以及实施政策以获取偿还债务所需资金之能力问题，而并非其不具备支付能力。

对于主权债务违约的防范与预警问题。Arvind Subramanian Peterson 认为在发生危机时，应建立一个由欧洲央行领导的金融

---

[1] 参见安国俊："英国主权债务危机及启示"，载《银行家》2010 年第 4 期，第 96 页。

[2] See Michael D. Bordo, Christopher M. Meissner, David Stuckler, Foreign Currency Debt, Financial Crisis and Economic Growth: A Long Run View, *National Bureau of Economic Research*, 2009, BIS Working Paper 15534.

[3] See IMF Working Paper, *European Department*, *Euro Area Sovereign Risk During the Crisis*, Prepared by Silvia Sgherri and Edda Zoli, Authorized for Distribution by Luc Everaert, October, 2009.

监管机构,侧重保护金融部门的信心,而不是放松货币政策。[1]世界清算银行 2011 年提出,债务危机爆发前,资产价格可能产生变动,债务国的财政赤字和债务水平可能会有所下降,因此危机国应尽量减少公共债务以避免债务危机。[2]IMF 认为,债务国应该承诺未来会一直遵守一个值得信赖的长期财政规划,在危机后的经济恢复阶段,通过明确的经济模型分析来制定救助政策。[3]国内学者王哲在《后危机时代信用评级机构监管法律制度研究》[4]和普峰在《基于金融危机防控的信用评级机构法律规制研究》[5]中将信用评级机构的法律规制作为研究主权债务危机防范与预警的切入点,为我们提供了另一个视角。可见,主权债务危机的防范和预警是一个综合性的问题,需要结合货币政策、银行管理等问题多维度地思考。这也体现了债务国在主权债务与银行、货币、外汇等领域密切相关,体现了这类国际债务的特殊性。

关于债务发行以及担保合同的法律问题。一般情况下,国家拥有经济自生和发展能力,但有时基于对经济发展的需要,会通过发行外债的方式筹措资金。外国投资者基于对国家实力的认可,往往愿意购买外债以达到资产增值的目的。在这一过

---

[1] See Arvind Subramanian Peterson, *Preserving Financial Sector Confidence, Not Monetary Easing, Is Key*, *The First Global Financial Crisis of the* 21st *Century*, 2008, Part 2.

[2] See BIS, 81st Annual Report, Apr. 1, 2010 – Mar. 31, 2011, Basel, Jun. 26, 2011.

[3] See IMF Working Paper, *European Department*, *Euro Area Sovereign Risk During the Crisis*, Prepared by Silvia Sgherri and Edda Zoli, Authorized for Distribution by Luc Everaert, October, 2009.

[4] 参见王哲:"后危机时代信用评级机构监管法律制度研究",复旦大学 2012 年硕士学位论文,第 4 页。

[5] 参见普峰:"基于金融危机防控的信用评级机构法律规制研究",天津财经大学 2012 年硕士学位论文,第 8 页。

程中，政府担保是主权债务发行的强心剂。国内学者陈永亮在《欧洲主权债务危机中的担保问题研究》中认为："为了稳定投资者的信心，使得政府担保成为国家借贷中必不可少的条件。"[1]对于政府担保的区分，李仁真在其主编的《国际金融法学》一书中认为："一类是在政府担保协议中作出明确规定，政府担保既包括对贷款本身偿付的保证，也包括对项目执行的保证，即保证人有义务尽一切可能或提供一切机会帮助借款方执行和完成项目。另一类则将担保限于对贷款本身的偿付。"[2]但由董彦岭和张继华合著的《外债危机中的政府担保因素分析》一文指出，从20世纪90年代以来爆发的几次较大规模的外债危机来看，政府担保也往往成为外债危机生成的一个重要的传导源。政府对外债的显性或隐性担保以及直接的政府外债引致的道德风险问题和金融体系的脆弱性也会通过扭曲各市场主体行为、弱化社会风险防范意识而成为危机爆发的制度性根源。[3]持有相类似观点的学者如Mckinnon和Pill在《信用自由化和国际资本流动——借贷过度综合征》一文中认为，政府对国内银行负债的隐性担保会导致银行借贷的道德风险。[4]Sachs在《金融时报》中指出，这种由道德风险所驱使的银行借贷膨胀最终将使银行面临外债危机。[5]Krugman在《亚洲发生了什么？》一文中

---

[1] 参见陈永亮："欧洲主权债务危机中的担保问题研究"，辽宁大学2009年硕士学位论文，第1页。

[2] 参见李仁真主编：《国际金融法学》，复旦大学出版社2004年版，第162页。

[3] 参见董彦岭、张继华："外债危机中的政府担保因素分析"，载《山东经济》2009年第1期，第100页。

[4] See Ronald I. Mckinnon, H. Pill, *Credible Liberalizations and International Capital Flows: the Overborrowing Syndrome*, Chicago University Press, 1994.

[5] See Jeffrey Sachs, Personal View, *Financial Times*, Jul. 3, 1997.

从金融过度的角度对这一问题作了进一步阐述。[1]所谓金融过度就是指金融中介机构道德风险的过度积累。Corsetti,Pesenti 和 Roubini 在《是什么导致了亚洲货币和金融危机》一文中通过建立道德风险模型分析了政府担保引发的企业和银行过度投资和银行的过度借用外债行为。并通过动态分析和经验数据解释了政府担保引发外债危机的机理。[2]这些材料对主权债务担保协议的法律性质、法律效力以及争议方式进行了较为深入的论述。

关于主权债务的破产重组问题。如果一国因其无法偿还债务,其直接的后果轻则违约,重则破产。这势必会损害债权人的合法权益,而且也会对债务国造成巨大的影响,导致"国家倒闭"、经济崩溃、人民生活水平急剧下降。在国家进入破产程序后,如何有效地平衡债权人和债务人的权益,找到行之有效的解决方法,是各国学者争相研究的话题。针对主权债务违约,John Taylor 在《主权债务重建》一文中提出集体行动条款(Collective Action Clauses,CACs),认为应在相对集中的国家债务人和分散的债权人之间的债务合同中引入一些新的集体行动条款机制。[3]但传统的集体行动条款已日益显露出其弊端,IMF 提出"主权债务重组机制"(Sovereign Debt Restructuring Mechanism,SDRM)作为解决债务问题的司法化程序,其构想具有相当的前

---

[1] See Paul Krugman, *What Happen to Asian*? As Cited from Website: http://web.mit.edu/krugman/www/desinter.Html, 1998.

[2] See Corsetti, Giancarlo, Paolo Pesenti, Nouriel Roubini, What Caused the Asian Currency and Financial Crisis? *A Macroeconomic Overview*, Part 1, NBER Working Paper, 6833, 1998.

[3] See John Taylor, Sovereign Debt Restructuring: A U.S. Perspective, Conference on Sovereign Debt Workouts: Hopes and Hazards? *Institute for International Economics*, Washington D.C., 2002.

瞻性。曾炜在《国家破产法律问题研究》一文中指出，SDRM是为了弥补 IMF 现有的框架中处理主权债务问题的缺陷而提出的，其基本构思是将国内破产法思路运用于主权债务重组，并形成法律制度。[1]Christoph G. Paulus 在《国家破产走向国际规则》一文中也持赞同观点。[2]而对英美发达的破产法律制度，学界已有相当成熟的研究成果，如 David A. Skeel 著有《债务的世界：美国破产法史》[3]和 Aghion Philippe, Oliver Hart and John Moore 合著的《破产改革经济学》[4]。主权债务破产重组作为与诉讼相比较的手段，有其不可替代的优势。正如 James M. Hays II 在《主权债务的困境》一文中论述："从债权人整体来说，这种个别诉讼成本过大，不符合经济原则；从债权人个人来说诉讼费时费力、成本又高，许多债权人选择接受重组就是为了避免陷入旷日持久的诉讼之中。"[5]

关于主权债务诉讼中涉及的国家豁免问题，已在英美国家的法院判决材料中有所涉及。如 2012 年纽约上诉法院托马斯·格里塞对 NML 诉阿根廷案的判决，认为阿根廷的发行债券行为构成了商业行为，接受纽约州法律的管辖，并判决阿根廷政府向 NML 公司支付 13 亿美元的赔偿。英国法院在该案一审时即对

---

[1] 参见曾炜："国家破产法律问题研究——主权债务重组的新思路"，湖南师范大学 2004 年硕士学位论文，第 12 页。

[2] See Christoph G. Paulus, *When Countries Go Bankrupt*: *The Virtues and Flaws of the International Monetary Fund's Proposal of an Insolvency law for Nation-States*, Feb. 13, 2002. As cited from website: http://writ.news.findlaw.com/commentary/20020213_paulus.html, Visited in Sep. 12, 2013.

[3] 参见［美］小戴维·A. 斯基尔：《债务的世界：美国破产法史》，赵炳昊译，中国法制出版社 2010 年版。

[4] See Aghion Philippe, Oliver Hart and John Moore, The Economics of Bankrupt Reform, *Journal of Law, Economics and Organization*, 1992, Vol. 8, pp. 523~546.

[5] See James M. Hays II, The Sovereign Debt Dilemma, *Brooklyn Law Review*, Spring, 2010.

该判决的承认与执行做出了近 2 万字的执行裁定，认为阿根廷的抗辩理由不成立。这些判决中涉及管辖权、法律适用以及判决的承认与执行的原始论述材料。值得注意的是，英国学者福克斯（Fox）所著的《国家豁免法》是当代在研究国家豁免方面颇有建树的著作，其中对国家豁免方面的理论和案例论证也为本书的有关研究提供了大量的素材和思路。[1]而国内学者郭华春在《主权债务债权人的"对价"能力机制分析——基于诉讼角度的观察》一文中，就主权债务违约问题中涉及国家豁免的部分进行了初步论述，认为从限制国家豁免原则、以域外具有可执行的财产成为债权人选择管辖法院和准据法的依据、放宽裁决执行阶段的豁免范围等三个方面作为切入点，可以提高债权人在诉讼中的对价能力。[2]这是目前国内唯一一篇直接在主权债务中对国家豁免问题进行了论述的文章，虽然仅限于一个章节，但已经可以看出国内学者已经注意到这一领域的发展。

二、本书的思路和结构

本书通过分析历史上出现过的多次较为重大的主权债务违约事件、债务危机以及有关的评论和意见，总结归纳主权债务的产生、发展、违约和解决的脉络与逻辑，寻找它们的共同点、特性以及新发展，建立对主权债务违约的正确理解。在此基础上，结合国际立法和各国立法，以及有关的司法判例、债务重组程序、债务仲裁裁决等材料，运用理论研究方法和实证分析方法，研究实践中处理主权债务违约的规则和程序，对国家主权实体资格的认定、管辖豁免、执行程序豁免以及债务重组与

---

[1] See Hazel Fox, *The Law of State Immunity*, Oxford University Press, 2002.
[2] 参见郭华春："主权债务债权人的'对价'能力机制分析——基于诉讼角度的观察"，载《法商研究》2012 年第 3 期。

破产等每一个环节进行论证，对比各国方法的异同，并辅以法理学的推敲和考证，从实然的和应然的两个角度对该问题进行研究，以期寻找最为可取的解决方式。本书的研究立场并不片面地倾向于债务国或债权人，而是寻求两者权益达致良性平衡。本书旨在从这种平衡和转换性的视角中，揭示主权债务违约法律关系中的主权性和非主权性，支持一种近似于"混合标准"的行为判定方式，以此为基础探寻在主权债务违约的司法（或司法化）解决程序中可以适用的国家豁免规则。

第一章首先论述了可能对主权债务违约的国家豁免规则造成影响的国际背景和主要思潮，将该问题置于具体的、历史的发展情景下进行研究。进而根据国际权威机构、各国立法、各国学者对主权债务的定义进行分析。随后对主权债务的性质、表现形式、法律关系等基础问题进行论述，构成进一步论述的理论基础。最后从历史的角度梳理了几次较为重大的主权债务违约和债务危机，为后文论述中涉及案例的深入、穿插性的分析提供一个直观的认识。

第二章以国家作为主权实体的适格性为重点，论证了外国法院在审理主权债务违约案件中首先需要解决的诉讼主体问题。国家豁免原则是一项国际法的基本原则，赋予了国家免于外国法院管辖和执行的特权。国家作为债务人，在市场交易中具有特殊法律地位，这是导致主权债务法律关系中产生国家豁免问题的根源。根据国际条约和各国立法的有关规定，本书分析了国家实体和准国家实体、国家及其代表的主体资格以及具体情况下享有国家豁免权的情况。由于中央银行或财政机构在主权债务发行和违约中扮演着重要地位，各国立法和实践一般将他们视作特殊的法律主体，予以更高的豁免保护。

第三章主要论述了主权债务违约诉讼中涉及的管辖豁免问

题。首先对债务国和债权人之间解决债务违约的七种方式进行简要评述，最后的落脚点是主权债务违约的司法化解决方式。在欧美国家，管辖权问题是国际民商事诉讼的核心问题，管辖权规则往往会对审判中适用的法律、形成最终判决以及判决的承认与执行等方面造成直接的影响。通过绝对豁免理论和限制豁免理论的核心之争、国家商业行为的判定标准以及主权债务法律关系的特殊性质三个方面进行层层递进的论述，得出类似于"混合标准"的主权债务违约行为的判断方法。随后对有关外国法院在司法实践中适用的管辖权依据进行合法性和合理性的论证，并就放弃豁免的方式和效力进行了剖析。最后对可能影响主权债务违约行为的管辖豁免规则的几个重要原则，如"卡尔沃主义""德拉戈主义"和用尽当地救济原则进行了比较分析。

第四章主要探析了主权债务违约诉讼的执行豁免问题。首先分析了各国在立法和司法中对执行豁免问题体现出来的"绝对豁免倾向"，执行豁免相对于管辖豁免的独立性，以及放弃执行豁免的更为严格的条件。继而考察了国际立法和国内立法对于主权债务违约中可能涉及的国家财产的定义、分类标准以及特定财产的有关规定，并具有创造性地提出国家信用作为执行对象的可能性。最后对外国法院判决与国际仲裁的承认与执行程序中涉及的国家豁免问题进行了比较研究。

第五章主要研究主权债务重组或破产程序中涉及的国家豁免问题。一般来说债务重组并非司法程序，不会涉及国家豁免问题，但是由于债务重组协议，以及重组程序中的有关条款，如退出修改条款、交叉违约条款以及发起条款等的适用会对债务国主张国家豁免权产生直接或间接的影响，因此将其纳入本书讨论的范围。IMF 提出的 SDRM 程序虽然只是一种构想，但在其设立草案中该程序可视为一种类似于国家破产的司法程序。因为该程序具有司法程序中特有的强制性、权威性、统一性和时效性。本书围绕该程序中可能涉及的管辖豁免和执行豁免问题进行了思考和论证，并认为 SDRM 程序在债务重组和破产领域具有前瞻性和指导性的意义。

结语部分。简要总结和评述了全文的主要观点以及思考主权债务违约的国家豁免问题的方法论，并就相关问题分享了一些期望意见。

主权债务违约问题有其时代性，但可以确定的是，在未来较长的一段时间里，只要国际资本融通体系仍然有效运行，主权债务问题是不会消失的，而且会以更大的规模、更丰富的表现形式出现在我们面前。所谓防患于未然，因此，对主权债务违约的研究不会停止，只有持续深化。

第一章
全球化背景下的主权债务违约问题

第一节 国际法律环境的宏观发展

对任何法律问题的考虑都应放置于具体的社会历史背景中，才能够发现其真正的内容和价值。法律问题，从来不会脱离具体的社会、经济、政治环境产生，也不能超越特定历史阶段而进行自我进化。所以，主权债务违约的国家豁免问题，也需要从这个问题产生的历史条件、现实情况和未来发展的多维角度去考察。在近现代的国际法律大环境中，至少有三种思潮对探讨分析主权债务违约的国家豁免问题的产生、形成和发展产生了重要影响。

一、全球治理思潮下的国际法律秩序

国际法的产生和发展，源自于国际商品、服务、资本、劳动等国际生产和交换因素的交流日益扩展和深入。自冷战结束后，全球化和多极化成为国际社会发展的主要潮流。以美国作为主导、多个国家实体（或国家联盟）共同支持以及其他国家并存的多极世界在全球化运动下逐渐形成了今天的国际法律秩序。在这个法律秩序中，国家主权原则被认为是国际社会存在与发展的基本规则，但日益出现的重大全球性问题，诸如金融危机、人道主义救援、气候与环境灾难、跨国犯罪、网络安全、

反恐、反人类与战争罪行等,这些问题已非一个国家或数个国家能单独解决,而是需要所有主权国家以及有关的国际组织、企业甚至个人进行更为广泛、更为深度地合作才能面对和处理。同时,这些问题也不断地对国家主权原则形成冲击。因为国际社会的共同协作,意味着各个主权国家不能各行其是,而需要在相当程度上让渡出部分国家主权以使国际协作得以实现,并需要国家承担更多的国际责任。

在如何处理全球性事务这一问题上,依次形成了三种理论:主权国家治理理论、国际治理理论和全球治理理论。主权国家治理理论自1648年威斯特伐利亚会议开始,在国际社会中作为主导思想而持续流行了将近三个世纪。[1]这是传统意义上的治理理念,它将国家主权原则作为国际行为的根本准则,国家只需运用主权原则处理国际事务,而不必理会他国的权益。这在很大程度上保障了国家间的平等地位。然而,这也容易导致国际公共事务领域中出现国家各行其是的局面,从而导致有关国家责任的缺位。随着国家间政治、经济、文化各方面交流的不断发展,公共事务领域出现的新问题也日益增多。尤其在进入20世纪以后,科技进步大大缩短了各国政府和个人间交流需要的时间和空间,使得彼此的联系越来越紧密,许多涉及不同国家和公民的公共问题仅仅依靠一个国家已经无力解决。在这种情况下,国际治理理念逐渐形成。在国际治理模式下,国家根据所解决的公共问题的性质和需要,将一些本属于国家的权力委托或让渡给国际组织。[2]而这些组织可以依靠其不同于主权

---

〔1〕 参见陈颖健:"论全球治理与国际法",载《国际问题研究》2008年第6期,第65~66页。

〔2〕 这些国际组织的代表如联合国、国际货币基金组织、世界银行集团、世界卫生组织等。

国家的影响力、专业性以及执行力，有效地参与到国际治理的过程中。而到了20世纪末，全球化和多极化把世界编成了一张紧密联结的网，国际经贸和网络的发展更加深了各国政府和人民的相互依存度，很多公共问题需要多元化的解决方式和多元化的参与主体，全球治理理念应运而生。[1]联合国全球治理委员会对"全球治理"的定义为："治理是个人和制度、公共和私营部门管理其共同事务的各种方法的综合。它是一个持续的过程。其中，冲突或多元利益能够相互调适并能采取合作行动，它既包括正式的制度安排也包括非正式的制度安排。"[2]全球治理模式追求的是建立一种整个国际社会都应当遵循的全球公共规则，这种规则将各种行为主体如国家、国际组织、跨国企业、个人等吸纳进来形成一个多层次的制度设计体系，通过多元化的手段如参与、协商、谈判、信息共享等方式来解决问题，为国际社会共同遵守，并具有确定的约束力。[3]

正是在全球治理理念的影响下，国际法作为全球规则的重要部分，得到了前所未有的繁荣，并反过来推动全球治理理念的发展。最明显的表现有三点：第一，国际组织数量急剧增长，

---

〔1〕 该理念最初由社会党国际前主席、国际发展委员会主席勃兰特（Brandt）于1990年在德国提出。1992年，28位国际知名人士发起成立了"全球治理委员会"（Commission on Global Governance），并由卡尔松和兰法尔任主席，该委员会于1995年发表了《天涯成比邻》（Our Global Neighborhood）的研究报告，较为系统地阐述了全球治理的概念、价值以及全球治理同全球安全、经济全球化、改革联合国和加强全世界法治的关系。

〔2〕 具体内容可参见全球治理委员会的报告《天涯成比邻》(Our Global Neighborhood)。

〔3〕 正如托尼·麦克格鲁（Tony McGrew）在《走向真正的全球治理》一文中所认为的："多层全球治理指的是，从地方到全球的多层面中公共权威与私人机构之间一种逐渐演进的（正式与非正式）政治合作体系，其目的是通过制定和实施全球的或跨国的规范、原则、计划和政策来实现共同的目标和解决共同的问题。"

其作用得到强化,其内部的行政规范成为重要的全球治理规则来源。根据 Union of International Associations(以下简称 UIA)的统计数据,截至 2005 年,所有类型的国际组织为 58 859 个,其中政府间国际组织为 7350 个,非政府间国际组织为 51 509 个。[1]这些国际组织正在深刻地改变着国际社会的运行规则;[2]第二,大量的全球治理法律文件构成了当代国际法律的主要基础。这些文件中,包括有国家间协定、国际条约、区域性公约以及非政府组织缔结的协议等形式,还包括企业或社会团体等形成的习惯法和规则;[3]第三,随着跨国企业、社会团体、个人等非国家实体参与国际事务范围的扩大和程度的深化,非国家中心的法律多元主义正在形成。这种法律多元主义的出现,打破了过去主要由政府间国际协议作为治理国际秩序手段的局面。

---

[1] 在这些国际组织中,具有代表性的组织及机构如联合国(UN)、欧盟(EU)、二十国集团(G20)、世界贸易组织(WTO)、经济合作与发展组织(OECD)、世界自然基金会(WWF)等,以及这些组织下属的全球治理委员会(Commission on Global Governance)、世界资源研究所(World Resources Institute)、全球沟通学会(Institute for Global Communications)、儿童权利委员会(Committee on the Rights of the Child)、天气行动网络组织(Climate Action Network)、女性环境与发展组织(Women's Environment and Development Organization)、地球委员会(Earth Council)、可持续发展委员会(Commission on Sustainable Development)、国际刑事法庭(International Criminal Court)、欧洲人权法院(ECHR)以及国际海洋法庭(ITLOS)等。

[2] 以最具代表性的联合国为例,随着全球公共问题的凸显,联合国在某些领域如维和、反恐等方面为了更好地行使其职权,已经超越了原有的权力限度。显然,这是国际组织权力膨胀的体现,很多国际条约和协定也体现出这种影响。

[3] 这些全球治理规则和文件囊括了国际社会的方方面面,对建立国际法律新秩序起到了重要的作用。其中较具代表性的文件或协议,如《世界自然宪章》(World Charter for Nature)、《蒙特利尔议定书》(Montreal Protocol)、《高尔报告书》(Al Gore's Report)、《京都议定书》(Kyoto Protocol)等。

在全球治理过程中不仅需要公法治理，也需要私法治理。[1]

国际金融体系中，货币、外汇、股票、债券等金融产品因其流动性强、隐蔽性高和关联度大等特点，在资本全球化的强力推动下，已经把整个世界紧密地联系起来。亚洲金融风暴、美国次贷危机乃至欧债危机等多次金融危机，都证明了国际金融体系处于牵一发而动全身的大格局中，其中主权债务是金融资本的重要组成部分。2012年国际主权债务已高达45万亿美元，各国之间互负债务的情况十分寻常，只要一国发生主权债务危机，其他国家也不可能置身事外。在全球治理的背景下，对主权债务违约问题的考察应具备一些新的视角：第一，当代国际社会中，除了主权国家，国际组织、非政府组织（NGO）、公司和个人等实体也是重要的国际活动主体，他们也是多层次、多元化全球规则的制定者和参与者，[2]在对待主权债务违约问题时需要更多地考虑这些主体的立场和利益。第二，公共问题的私法治理凸显成为现代全球治理体系中的重要内容。与公法治理不同，私法治理的"软法性"和"灵活性"往往能为解决主权债务违约问题提供更有效的方案。[3]第三，合法性和正当

---

[1] 私法治理手段的使用往往具有公法治理手段所达不到的良好效果，一方面这是由于私法主体越来越多地参与到国际活动中，形成了私法治理的需求；另一方面因为公法治理手段的强制性往往"过硬"，并不利于解决私法领域的国际法律问题。美国学者科格莱昂斯在《全球化与国际制度的设计》一文中提出，应对全球性问题，需要有不同的国际制度形式，包括非国家行动、内部控制、相互承认、一致性规则、委托代理和放弃等六种。全球治理中对私法治理的认同和支持，是国际法学的一个新动向。

[2] 参见易显河："共进国际法：实然描绘、应然定位以及一些核心原则"，载《法治研究》2015年第3期，第118页。

[3] 这种情况主要是因为主权债务违约的债权人除了国家，还包括大量的非政府间国际组织、跨国企业、社会团体和个人，对这些债权人的维护，如果简单地运用国家间正式的制度安排，往往显得过于僵硬而达不到效果，而运用私法领域中的治理原则和方式，可以避免很多不必要的浪费和成本。其中尤为明显的是在国家

性的相互协调,有利于国际法律新秩序的实现。多层全球治理体系的建立,不但推动了全球化民主管理的加强,也为非国家主体参与全球法律的制定、实施和监督提供了足够充分的时间和空间。一方面,国家意志不再是国际法的唯一合法性源泉,多样化的国际主体同样可以参与到国际法的制定中去;另一方面,在这个体系下,国家需要承认这种国际法律的正当性,否则既有法律的合法性将会受到质疑。在这些视角下,主权债务违约的国家豁免问题的一些特别方面将得到展现。

二、法律多元化和法律冲突思潮下的主权债务违约

这里所指的法律多元化是全球化背景下的国际法律多元化,并非一国内部的法律多元化。[1]对法律多元化的探讨肇始于殖民地时代宗主国国家法与殖民地法的冲突,而后演化到今天的全球化时代,学者们提出了诸多关于法律多元化的观点。[2]

(接上页)破产重组过程中,债权人会议如何确定债务分配和债权人权利的实现等内容,这些过程中国家应与普通债权人一样接受私法调整,以保证债权人和债务人的权利和义务平衡。这些将会在下文中详细论述。

〔1〕 因为一国内部的法律制度是建立在一个国家主权的内在统治体系中的,这样的社会体系具有相对严格的层级特征。比如说国家处于法律制定体系的顶端,其他社会团体、宗教和个人等属于"次级造法者",固然,这些次级法的效力是不能与国家法的效力相比的。而国际社会则不同,由于国际社会没有统一的权威机构,所以法律体系相对松散和软性,国家法、国际组织法、商人习惯法、宗教法、判例法、示范法等不同的法律层级之间法律效力的区别并不像国家内部的法律体系一样严格区别。基于此,这两个法律环境是显然不同的。

〔2〕 比如胡克(M. B. Hooker)就认为西方法并未取代殖民地法,当地的习惯法仍然得到当地人的遵守;格里菲斯(J. Griffiths)将法律多元区分为强势的法律多元和弱势的法律多元,强势的法律多元是指两种或两种以上具有社会强制力和合法性的法律共存,弱势的法律多元偏指理论研究中的多元方向;千叶正士提出了法律的"三重二分法":即官方法与非官方法、法律规则与法律原理、固有法与移植法;桑托斯(Boaventura de Sousa Santos)结合了后现代主义去理解法律多元,认为多元法律包括亚国家法、国家法和全球法;特维宁(William Twining)按照地质空间划分法律层次,绘制了一幅描绘法律的世界地理地图:全球的法律(环境问题的法、有关

根据这些观点和理论可知，法律多元化是突破传统国家主权论理论而形成的。对此法国学者狄冀（Duguit Léon）有过著名的论断："独立的人格国家所享有的绝对而又至高无上的神秘主权变成了作为普通社会团体的社团国家所履行的公共服务职责。"[1]与狄冀一样持有这种"社团国家观"的奥地利学者埃利希（Ehrlich）认为法律多元化的根源在于，国际社会由各式各样的社团组成，除了国家，还有诸如民族，国际法上的国家共同体，其他远远超越国家和民族界限的政治、经济、思想、社交共同体，宗教共同体，单个的教会、教派和宗教组织，财团法人，阶级，阶层，一国的政党，狭义和广义的家庭，社会帮派，宗派，这个由盘根错节的团体和相互交织的圈子形成的整个世界，由于他们之间的相互影响终归是可以感知的，而组成了社会。[2]正是这些大量出现的次国家层次、跨国家层次和超国家层次的行为主体在不断地构建和发展出一种不同于传统

（接上页）月球上的矿产权利、星系间或空间法），国际法律（传统意义上的有关主权国家之间的关系和受人权法和难民法调整的更广泛关系的法律），区域法律（欧盟法、欧洲人权公约、非洲统一组织之类的法），跨国法律［伊斯兰法、印度法、犹太人法、吉卜赛法、跨国仲裁、商人习惯法、因特网法以及有关有争议的秩序的法（如跨国公司内部治理的规章）等］，共同体间的法律（有关宗教共同体间关系的法律），领土国家的法律［包括民族国家的法律体系、次国家管辖权（如佛罗里达、绿岛、魁北克和北爱尔兰）的法律］，次国家的法律（被统治者的立法或在一个多元法律体系中为有限目的而被官方认可的宗教法），非国家的法律（北美土著人、毛利人、吉普赛人的法）。

[1] 具体内容参见［法］莱昂·狄冀：《公法的变迁　法律与国家》，郑戈、冷静译，中央编译出版社1997年版，第124页。

[2] 具体内容参见［奥］欧根·埃利希：《法社会学原理》，舒国滢译，中国大百科全书出版社2009年版。转引自鞠成伟："埃利希法社会学视野下的法律多元"，载《清华法治论衡》2009年第2期，第259页。

国际秩序的新秩序。[1]这种多元化的国际社会是多元化法律形成的现实基础。多元化法律较之传统的由国家间意志为主导的一元化国际法律体系的基本区别在于两个方面：第一，由于国际社会的迅速发展，出现了诸多单纯依靠一元化国际法所无法解决的真空地带，非国家主体成为这些领域的主要造法者。见之于新商人习惯法、国际商事活动惯例、国际仲裁法庭等制度，技术标准、职业规则、跨国公司内部组织规章、人权安排等新的全球性治理手段；[2]第二，在原有的国家主导的造法领域，由于新的法律主体的出现、新型法律关系的产生以及新的法律调整手段的运用，导致了新生法律体系与旧有法律体系的冲突。这些领域的主要特点是多元化法律调整手段交织在一起。比如在公法领域，越来越多的私法调整手段得到适用；比如在传统的"硬法"领域，"活法"或"软法"更容易被接受；[3]比如在国际诉讼中，企业和个人有机会成为诉讼主体；选择性争端解决方式（ADR）扮演着日益重要的角色。随着国际社会经济、政治、

---

〔1〕 这三种行为主体的划分是依据邓正来在《作为一种"国家法与非国家法多元互动"的全球化进程——对'法律全球化'争辩的中立性批判》一文中的观点，他进一步分析这三种行为主体包括但不限于跨国公司、工会、新闻媒介联合体、知识产权组织、环境保护组织和非政府组织等。

〔2〕 参见邓正来："作为一种'国家法与非国家法多元互动'的全球化进程——对'法律全球化'争辩的中立性批判"，载《河北法学》2008年第3期，第7页。

〔3〕 对"活法"和"软法"持正面态度的国外学者如图伊布想（G. Teubner），她在《没有国家的全球法》一文中明确指出："全球法将必然产生于民族国家和国际制度的社会边缘，而不是政治中心。由分离的、具有自己全球化途径的社会制度所产生的新的'活法'似乎是全球法的主要源泉。"并进一步指出："世界新的活法的繁荣，不是来自传统，而是来自一种具有经济性、文化性、学术性的，高度技术化、高度分化的，往往正式组织起来的，并相当狭窄和确定的全球网络。"国内学者如徐忠明在《思考与批评：解读中国法律文化》一书中指出："非国家法正是因为其非官方性，这部分法律往往与国家法不尽一致，甚至互相冲突，但这并不妨碍它们成为一个社会法律秩序中真实和重要的一部分，甚至，它们是比国家法更真实，而且在某些方面也更重要的那一部分"。

文化、军事等各方面的全球化趋势不断拓展和深入，法律多元化的趋势也在同步扩大和深化。

如上所述，国际社会中诸多不同的社会团体制定的内在行政管理规范和外在行为准则，包括各种法律、宗教、伦理、习俗和礼仪等，编织成了大小错落、种类繁多的规则大网，即现代国际法律体系。任何国际问题落到这张大网上，都需要进行有层次的立体思考，运用多元化的法律思维[1]和法律规则才可能妥善解决。[2]法律多元化为主权债务违约的国家豁免问题研究提供了新的可能和新的视角。因为：第一，主权债务本身就是一个全球性问题，各种利益错综复杂，[3]简单地通过国家间

---

[1] 值得注意的是，在近期的英国，出现了以曼宁（C. A. W. Manning）、布尔（H. Bull）、文森特（R. J . Vincent）、怀特（M. Wight）、阿姆斯特朗（D. Armstrong）为代表的英国学派提出了国际社会已经出现法律多元化向连带主义转变的趋势。具体的论述参见徐崇利："国际社会理论与国际法原理"，载《厦门大学法律评论》2008年第12期，第14~24页。然而，笔者认为，这种说法仅从理论出发，在现实社会中并未出现法律多元主义与连带主义之间的显著区别，相反，连带主义可以被认为是多元主义的其中一种理念。法律多元化的价值不仅在于具体的法律规范，也在于其所代表的法律思维。

[2] 在当代国际社会中，在解决现实问题中运用多元化的法律思维和法律规则已十分普遍。例如，国家间在进行协商和沟通过程中，往往会请求企业领袖、学者专家、行业协会等非国家人员参与；又如国际组织在制定内部章程或外部规则的过程中，也非常重视非国家主体的意见，而且所制定的文件并不局限于正式的条约、规章，出现了诸如指导性文本、建议性文本等不具有法律效力的文件形式；又如在国际交易过程中，交易主体对于法律的选择与适用也不局限于传统的国家法、国际组织法等颁布的法律，而选择示范法、商业惯例甚至是各自的习惯和约定；又如以国际法院为代表的各种国际组织设立的审判或仲裁机构在进行判决或仲裁裁决时，所适用的法律已不限于传统的条约和习惯法，还包括各种不同的组织规章、惯例、判例甚至是权威的法学学说等。

[3] 在这些复杂的关系链中，有很多问题需要具体分析。比如，很多国家既是债权国也是债务国，纯粹去强调债权人利益或债务人利益是片面的做法；又如，即使在同一国的债权人中，也包括国家、国家支持的组织或机构以及不同类型的私人企业、私人投资者，国家利益和私人利益是否按照同样的标准处理也需要审慎考虑；

或国际组织去协调或减免债务并非唯一的解决方式。法律多元化为解决全球性问题提供了多种可选项。所以，尽量少地使用政治手段或外交途径，更多地灵活地运用不同的法律手段去解决债务违约问题，不仅可以降低危机爆发的风险，也更有利于保障债权人和债务人的合法权益。第二，主权债务违约的国家豁免问题是一个综合性问题，既涉及国际法也涉及国内法，既涉及公法也涉及私法，既涉及"硬法"也涉及"软法"，既涉及实体法也涉及程序法，既涉及法律规范也涉及法律原则，既涉及"法律真空"也涉及法律冲突。面对这样一个复杂问题，思考如何运用不同法律手段去解决不同的法律问题，如何尽可能地协调法律冲突等问题，都离不开法律多元化视角。

三、国家主权论和资本自由化的冲突

如果把对主权债务违约的国家豁免问题研究比喻为一枚硬币，那么国家主权论和资本自由化就如同这枚硬币的两面。一方面，主权国家作为发行债务的主体，以国家财力和信誉作为担保，这不可避免地涉及对国家主权的研究；另一方面，债务买卖是一种市场行为，在资本自由化趋势下，主权债务的借贷已被纳入全球资本市场规则体系进行调整。这两个问题相互依存，却也构成了主权债务违约的国家豁免问题中的基本冲突。

国家主权理论自诞生以来就是一个颇富争议的话题。最早提出国家主权理念的人是法国学者博丹（Jean Bodin），他于1567年在《论共和国》一书中提出："主权是一个国家行使的

（接上页）再如，国家发行债券是为了追求投资性收益还是为了处理涉及国计民生的紧急性事项，需要区别对待等。

绝对的和永恒的权力。"[1]这是首次在国内法层面提出国家主权的概念。同在16世纪的荷兰法学家格劳秀斯（Hugo Grotius）在其《战争与和平法》一书中将国家主权理念引入国际法范畴，遂成为国际法的一项基本原则。[2]此后，霍布斯（Thomas Hobbs）、洛克（John Locke）、卢梭（Jean-Jacques Rousseau）、黑格尔（Georg Wilhelm Friedrich Hegel）以及奥斯丁（John Austin）等一批思想家和法学家都对国家主权原则进行了肯定的阐述。[3]经过数百年的发展，国家主权理论已为国际社会普遍接受，并在诸多文件中得到承认，[4]成为国际社会存在与发展的最重要基础。然而，对国家主权理论持有异见或怀疑的学者也不断涌现，较具代表的如美国学者亨金（Lousi Henkin）在《国际法：政治与价值》一书中认为："主权"一词被误引滥用，阻

---

[1] See Jean Bodin, *The Six Books of a Commonwealth*, R. Knolles Trans., K. D. Mcrae ed., Harvard University Press, 1962.

[2] 格劳秀斯认为国家主权是独立、完整、不容侵犯的，然而却应受国家法的限制。具体内容参见［荷］格劳秀斯：《战争与和平法》，何勤华等译，上海人民出版社2005年版。

[3] 霍布斯在《自然法与国家法的原理》和《利维坦》等著作中阐述了其君主主权的思想，认为主权是国家的本质，它给予国家整个机体以生命和运动的灵魂，应当是绝对的、无限的，不能分割，也不能被转让；洛克在《政府论》中集中阐述了议会主权的思想，认为国家应有对外权，以处理公共安全和利益的事项，包括一切可以获利或受损的事项；卢梭在《社会契约论》中阐述了人民主权的思想，提出了人民主权的基本原则：是至高无上的，不可转让和分割的，不受法律限制的，不能被代表的；黑格尔在《法哲学》中阐述了绝对国家主权思想，他运用绝对精神和理念去阐释国家主权的概念，认为国家对内主权具有最高的独立性，对外表现为国家不受国际法的约束，国家是自在的、完全独立的整体；奥斯丁在《法理学的范围》中强调国家主权的不可分割性，认为主权应是独立完整的，半主权国家不属于主权国家。

[4] 确认国家主权原则的国际文件包括但不限于以下文件：1648年《威斯特伐利亚和约》、1945年《联合国宪章》、1965年《关于各国内政不容干涉及其独立与主权之保护宣言》、1960年《给予殖民地国家和人民独立宣言》、1970年《关于各国依联合国宪章建立友好关系及合作之国际法原则之宣言》以及1974年《各国经济权利和义务宪章》等。

碍了国际法的现代化和健康发展,我们应该把主权一词作为旧时代的残余遗物摆放到历史的陈列架上去。[1]对国家主权理论进行批判的观点还有诸如民族国家终结论、国家主权弱化论、国家主权多元论、世界政府论、人权高于主权论以及全球治理论等。[2]实质上,透过这些立场各不相同的理论去探索其源头,就会发现无论是赞成者还是反对者,其理论依据都植根于国际社会的现实发展。一方面,国家主权体现着国家在对外交往中需要的独立、平等和安全。[3]这些要素是国家在国际社会得以存续和保护其利益的前提条件,也是国家应有的权利。另一方

---

〔1〕 参见叶乃锋:"全球化背景下的国家主权析论",载《河北法学》2006年第6期,第90页。

〔2〕 民族国家终结论和国家主权弱化论是认为随着国际交往的深化和发展,国家主权已经被严重削弱甚至消除,丧失了其最高性和绝对性。国家主权多元论认为国家在面对全球化的过程中,主权变得多元化,并同时向两个方向转移和让渡,一方面对内向国内的地方政府和民间组织转移,另一方面对外向国际组织和全球公民社会组织转移。世界政府论认为全球化为世界政府奠定了深厚的现实基础,也使世界政府和世界社会变得比以往任何时候更加必要,也更加具有现实条件。全球治理论基于全球化进程已经极大地改变了传统的国家主权这一认识,许多学者主张,一种与全球化进程相适应的全球秩序已经出现,传统的国家间合作或国际合作应当向全球治理转变。参见俞可平:"全球化时代的国家主权",载《文汇报》2007年11月7日。另外,关于人权高于主权论,其对国家主权形成的冲击极大,多为欧美学界所主张,也不乏国际组织的官员。如联合国时任秘书长安南1999年4月7日在第55届联合国人权委员会上,也提出建立"新国际准则",主张"人权高于主权"。他认为虽然联合国是一个由主权国家组成的国际组织,但联合国存在的理由是要保护世界人民的权利和理想。任何一个政府都无权躲在国家主权的后面,侵犯其人民的人权和基本自由。一项反对暴力镇压少数人的新国际准则正在形成,尽管进展缓慢,但最终必定形成。该准则应当优先于对国家主权的关注。具体内容参见杨泽伟:"国际法上的国家主权与国际干涉",载《法学研究》2001年第4期,第145页。

〔3〕 在国家主权的内涵中,国家在对外交往中对独立、平等和安全三个方面的需求是最为重要的,这已为国际实践所证明。在独立方面,主要体现在不干涉内政原则、民族自决原则、自主选择政治和经济制度原则、司法独立原则等;在平等方面,主要体现在国家的法律地位一律平等原则、平等缔结条约原则、一国一票的投票原则、平等者之间无管辖原则等;在安全方面,体现为自保权等。

面，国际社会的和平、稳定与发展，要求国家在一定程度上服从国际公共利益，更多地参与到国际公共事务的决策和服务中，这同时也是国家应尽的义务。在国际交往中，国家对权利和义务只取其一是非理性的，只有在享有权利的同时履行应有的义务，才能实现国家和国际社会共同发展。近代以来，全球化趋势不断发展，伴随着全球意识的觉醒，国际共同利益增多，国际公共问题也日益凸显，这彻底改变了过去传统的国际社会架构，[1] 非国家主体与国际社会的联系得到强化并显现出多样化趋势，同时也使国家与国际社会的关系变得更加密不可分。现代社会中，几乎没有哪个国家可以脱离国际社会单独生存而不受影响。而国家为了寻求生存和发展，更好地在国际社会中实现其声誉和利益，往往会根据需要适当地约束和让渡主权权力，这不但不会损害国家利益，反而能增强国家参与国际社会事务的能力，从而更好地利用国际社会的资源为本国服务。根据主权让渡理论，主权在整体上是不可分割的，然而主权在不同层面上的行使却是可以分割的。[2] 国内有些学者认为，主权可以划分为身份主权和权能主权。身份主权是不能让渡的，权能主权是可以让渡的。权能主权从实际运作的层面看，可视为一个主权要素

---

[1] 除了国家以外，大量的非国家实体已经成为国际交往的主体，形成了一个由现代化科技支撑的多层全球治理结构。在这一体系下，并未减弱国家在国际社会的地位，反而为国家提供了更多对外交往的机会，丰富了其对外交往的手段。

[2] 不可否认的是，根据传统的国家主权理论，虽然国家主权在一定程度上仍应受国际法（或说是万国法）的限制。然而从整体上来说，国家主权是不可分割的，否则会出现一个国家数个主权的状况（这在特定情况下也存在过）。而在国家主权的行使上却是有层次的，实践中表现为：在国内，国家将一部分权力向下一个层次转移，使地方政府具有一些主权国家的权力；在外部，国家将一部分权力向超国家行为主体让渡，使国际层次上的这些超国家行为主体具有一些主权国家的权力。对于国家主权的层次区分，参见刘青建："国家主权理论探析"，载《中国人民大学学报》2004年第6期，第101页。

的集合体，可分成政治主权、经济主权、文化主权、法律主权、环境主权、安全主权等主权要素。以欧盟为例，欧盟是目前世界上主权让渡机制最为成熟的国际组织。[1]在国际实践中，许多国家都在宪法中规定了本国主权的自觉限制，即主权权力"在有关国际组织中可以受到限制"，或"可以授予或者转移于国际组织"。[2]

在国家及其财产豁免理论中，从绝对豁免理论向限制豁免理论的转变即是主权让渡理论在这一领域的明证。绝对豁免理论以绝对的国家主权思想为中心，认为国家及其财产在所有情况下均应无条件享有豁免权；限制豁免理论则主张国家在对外交往中应区分其主权行为和非主权行为，将国家财产区分为用于非商业目的之外的财产和用于商业目的的财产，前者享有豁免而后者不享有豁免。绝对豁免理论在19世纪为世界绝大多数的国家所支持。但在踏入20世纪以后，国家越来越多地参与国际民商事活动，绝对豁免理论事实上使得国家作为市场交易者却比私人具有更为有利的地位，这并不符合市场经济活动的基本准则——平等原则。这种不公平现象的反复出现动摇了绝对豁免理论的合理性。第二次世界大战后，许多国家逐渐抛弃了绝对豁免理论，接受了限制豁免理论。他们不再无条件地认为国家享有绝对的豁免，而是将国家及其财产的豁免权部分转移

---

[1] 身份意义上的主权是一种性质上的规定，而职能意义上的主权则是国家在处理本国以及国际社会事务的资格、能力和行为。具体内容参见张军旗："主权让渡的法律涵义三辨"，载《现代法学》2005年第1期，第98页。关于职能主权的让渡、主权要素的区分以及相关具体内容参见刘凯："全球化发展背景下国家主权自主有限让渡问题研究"，中共中央党校2007年博士学位论文，第88~103页。

[2] See Harold Laski, *A Grammar of Politics*, London: Allen &Unwin, 1967, p. 1. 转引自徐泉："国家主权演进中的'新思潮'法律分析"，载《西南民族大学学报（人文社科版）》2004年第6期，第189页。

或让渡给国际组织或不再向其他非国家主体主张豁免权。[1]在经济全球化的含义里，资本自由化是其中的核心内容。与一般的商品流通不同，由于资本流动性强、流动量大、隐蔽性强，资本自由化的结果是将各国都纳入到一个统一的资本市场中，你中有我，我中有你。在经济繁荣的时候，一荣俱荣；在经济动荡的时候，一损俱损。这已为历次全球性的经济危机所证明。随着主权债务数量的不断膨胀，一国主权债务一旦违约，牵涉面极广，极有可能触发全球性金融危机。在主权债务违约的国家豁免问题上，国家主权的让渡幅度和限度，将是引导我们思考这个问题的重要思路。

第二节 主权债务的内涵

一、主权债务的定义

主权债务大致可以分为两个基本类：一类是公债与私债，一类是外债与内债。

关于公债的定义，国际社会存在较为一致的意见。公债是指公共债务，即各级政府为实现公共职能，以其信誉或资产作为担保，向投资者承诺在一定期限内偿付本息的债务。这些债务按照发债主体可分为中央债和地方债。中央债为中央政府所举借，又称为国债；地方债由地方政府举借，但在有些国家，地方政府没有举借债务的权力。按照投资者的身份可分为政府外债和政府内债，政府外债是指政府向外国居民举借的债务，

---

[1] 国际社会就国家及其财产豁免问题制定了有关条约，其中国际条约包括《联合国国家及其财产管辖豁免公约》和《关于国家豁免的欧洲公约》，此外，世界范围内已有10个国家就国家及其财产豁免问题进行了专门立法：美国、英国、新加坡、加拿大、澳大利亚、巴基斯坦、阿根廷、南非、日本和马来西亚。

政府内债则指政府向本国居民举借的债务。私债是与公债相对的概念,一般是指由私人主体举借的债务,如大量的企业、个人以及其他社会实体所负有的债务。

而对于外债,迄今为止国际社会中尚无一致认同的圆满定义,各国或国际组织一般是从外债统计口径的某种规定或外债范围的某种说明去界定外债。根据世界银行(World Bank)、国际货币基金组织(IMF)、国际清算银行(BIS)和经济合作与发展组织(OECD)等九个国际组织形成的一致意见,认为外债是指"一个经济体在任一时点上目前实际现存的,非或有的负债余额,该负债要求债务人在未来某一时点偿还本金和利息,并且是某一经济体居民对非居民的欠债"。[1]中国对外债的定义见于2003年《外债管理暂行办法》的规定"外债是指境内机构对非居民承担的以外币表示的债务"。[2]此外,学界对"外债"

---

[1] 参见上述九个国际组织联合编撰的《外债统计:编制者和使用者的指南》2003年版。另外,值得我们参考的是,在20世纪80年代,世界银行、国际货币基金组织、国际清算银行、经济合作与发展组织的专家对"外债总额"进行了界定,认为外债总额是指"在某一给定时间一个国家的居民对非居民已拨付但尚未偿还的契约性债务。这种债务需要还本(付息或不付息)或付息(还本或不还本)"。这是对外债界定的一个先行研究,其内容参见世界银行、国际货币基金组织、国际清算银行、经济合作与发展组织编:《外债定义、统计范围和方法》,赵天朗、王璐、王纲译,中国金融出版社1991年版,第9页。

[2] 根据由国家外汇管理局颁布的、仍然生效的1987年《外债统计监测暂行规定》和1997年《外债统计监测实施细则》的规定,外债是指中国境内的机关、团体、企业、事业单位、金融机构或者其他机构(以下统称借款单位)对中国境外的国际金融组织、外国政府、金融机构、企业或者其他机构用外国货币承担的具有契约性偿还义务的全部债务,包括:(一)国际金融组织贷款;(二)外国政府贷款;(三)外国银行和金融机构贷款;(四)买方信贷;(五)外国企业贷款;(六)发行外币债券;(七)国际金融租赁;(八)延期付款;(九)补偿贸易中直接以现汇偿还的债务;(十)其他形式的对外债务。借款单位向在中国境内注册的外资银行和中外合资银行借入的外汇资金视同外债。在中国境内注册的外资银行和中外合资银行向外借入的外汇资金不视为外债。根据上述表述,与《外债管理暂行办法》基

的定义也不尽相同。如邓子基等在《公债经济学》一书中认为"政府向国外政府、银行、企业和私人借入贷款时产生的公债也就是外债"。[1]《辞海》对外债的定义为:"国家向国外借的债。包括国家在国外发行的公债以及直接借自一国政府、经济组织和集团的借款。直接借款是外债的主要形式。"[2]于光远在其主编的《经济大辞典》中认为"外债:内债的对称。国家向外国举借的债。包括在国外发行和推销的公债和借用外国政府、经济组织或私人的债,而以后者为主。"[3]约翰·伊特维尔在其编的《新帕尔格雷夫经济学大辞典》中认为:"外债一词是指居住在一国的个人,或更通常,是常驻于一国的机构,对另一国的个人或机构的金融债务。"[4]傅晓峰在《外债新论》一书中将外债定义为"按国家划分的债务人与债权人之间关于资源有条件暂时让渡行为的信用"。[5]从上述的定义中可以发现,无论从何种角度,外债具有以下特点:第一,是跨国产生的债,无论是以国境区分为国内向国外借贷,还是以居民区分为居民向非居民借贷;第二,是契约性债务,而非基于侵权、不当得利或无因管理产生的债;第三,以某种计量货币作为结算单位,或是本币或是外币。一般来说,外债中既包括政府及有关机构对外的借贷,也包括内国自然人对外的借贷。内债是与外债相对的

(接上页)本保持一致,主要强调外债的三个特点:第一是中国境内机构作为债务人,不包括个人;第二是以外币作为债务货币;第三是外债是契约性的偿还债务。载 http://www.pkulaw.cn/,访问日期:2013年3月26日。

[1] 参见邓子基、张馨、王开国:《公债经济学——公债的历史、现状与理论分析》,中国财政经济出版社1990年版,第264页。

[2] 参见夏征农主编:《辞海》,上海辞书出版社1989年版,第2164页。

[3] 参见于光远主编:《经济大辞典》,上海辞书出版社1992年版,第527页。

[4] 参见 [英] 约翰·伊特维尔、默里·米尔盖特、彼得·纽曼编:《新帕尔格雷夫经济学大辞典》,经济科学出版社1992年版,第278页。

[5] 参见傅晓峰:《外债新论》,西南财经大学出版社2003年版,第10页。

概念，即债务主体以本国机关、企业、个人等投资者为发债对象，以内国货币作为结算手段的契约性债务。

广义上的主权债务，是基于国家主权产生的或带有主权性质的债务，其内涵与外延基本上与"公债"重合，不仅包括一国境内由国家政府机构或授权组织进行的借贷或发行的债券等契约性债务，也包括向国外政府、组织或个人进行借贷所产生的债务。然而，国际法意义上的主权债务一般仅指后者，即狭义上的主权债务。主要原因在于：对内公债的对象一般为国内投资者，产生的法律关系由国内法调整，而对外公债由于涉及外国国家、组织或个人，可能产生诸如国家豁免乃至国家责任等国际法问题。因此，理论界一般都在狭义层面上对主权债务进行讨论。据此，国际法意义上的主权债务应属于政府对外发行的公债范畴，也可称为对外公债或政府外债。

对于主权债务的定义，学界也存在不同的主张。以债务来源对象为依据，有的学者认为："主权债务主要是指一个主权国家以自己的主权信用为担保，向外进行借债筹资而形成的公共债务。"[1]有的学者认为："主权债务是指一个国家的政府以自身所代表的国家信用作为担保所发生的债务。"[2]两者的主要区别在于前者认为主权债务是向国外投资者发行的，而后者则包括国内的公债。国际法意义上的主权债务应为国家对外发行的公债

---

[1] 参见王金胜："谈当前国际主权债务危机的新特点"，载《商业时代》2012年第15期，第51页。

[2] 参见孙亚伟："有关主权债务危机的文献综述——从欧债危机开始"，华东师范大学2012年硕士学位论文，第4页。与此持同一观点还有陈永亮："欧洲主权债务危机中的担保问题研究"，辽宁大学2012年硕士学位论文，第2页。

部分，因此第一项的定义在对债务对象的区分上较为科学。[1]

以债务发行方式为依据，有的学者认为："主权债务，是指主权国家以国家信用作担保，通过发行债券等方式向国际社会所借的款项。"[2] 有的学者认为："主权债务是指一国以自己的主权为担保向外（不管是向国际货币基金组织、世界银行，还是向其他国家）借来的债务。"[3] 还有的学者认为："主权债务是指由政府授权机构代表国家通过发行债券等方式、以国家信用作为担保，向国际社会所举借的债务。"[4] 上述定义中第一项着重强调主权债务的发行债券方式，第二项着重强调主权债务的贷款方式。实际上，主权债务的产生方式不仅包括贷款，也包括发行债券，还有其他如国际金融租赁、延期付款等方式。因此，第三项的内涵是相对准确的，但是考虑到逻辑上的严密性，既然将"发行债券"这一方式列明，也应将"直接贷款"以及其他方式列入其中，这样会更加准确和周延。

以债务性质为依据，有的学者认为："主权债务，又称国家债务，是指一国政府或其授权部门代表国家举借的、以国家信用保证偿还的所有债务。"[5] 也有学者认为："主权债务是指由

---

[1] 中国于2003年1月8日颁布实施的《外债管理暂行办法》中采取的即是前一种做法，该规定为："主权外债，是指由国务院授权机构代表国家举借的、以国家信用保证对外偿还的外债。"

[2] 参见安宇宏："何谓主权债务危机"，载《宏观经济管理》2010年第6期，第65页。

[3] 参见黄宇红："从全球主权债务危机看中国地方政府债务风险"，载《经济论坛》2010年第9期，第12页。持同样看法的还有何自力、马锦生："西方国家主权债务危机的成因探析"，载《当代经济研究》2012年第8期，第73页。以及周莹："主权债务危机的原因及警示"，载《经济师》2011年第7期，第7页。

[4] 参见梁云凤："全球主权债务状况及其启示"，载《中国与世界年中经济分析与展望（2010）》，社会科学文献出版社2010年版，第236页。

[5] 参见张虹：《主权债务重组法律问题研究》，中国人民大学出版社2007年版，第1页。

政府，通常是发展中国家的政府，对寻求竞争性回报的外国投资者所承担的债务。"[1]这两种观点主要分歧在于一国所发行的主权债务是否仅指寻求竞争性回报（即具有盈利或商业性质）的债务。首先，在国家对外发行债务中，不仅包括基于推动经济建设、扩大货币流动量或利用国际资金的考虑而发行的具有竞争性回报的债务，也包括基于公共卫生管理、抢险救灾、公益慈善等考虑而发行的并不以盈利为目的的债务，这些债务都以国家财富和信誉为担保，都可归类于主权债务；其次，无论是投资性债务还是公益性债务，在法律规定的发行方式、收益率、适用法律等方面都没有显著差别。因此，只要是以国家财产和信用为担保而发行的债务，都属于主权债务，不应仅限于具有竞争性回报性质的债务。

综上所述，国际法意义上的主权债务，是指由政府及其授权机构对外直接或间接发行的，由国家财产和信用作为担保的契约性债务。这一概念具有开放性，随着国家发行债务形式、发行目的、国家财产形式、偿债方式的愈加多样和灵活，其内涵也会不断地丰富和发展。而本书所要讨论的主权债务，是指主权债务中政府及其授权机构向外国私人债权人，如国际商业银行、跨国公司、企业法人、自然人以及其他私人主体举借的债务。因为国家之间以及国家与国际组织之间的债务关系属于国际公法的范围，直接通过国家间协议（即条约）的方式解决即可。只有国家与私人主体之间举借的主权债务，才有可能进入国际司法诉讼程序，进而产生国家豁免问题，具体原因可见下文的论述。

主权债务违约是指一国政府不能如约按期偿还所负债务，

---

[1] See Jonathan Sedlak, Sovereign Debt Restructuring: Statutory Reform or Contractual Solution?, *University of Pennsylvania law Review*, 2004, Vol. 152, p. 1485.

导致债务违约，严重的话可能引起债务危机或国家破产。关于主权债务违约的认定，国际社会存在不同的说法，其中较为权威的是全球三大评级机构（美国标准普尔公司、穆迪投资服务公司、惠誉国际信用评级有限公司，以下简称标普、穆迪、惠誉）提出的说法："如果一国不支付一种或一种以上的债务，或者一国的贬值债券互换导致利息或本金的减少或到期日的延长，则该国属于主权违约。"[1]

从理论上而言，国家不可能无力清偿债务，国家总是可以通过增加赋税、借债、外汇抵债甚至变卖财产等方式来清偿其债务。国家通常是在特定时间内对全部到期债务面临重大困难或拒绝偿债，才会出现债务违约的结果。由于国家发行对外债务时以国家财产和信用作为担保或保证，一旦出现债务违约或债务危机，国家信用会大打折扣，特定的国家财产也有可能面临被扣押或清偿的风险，国家会遭受重大损失。因此，一国政府会尽量避免出现债务违约而积极应对。而且，随着国家信用的下滑或崩溃，发行新债等手段将无法有效实施（即使在更高利率的诱惑下，外国也不愿意再投资新债），债务危机会陷入恶性循环。目前来看，主权国家不会真的"破产"。一是历史上从未出现过国家破产的情况，国家破产仅仅停留在学术研讨的层面，暂无实际操作的可能；二是国家破产与国内企业破产不能相提并论，国际法以及各国国内法中没有关于主权国家破产的适用程序和规则。国际社会中讨论最多的是关于国家破产清算重组的程序，但这并不意味会直接导致国家破产的结果，只是为了应对债务违约而提供的一种债务重组程序，通常债务违约问题会在这个过程中得到最后解决。

---

[1] See IMF, *Reviewing the Process of Sovereign Debt Restructuring within the Existing Legal Framewor*, Aug. 1, 2003, p. 35.

二、主权债务的相关理论

国际法意义上的主权债务理论最早脱胎于经济学中的公债理论或外债理论。[1]根据西方学者的研究，公债理论可追溯到欧洲重商主义时期。[2]而在中国，对公债的研究始于民国初期。[3]因此，本章节将对有关的公债理论进行考察，并简要介绍主权债务理论的主要流派。

（一）公债有害论

在古典经济理论中，经济应由市场这只"看不见的手"来调整，国家不应过多地干预经济。然而公债发行带有强烈的国家干预经济的色彩，因此无论是早期还是近现代的古典经济理论的支持者大多对公债秉持否定态度。英国经济学家大卫·休谟（David Hume）就曾提出"公债亡国论"，认为"国家如果不能消灭公债，公债必然消灭国家"。[4]同样来自英国的经济学家亚当·斯密（Adam Smith）也认为："公债的举借是奢侈、浪

---

〔1〕 在这里所讨论的公债概念，一般是指近现代经济理论中的公债，而不是在古代国家所发生的一些偶然性借债，真正意义上的公债是伴随着现代国家的出现而产生的。

〔2〕 查尔斯·达维南特在《论英国的公共收入与贸易》中最早对公债有过论述，后来重农学派代表人物魁奈也对公债有所论及。参见傅晓峰：《外债新论》，西南财经大学出版社2003年版，第25页。

〔3〕 根据中国学界对公债研究的资料表明，中国的外债出现早于内债。迄今为止，比较公认的看法是中国外债最早见于1881年清政府与当时的俄国政府缔结《中俄伊犁条约》时，向英国借英金一百四十三万余英镑，二十年偿清。《清朝续文献通考》"国用篇"中谓中国订借洋款实始于是年。该观点参见刘秉麟编著的《近代中国外债史稿》和周伯棣编著的《中国财政史》。中国近代史上最早的内债，肇始于清政府在1894年为筹措甲午战争的军费而举办的"息借贷款"。对内债理论研究比较深入和全面的，可以参考贾士毅所著的《民国财政史》"国债篇"和《民国续财政史》"公债篇"，以及潘国琪发表的《近代中国国内公债史研究》一文。

〔4〕 转引自邓子基、张馨、王开国：《公债经济学——公债的历史、现状与理论分析》，中国财政经济出版社1990年版，第236页。

费的行为,是将生产性资源转变为非生产性用途,因而不足取。"〔1〕大卫·李嘉图(David Ricardo)表示公债并无益处,他认为政府举债后,并不因偿还而发生经济上的利益,债务的存在并不减少纳税。无论国家有无债务,人民纳税的资金来源是相同的。〔2〕与这种理论流派相接近的,还包括近现代出现的"外债束缚论""外债依附论"和"债务陷阱论"等。〔3〕

(二)公债无害论

这种观点认为,公债虽然属于非生产性支出,但在特定情况下,并不会对国家经济造成伤害,运用得当甚至会繁荣国家财富。这一派观点以英国经济学家约翰·斯图尔特·密尔(John Stuart Mill)为代表,他认为当资本能够在国内作为生产性资本使用时,举借公债是最坏的手段。但如果借入的是外资,则属于世界资本积蓄的剩余部分;如果借入的是本国剩余资本,则可使其免于在非生产性消费中被浪费掉或被投到外国。这不仅不会减少国家财富和资源,还可能会增加国家财富。〔4〕

(三)公债有益论

这种理论认为公债作为国家筹措资金的手段,不能单纯地

---

〔1〕 参见[英]亚当·斯密:《国民财富的性质和原因的研究》(下卷),郭大力、王亚南译,商务印书馆1979年版,第489页。

〔2〕 参见[英]大卫·李嘉图:《政治经济学及赋税原理》,郭大力、王亚南译,商务印书馆1962年版,第209~210页。

〔3〕 "外债束缚论"为部分西方激进经济学家所支持,主要以保罗·巴兰、伊曼纽尔·沃勒斯坦、罗伯特·布伦纳、谢里尔·佩耶等人为代表,他们认为发展中国家并没有从外债中得到利益,相反,在借入外债的同时,他们的大部分经济剩余流失到国外,削弱了本国经济的发展。"外债依附论"以埃及经济学家萨米尔·阿明、阿根廷经济学家劳尔·普雷维什、巴西经济学家多斯桑托斯为代表发展中国家向发达国家举债,只会加剧本国利润流出,最终变成对发达国家的依附。"债务陷阱论"由芝加哥第一国民银行副总裁罗姆巴迪提出,认为东亚奇迹等是试管环境的产物,根本不可能推广,等待广大发展中国家的只能是高额外债,即踏入债务陷阱而形成对发达国家的依赖。

〔4〕 转引自傅晓峰:《外债新论》,西南财经大学出版社2003年版,第27页。

视为非生产性行为,在诸如公共基础建设、投资社会保障、维护财政收入平衡等方面,公债具有资本积累、扩大再生产等重要的功能。公债不仅可以作为国家推行经济政策的手段,甚至可以成为发展中国家赶超发达国家的重要工具。德国财政学家瓦格纳(Adolf Wagner)在其所著《财政学》中认为公债资金来自于国民经济中的游离资本和外国资本时,是适当可取的。资本浪费在投机事业时,能以公债来避免危机,在繁荣之后的停滞时期以公债吸收资本胜过课税。[1]英国经济学家凯恩斯(John Maynard Keynes)从第二次世界大战后欧洲满目疮痍、资金短缺的情况出发,论证了欧洲应接受美国贷款以振兴经济的必要性,发行公债来弥补本身的资金不足,促进经济尽快复苏。[2]在凯恩斯宏观经济理论的指导下,近现代经济理论中支持公债有益的理论出现了像"外债起飞论""贫困恶性循环理论""双缺口理论""负债发展经济论""债务经济论"等多种理论。[3]

上述的三种理论基本上可以代表学界对主权外债的态度。客观地说,国际社会进入近现代以来,各国的主权债务总额大

---

〔1〕 参见瓦格纳德文版的《财政学》(第1卷),第156页。

〔2〕 与其持有相同立场的还有瑞典学派的经济学家伯尔蒂尔·俄林(Bertil Ohlin)和美国经济学家弗里茨·马柯洛普(Fritz Machlup)。具体内容参见隆武华:"西方经济学家关于外债经济作用的学说",载《投资研究》1997年第12期,第24页。

〔3〕 "外债起飞论"认为国家经济要实现起飞,必须具备"社会先行资本",而"社会先行资本"的重要来源就是政府发行外债。"贫困恶性循环理论"认为国家贫困是因为缺少资本,从而形成了贫困—无法吸引投资—资本不足—贫困的恶性循环。要打破这一恶性循环,只能通过发行外债引进资本,将资本引入生产性领域。"双缺口理论"注重结构分析,主要以国民生产的构成为基础,分析发展中国家经常遇到的储蓄和外汇不足(缺口)问题,以及外资对经济的注入问题。"负债发展经济论"主张国家可以将国际举债作为一种重要的筹资方式,以此推动本国经济发展,具有明显的应用经济学色彩。"债务经济论"主要讨论国家是否可以实现负债—发展—还本付息的过渡,以促进经济的跳跃式发展。

大增加，无论是发达国家还是发展中国家，主权债务成为世界经济极其活跃的因素。从这个角度上来说，各国在实务中的态度无疑是倾向于第三种理论——即公债有益论的。然而，在不断浮现的主权债务违约和危机中，我们也需要重新对现有的主权债务理论进行进一步的思考。

第三节 主权债务的种类和债务违约的成因

一、主权债务的主要分类方式

根据不同的划分依据，主权债务主要有以下几种类型：

按债权人不同，可以分为政府间债务、跨国组织（或机构）债务和私人债务。政府间债务是指一国政府向外国政府举借的债务，这种债务一般由政府间通过双边协定或条约确定，属于国际公法的范畴，其特点是周期长、利率低，多带有援助性质。跨国组织（或机构）债务包括向世界银行、国际货币基金组织等国际组织，大型银行或金融公司等跨国企业或法人，以及地区性或地方性的投资机构等。[1]私人债务主要指私企和自然人

---

[1] 以中国的《外债管理暂行办法》为例，第5条规定："按照债务类型划分，外债分为外国政府贷款、国际金融组织贷款和国际商业贷款。（一）外国政府贷款，是指中国政府向外国政府举借的官方信贷；（二）国际金融组织贷款，是指中国政府向世界银行、亚洲开发银行、联合国农业发展基金会和其他国际性、地区性金融机构举借的非商业性信贷；（三）国际商业贷款，是指境内机构向非居民举借的商业性信贷。包括：1. 向境外银行和其他金融机构借款；2. 向境外企业、其他机构和自然人借款；3. 境外发行中长期债券（含可转换债券）和短期债券（含商业票据、大额可转让存单等）；4. 买方信贷、延期付款和其它形式的贸易融资；5. 国际融资租赁；6. 非居民外币存款；7. 补偿贸易中用现汇偿还的债务；8. 其它种类国际商业贷款。"这种分法与本书稍有不同，但在第（三）项第2目中也将外国自然人作为主权债务的债权人。同时，该种分类方式也表现了主权债务可区分为商业性信贷与非商业性信贷，印证了下文的投资收益型债务和公益性债务的分类方式。

（如在二级市场的主权债券）购买的他国主权债券。除了上述第一种国家间债务和第二种里面由国际组织借贷的债务外，其他债务从属于私法交易的范畴，一般认为主要由国际民商法律进行调整，这也是本书所要讨论的涉及国家豁免问题的主权债务内容。

按债务发行方式不同，主要可分为主权贷款（sovereign loan）和主权债券（sovereign bond）。主权贷款是指一国向境外政府、国际组织、企业或个人等借款人提供的并按约定利率和期限还本付息的贷款。主要是向境外政府、国际组织、大型跨国企业、多家金融机构或银行联合起来的金融团体借款，个体私人借款较少，这种借贷以辛迪加（银团）贷款最为典型。[1] 20世纪80年代中期以前，国家贷款和银团贷款是主权债务的主要形式。主权债券是指由政府或授权机构发行或担保的以债券形式出现的债务，主要包括国库券和公债，[2]中央主权债券和地方主权债券，外国债券[3]和欧洲债券[4]等类型。主权债券在1982年墨西哥债务危机以后，取代了辛迪加（银团）贷款在

---

[1] 辛迪加（银团）贷款（syndicated bank loans）是指由数家商业银行联合组成一个融资集团共同向主权国家提供一笔中长期贷款。通常由那些与主权国家有着长期的、密切关系的金融机构提供，并且出于长期商业活动的考虑，这些金融机构与主权国家之间保持着一种较为稳定的借贷关系。具体内容参见Charles D. Schmerler, James R. Silenat *The Law of International Insolvencies and Debt Restructuring*, Oceana Publications, 2006, p. 43.

[2] 此处所说的"公债"是针对国库券而言，国库券是由国家财政当局发行，以弥补财政收支不平衡的债券，此外其他用于筹措资金而发行的债券都可以认为是"公债"。在此语境下，与广义上的"公债"有所不同。

[3] 外国债券（foreign bond）是指发债国在其本国以外某一个国家发行的，以发行地所在国货币为面值，主要针对发行国资本市场的投资者的债券。如墨西哥在美国以美元发行的扬基债券，乌拉圭在日本以日元发行的武士债券等。

[4] 欧洲债券（Eurobond）是指发债国在国际金融市场或离岸金融市场发行的，以某一可兑换货币或国际货币进行计价定值的债券。如目前许多亚洲、非洲和南美洲的国家在伦敦国际债券市场发行的美元债券和欧元债券。

主权债务中所占的压倒性比例，成为主流的主权债务形式。自20世纪80年代以来，新兴市场国家发行债券的速度达到了辛迪加（银团）贷款的4倍。[1]

按债务性质不同，可以分为投资收益型债务和公益性债务。如上一节所述，投资收益型债务是由政府发行的，意在推动经济建设，通过吸引外资利用国际资本市场等方式来获取经济收益的债务，其典型代表为迪拜主权债务。[2]公益性债务包括大量的非商业性债务，主要是以解决关乎国计民生的生存和发展等基础性问题，以及应付突发性问题如抢险救灾、医疗卫生事故等为目的而发行的债务。[3]这一区分是下文讨论由主权债务违约产生的国家豁免问题的其中一个重要的立足点。

按偿还债务时间长短不同，可以分为短期债务、中期债务和长期债务。短期债务是指一年以内到期的债务，长期债务是指十年以上的债务，而中期债务则是介于两者之间的债务。短期债务一般投资回报利率较低、流动性强，主权债务危机一般是由大量的短期债务偿还期过于集中而导致的。[4]中长期债务一般回报利率较高、稳定性强，该种债务的债权人一般是外国政府或国际组织。

---

〔1〕 See Anne Krueger, *International Financial Architecture for 2002: A New Approach to Sovereign Debt Restructuring*, speech given at the National Economists' Club Annual Members' Dinner American Enterprise Institute, Washington DC. Cited from: http://www.imf.org/external/np/speeches/2001/112601.HTM, 2001. Visited at Jun. 7, 2013.

〔2〕 迪拜以建设中东地区物流、休闲旅游和金融枢纽为目标，大量借入外债以推动经济发展，曾经发挥了巨大的作用，但2009年11月，迪拜主权债务危机产生。

〔3〕 以日本福岛核电站泄漏事件为例，在事故发生后，日本拟发行主权外债以支持核电站的重建和保护，最后虽然由于各种原因没有发行，但这种情况下的主权债务是否享有国家豁免是值得我们思考的，下文将会以此为切入点进行深入讨论。

〔4〕 一国的短期外债警戒线为25%，该比率为短期外债余额占全部外债余额的比例。一般来说，一国短期外债余额与全部外债余额比率超过25%的警戒线，该国就存在发生主权债务危机的可能。

除此之外，还有按法律义务明确程度，区分为直接显性债务或有隐性债务；[1]按有无附加条件，区分为附加条件债务和无附加条件债务等。在本书中，主要根据上述四种分类方法，展开对主权债务违约问题的考察。

二、主权债务违约的多种成因

一国政府为了保持自身的国家信用以及未来持续发行主权债务的需要，不会轻易地任由主权债务违约或危机发生。但为什么从第一次主权债务违约事件至今，大大小小的债务违约接连不断地发生？纵观历史上历次违约事件或危机的背后，其中涉及一国经济、政治、法律、社会和文化等方方面面的原因。[2]揭示这些事件中深层的原因，有助于我们更好地理解本书主题。

（一）主权债务用于非生产性用途

以亚当·斯密为代表的英国古典经济学家认为公债用于非生产性投入对国家经济发展是有害无益的，这一理论揭示了主权债务危机发生的根本原因。首先，在投入总量不变的特定状态下，非生产性投入的增加必然压抑生产性的投入，长此以往可能会在一定程度上破坏国家内部的经济运行体制；其次，举

---

[1] 参见财政部国库司编著：《中国政府债务管理报告（2004）》，中国财政经济出版社2005年，第96页。

[2] 如果说主权债务危机与经济、政治、法律、社会等因素紧密相连，这是比较容易理解的，但如果说其与文化因素相关则不太好理解了。实际上，美国学者L. 哈里森认为，历史上同为欧洲殖民地的北美洲和南美洲之所以今天在发展道路上取得不同的业绩，主要是因为他们的文化传统不同。他认为包括阿根廷在内的许多南美洲国家奉行的是伊比利亚天主教文化，这种文化的特点之一就是鼓励人们消费。由于本国储蓄较少，因此这些国家发展经济时更多地倾向依赖外资，大举借债。无论是20世纪初的阿根廷主权债务危机还是近年来的欧债危机（以西班牙和葡萄牙为代表），都可被视为这一理论的例证。

借外债无疑会增加国家的财政负担，举债越多，国家偿债压力越大。如果这些外债最后不能产生大于外债的收益，其后果就难免会制约经济的发展；再次，国家的主要财政收入来源于税收，偿还外债主要依靠财政收入，这就意味着外债越多，国家对居民征税越多，这显然是一个消极的后果。以欧债危机为例，在美国引发的全球性金融危机后，欧洲各国经济发展受阻、国内消费不振，货币高估使得贸易逆差增大，由于缺少灵活的货币政策，政府不得不依靠大量的投资和消费来拉动经济，财政赤字不断扩大。[1]在诸如希腊、爱尔兰、西班牙和葡萄牙等重债国家，国家财政收入主要流向了两个领域，一个是金融和房地产等消费领域，另一个是社会福利、社会保障等公共支出领域。第一个流向导致生产性领域资金缺口补充不足，经济增长乏力，无法创造出与国内货币总量相匹配的实体经济价值，从而导致生产萧条、货币贬值、出口锐减；第二个流向中，过高的福利支出增加劳动力成本，侵蚀了经济竞争力，而且使得财政支出刚性化，削减十分困难。[2]故此，欧洲重债国家普遍出现经济衰退、赤字扩大、失业率上升、投机盛行、债务恶化等情况。然而，在巨大的财政压力下，政府又只能通过增加税收、再次发行新债的手段来缓解经济压力，形成恶性循环，债务危机由此产生。

反之，如果国家举债的资金用于生产性领域，主权债务发

---

[1] 根据有关数据统计，截至2009年底，希腊、爱尔兰、西班牙、葡萄牙四国年度预算赤字占GDP的比重分别为13.6%、14.3%、11.2%、9.4%。欧盟统计局2010年4月公布的数据显示，欧元区16国2009年的财政赤字已占GDP的6.3%，公共债务已占GDP的78.8%。而根据欧盟《稳定与增长公约》规定，各成员国财政赤字不得超过其国内生产总值的3%，公共债务不得超过其国内生产总值的60%。

[2] 参见熊厚："欧洲主权债务危机与欧洲经济治理"，载周弘主编：《欧洲发展报告（2011~2012）》，社会科学文献出版社2012年版，第4~6页。

挥正确效用具有相当的可期度，这对国家经济发展会形成正面影响。[1]既然如此，发生主权债务危机的国家为何反其道而行之，偏偏将大量资金投放于非生产领域呢？原因在于，当国家处于经济发展或经济繁荣期，国家当然愿意通过发行主权债务的途径为生产部门注入资金，为经济发展提供巨大的推动力，这在历史上不乏其例；[2]然而，在经济萧条或衰退期，由于经济增长乏力，生产性部门投资回报率大大降低，在国家缺少合理的、行之有效的宏观调控策略下，用于缓解财政压力的主权债务或者直接用于弥补财政缺口，或者更愿意流向金融、房地产等回报率更高的非生产性领域，最终导致上述的恶性循环结果。

（二）不可持续性地举借主权债务

简单来说，一国政府应对到期债务还本付息，否则借款人将对该国债务失去信心而不再持有和购买。如果一国的财政收入不能按时还本付息，这种情况明显属于超出其能力范围进行的举债，这种方式是不可持续的。一国政府不可持续地借债通常体现为：第一，一国举债数额超出其支付能力。一个国家较为理想的财政均衡状况应是总支出与总收入大体相等。换句话说，一国政府在借债的情况下（假设经济处于增长的状态），至少债务利率应与经济增长率持平。否则将出现财政赤字，财政赤字也会随着情况的恶化而不断扩大，最后国家将会负担不起

---

〔1〕为什么说是"可期度"？因为根据外债无害论或外债有益论认为，国家外债流入生产性领域，可以对经济发展产生促进作用。但是，一国的经济发展策略、生产效率、产业投资回报率和投资风险等因素会影响投资的最后结果，特定投资是不一定会有必然的回报的。因此，用"可期度"是比较合适的。

〔2〕例如新加坡就是典型的例子，新加坡在由发展中国家向发达国家转变的过程中，外债的合理使用发挥了重大的作用。无论是发展中国家实现跨越式发展还是发达国家保持经济繁荣，外债的合理、科学使用都是其中一个重要的因素。

债务而违约或爆发债务危机。[1]在大部分的主权债务违约或危机事件中，债务国发行的外债都远超国家的支付能力。[2]第二，债务种类结构不合理，短期债务比例过大。如果一个国家的主权债务大多是中长期债务，一般而言平摊到每年的还债数额较小，而且可调控空间更大，可消化时间更长。但为了快速吸引大量外资，一国政府通常会发行回报利率较低、但流通性更强的短期债务。一旦国家经济发展受阻，还债能力下降，大量的短期债务无法按时偿还，常常成为压垮国家经济的最后一根稻草。[3]第三，外债比例过高。内债与外债相比，国内资本借贷或投资一般与本国经济发展紧密相连，更具稳定性和可控性。但外债对于债务国而言，流动性更强而可控性更小，大部分的主权债务危机都是因为外债过重而引发的。[4]而大部分重债国

---

[1] 这里需要引入理解的一个经济学术语是基础财政收支余额（Primary Balance），是指不包括利息支付在内的政府总支出与政府总收入相等的情况，这与结构性赤字和周期性赤字有关。Stephen G. Cecchetti, M. S. Mohanty, Fabrizio Zampolli 在《债务的现实影响》一书中对主权债务的这种不可持续地发行进行了讨论，以未来的视角预测美国、日本以及欧洲诸国的债务将会难以避免地超出国际警戒线。

[2] 比如1998年9月，俄罗斯政府财政收入仅为50亿卢布，而外债规模超过1550亿美元；又如2000年，阿根廷外债总额达1462亿美元，相当于当年外汇收入的4.7倍；又如2008年6月底，冰岛国内生产总值仅为193.7亿美元，外债超过了1383亿美元。以上统计数据摘自张志前、喇绍华编著：《欧债危机》，社会科学文献出版社2012年版，第106～119页。

[3] 俄罗斯是典型，1991年俄罗斯一共吸入外资237.5亿美元，其中70%左右是短期资本投资。又如冰岛在主权危机爆发前，也是在国际资本市场大量借入低利短债，投资高获利长期资产，如美国的次级按揭资产。又如1993年墨西哥外资流入量达到308亿美元，其中70%左右是投机性的短期证券投资。以上数据分别参考于张志前、喇绍华编著的《欧债危机》和石自强所著《历次金融危机解密》。

[4] 世界各大债务国中日本是一个比较特殊的例子，日本的债务总额占GDP比重是发达国家中最高的，然而一方面由于同时作为世界第二大的债权国；另一方面也由于其主权债务的大部分由国内投资者消化，具有较高的可控性，因此分析家普遍认为日本发生主权债务危机的可能性不大。

家的外债比例大大超出了国际警戒线，极大地减损了国家经济复苏的能力。

(三) 主权债务的外部波动性

在全球化趋势下，世界逐渐形成一个整合度较高的资本市场，国家间的直接投资和间接投资发展迅速。主权债务作为国际融资的一种重要手段，成为国家间资金流动的桥梁。一国主权债务的变化与外部市场具有较强的关联性，主要表现在：第一，市场投机促发了主权债务违约。投机资本购买主权债务，通过短进短出、做空该国经济或购买垃圾债券等手段谋取暴利，增加了主权债务的流动性和风险。[1]第二，金融危机的影响。一般来说，与主权债务增长相伴随的，是一国较低的利率和宽松的信贷政策，这有利于实现境外融资。但是，世界金融危机发生后，宽松的外部融资环境消失，加之国家财政入不敷出，成为引发主权债务危机的重要因素。[2]第三，区域性约束机制的影响。这个因素以欧盟为典型。欧元区的建立使欧盟各国得以分享一个强势货币带来的效益，但是也因此使各国丧失了货币自主权。一旦出现债务危机，各国只能通过有限的财政政策调整，而不能通过货币政策这一较为迅速有效的手段缓冲危机，

---

[1] 投机资本与一般投资不同，因其极高的逐利性和流动性，往往成为主权债务危机引爆的导火索。以20世纪90年代墨西哥债务危机为例，由于美国经济复苏，国际金融市场的资金向美国回流，而时遇墨西哥发生的政治局势动荡，大量投机资本恐慌性外逃，加剧了比索下跌，墨西哥债务危机爆发。除此以外，投机资本还有另外一种方式对债务危机中的债务国造成损害，如21世纪初阿根廷债务危机中，以NML为代表的秃鹫基金收购了大量的垃圾债券，通过诉讼的形式追索阿根廷的主权债务，致使原已通过的债务重组策略产生重大阻碍，阿根廷因此面临着"多出的"1000多亿美元的债务。

[2] 这种情况下，一般都是债务国本身的债务结构不合理，外债负担过大，经济增长无力的情况，容易受到国际金融危机的影响。俄罗斯债务危机和欧债危机即是明证。

最终加剧了危机的深化和蔓延。[1]第四，评级机构的影响。以惠誉、标普和穆迪为代表的国家主权信用评级机构使主权信用有了直观和可量化的标准，评级的高低直接影响资本市场对主权债务的持有和预期，对主权债务危机的爆发具有直接的影响。[2]

第四节　主权债务法律关系分析

主权债务，是基于主权产生或带有主权性质的债务，它有别于法律上一般意义的"债"的概念。一方面，它拥有债的一般特征；而另一方面，由于国家作为发债主体，使得主权债务具备了与一般债务不同的特性。法律理论中的"债"是指特定当事人之间的法律关系，一般指民事法律关系，即债是按照合同的约定或者依照法律的规定，在当事人之间产生的特定的权利和义务关系。[3]国际法中的"债"可视为民法中"债"的理论在国际社会的延伸。但由于国家身份的特殊性，[4]使其在某

---

〔1〕　货币政策也并不是真正的"治本"方法，只能起到缓解作用。"治本"之策还是在于实体经济的发展，使国家经济复振，增加国家财富。但合理的货币政策确实可以为经济恢复换得重要的时间。

〔2〕　以希腊为例，2009年10月希腊宣布修改政府债务和财政赤字后，三大评级机构先后宣布降低希腊主权债务评级，希腊随即爆发主权债务危机。

〔3〕　一般认为，债的概念源自于罗马法中的obligation，在查士丁尼大帝编撰的《法学总论》（又名《法学阶梯》）对债的解释为：债是法律关系，基于这种关系，我们受到约束而必须依照我们国家法律而给付某物的义务。后世对债的理解基本遵循这一概念。

〔4〕　国家身份的特殊性可以说是国际社会"人为"造就的，追溯到国家主权理论的创立之初，国家被赋予了法律人格，国家之间是相互独立、相互平等的，任一国家都没有权力对另一个国家进行管辖。所以在对外交易中，其他民商事主体如果违反了法律，需要接受具有管辖权的法院进行管辖，但即使国家参与其中，除非该国明确放弃了豁免，否则外国国家不得进行管辖。何为国家行为？这是具有一定标准的，一般认为以国家名义做出的，以国库作为后盾，由国家机关或授权的组织进行的行为，才会被认定为国家行为。

些具体的交易行为中拥有不同于其他主体（如公司或个人）的交易地位，这是导致国家债务与一般债务所不相同的根本原因。

主权债务与一般债务相比较，区别在于：第一，国家具有主权。国家主权理论认为国家享有主权，而主权具有公法属性，这使得国家在进行市场交易时具备了与一般私法主体不同的地位和能力。一方面，国家在进行市场行为时具有一般的私法主体地位。但另一方面，基于"平等者之间无管辖权"原则，导致外国法院不得对债务国的违约行为或财产进行管辖。[1] 第二，主权债务一般是以国家财产和信誉作为担保或保证。一旦发生主权债务违约，国家将以其信誉和财产来承担违约责任。但问题在于，与一般个人信誉和财产不同，国家信用是难以量化的东西，其价值无法准确衡量，[2] 而对国家财产的界定和司法处理方式在国际法中也存在争议。第三，主权债务产生原因的单一性。一般债务理论认为，债的发生主要基于四种原因：合同、侵权、无因管理和不当得利。然而，主权债务绝大部分属于契约性债务，即基于合同而产生。第四，国家交易目的的多样性。对于个人或企业而言，在市场中从事商业行为，逐利是其根本

---

〔1〕 传统的国家主权理论主张国家主权的绝对存在和绝对不容侵犯，延伸到国家及其财产豁免问题上即为"绝对豁免理论"。

〔2〕 国际上存在的主权评级机构对国家信用进行量化处理，主权信用评级的表示方法在各个商业评级机构各有不同，一般单独用字母或配合数字来表示。以三大评级机构为例，穆迪的长期主权信用等级表示法从 AAA 一直到 C 共 21 级，从高到低分别为 AAA、Aa1、Aa2、Aa3、A1、A2、A3、Baa1、Baa2、Baa3、Ba1、Ba2、Ba3、B1、B2、B3、Caa1、Caa2、Caa3、Ca 和 C 级，短期主权信用评级则为 P-1、P-2、P-3 和未分级，长期和短期信用等级有一定对应关系。标普的短期分级表示分 21 级从高到低分别为 AAA、AA+、AA、AA-、A+、A、A-、BBB+、BBB、BBB-、BB+、BB、B+、B、B-、CCC+、CCC、CCC-、CC、C 和 D，长期分级为 A-1+、A-1、A-2、A-3、B 和 C，惠誉的分级方法和标普类似，只是长期分级中 C 级未作进一步细分，而长期分级中则由 F 级来代替 A 级。参见 http://news.xinhuanet.com/world/2011-10/20/c_122180147.htm，访问日期：2013 年 12 月 26 日。

目的,而借债则是实现这一目的的手段之一。而对债务国来说,除了通过借债来促进国家经济发展以外,在很多情况下,借债是用于国计民生、抗震救灾或处理重大紧急事件等实现国家公共管理职能的用途。第五,主权债务违约的法律适用和争端解决制度较为特殊。一般债务受法律冲突法、民商事实体法以及相应的程序法调整,而主权债务违约除了适用上述相关的法律法规之外,仍需接受有关的国家豁免法律或规则调整。

一、主权债务法律关系中的主体、客体和内容

(一) 主体

在主权债务法律关系中,债务人和债权人是相对的不同主体。国家发行主权债务,并承担按时还债的法律义务,是主权债务法律关系中的债务方。国家是一个抽象的概念,那么在国际法上,何种组织或实体可以代表国家借债或发行债券?这是进一步确定国家"主体身份"的关键问题。对于"国家"的界定范围,一直以来存在多种意见,尚未得到统一。[1]联合国国际法委员会制定并于2004年10月通过的《联合国国家及其财产管辖豁免公约》是国家豁免领域一个具有法律约束力并具有普遍指导意义的文件,其中第2条规定:"国家"是指:①国家及其政府的各种机关;②有权行使主权权力并以该身份行事的联邦国家的组成单位或国家政治区分单位;③国家机构、部门或其他实体,但须它们有权行使并且实际在行使国家的主权权力;

---

[1] 笔者认为,国家的内涵一直处于争议之中,主要有两个原因:第一是国家机构和职能的多样化,导致了国家内涵本身就非常丰富,而随着时代的发展还在不断更新,无法用概括的方法来准确界定;第二是国家这个词在不同的语境和不同的情况下的适用也是大为不同,在 A 语境下,国家是这个意思,在 B 语境下,国家的内涵就不一样了,这也导致了对国家下一个统一的定义实为不易。因此,我们只能从具体的情况出发,来界定国家的内涵。正如本文从国家及其财产豁免的角度去界定国家的内涵一样。

④以国家代表身份行事的国家代表。可见，该公约将国家的内涵最大化，只要是行使国家权利的所有组织和个人，都可视为代表国家。这种做法见之于欧盟和各国自行制定的有关国家豁免的相关法律中。[1]上述对国家内涵的界定是可取的，基本可以囊括实践中所有行使国家权力的组织和个人。另外，国际社会中对地方政府和国有企业的债务是否属于国家债务的问题存在较大的争议。关于前者，根据公约规定，只要地方政府有权行使国家权力和职能，其所发债券理应属于主权债务的组成部分。否则，不能视为主权债务；[2]关于后者，根据大多数国家的立法和实践表明，国有企业具有独立的法律地位和承担责任的能力，其债务不能视为国家债务的组成部分，除非有关国有企业明确表示得到国家授权并代表国家行使权力。

主权债务法律关系中的债权方是指借债给国家或购买国家发行的主权债券的个人和组织，包括国际商业银行及其他金融机构、私人投资机构和个人。[3]国际商业银行及其他金融机构主要包括非洲开发银行、美洲开发银行等；私人投资机构主要包括各种对冲基金、养老基金和社保基金等。国际商业银行及其他金融机构、私人投资机构、公司等实体一直是主权债务的购买主力，随着主权债券的出现，尤其是债券二级市场的繁荣，个人投资者也在主权债务中扮演着越来越重要的角色。

---

[1] 如欧盟制定的《欧洲国家豁免公约》、美国制定的《外国主权豁免法》、英国制定的《国家豁免法》等。

[2] 实际上，由地方政府发行的主权债务极其少见，一方面是因为地方政府一般不能认为是国家主权实体；另一方面，即使地方政府在各国国内法的权力划分中享有一定的主权权力，但中央政府基本上都收回了地方政府发行主权债务这方面的权力。

[3] 在此处不包括国家的主要原因在于，国家间的资金借贷和债券买卖一般通过订立国家间的双边条约或多边条约来实现，属于国际公法调整的范畴，因此不纳入本书论述，此观点前文已提述。

（二）客体

主权债务法律关系中的客体，是指债权人权利和债务人义务所指向的对象，即以借款、债券和其他形式表现的各种主权债务。借用世界银行、国际货币基金组织、国际清算银行和经济合作与发展组织对外债下的定义："指一国境内的机关、团体、企业、事业单位、金融机构或者其他机构对该国境外的国际金融组织、外国政府、金融机构、企业或者其他机构用外国货币承担的具有契约性偿还义务的全部债务，包括国际金融组织贷款、外国政府贷款、外国银行和金融机构贷款、买方信贷、外国企业贷款、发行外币债券、国际金融租赁、延期付款、补偿贸易中直接以现汇偿还的债务、其他形式的对外债务。"[1]根据其中对外债外延的阐述，可以对主权债务的表现形式有一个直观的认识。而根据世界各国的实践，一般来说主权债务中贷款和债券是最主要的两大部分。以中国为例，主权债务就主要包括政府向外借款和在国外发行外币债券两部分。[2]

（三）内容

主权债务法律关系中，债权人在债务到期时享有向债务国请求履行债务的权利，债务国则承担按时还债的义务。一旦债务国不能或不愿履行债务，即可能发生债务违约的后果。如果处理不当，不仅国家信用一落千丈，国家财产遭受严重损失，

---

[1] See World Bank, IMF, BIS and OECD, External Debt Definition, *Statistical Coverage and Methodology*, 1988, p. 19.

[2] 具体包括：①通过发行债券、签订契约性借款合同等形式向其他国家政府的借债；②签订契约性借款向国际金融机构或其他国际组织的借债，例如向国际货币基金组织、世界银行的借债；③签订担保合同给其他国家或国际组织的主权信用担保债务；④发行的本外币债券但由国外购买人持有的债务；⑤其他的一些协商但需归还的国外借款，例如根据君子协定、有第三方见证的承诺、以物质抵押甚至以未来发生事项为依据的债务。参见张徐："中国政府主权外债风险管理研究"，财政部财政科学研究所2010年博士学位论文，第32页。

理论上国家还会走向"破产"。然而，如前所述，由于国家是一个主权实体，没有任何一个国际机构或内国法院可以宣布国家破产。所以最有可能发生的是，国家通过经济、法律或政治手段来清偿债务，或提出国家豁免权来减免主权债务。而债权人的救济手段主要通过政治谈判、外交保护、国际司法诉讼或国际仲裁等方式来实现自身债权的救济。

二、违约和破产

根据 IMF 的统计，从 1824 年到 2004 年，全球共发生了 257 起主权债务危机。在这些债务危机中，多是基于债务国不可持续地举借债务，主权债务用于非生产性用途以及主权债务的外部波动性等原因而引发。其结果就是债务国常常由于财政状况恶化而无法支付债务，甚至可能涉及金融欺诈而拒绝履行合同规定的支付义务，最后导致了主权债务违约。这些后果不仅对国家信用和财产，而且对众多购买主权债务的债权人的合法权益都造成了巨大的损失。

主权债务违约事件发生后，债权人和债务人都亟须采取措施以减少损失、避免恶化。对债权人来说，采取的补救措施主要有两种方式：一种是私人途径，如单独或集体组成债权人组织与债务国进行谈判，促使债务国履行合约。或是提起司法诉讼或国际仲裁手段，通过法律形式来保障自身的合法权益。另一种是由私人或企业投资者的母国取得代位权，由母国通过政治、外交、经济或法律手段来争取债权人权益。对债务国来说，一般会通过下述三种方式来应对债务违约：第一是债务国积极采取补救措施，依约履行支付义务或通过国际谈判迟延或部分履行债务；第二是债务国启动债务重组程序，邀请债权人和相关利益人协商，达成债务重组协议，以该协议作为依据进行赔付；最后是债务国违反合同约定，无法或拒绝履行合约，这往往会导致国家信用受到根本损害。[1]显然,最后一种做法无论是对债权人还是债务国来说都不是最好的选择。关于主权债务重组程序,在司法诉讼成为债务违约救济方式以前,就一直作为主权债务违约的主要争端解决机制。这种机制是债务国与债权人之间的经济谈判和债务安排,后来在学者的倡议下,IMF提出了一种类似于"国家破产法"的主权债务重组程序的创想。该创想希望建立一个处理主权债务重组的国际司法机构,拥有类似于国内法院审理公司破产案件时具有的权力,力图使重组程序司法化。如前所述,在任何内国法院都无权宣布外国国家破产,债务国也不会因为债务危机而真的走向破产,"国家破产"更多地是指对国家债务进行重组清算,最后促使债务国摆脱债务危机,重新恢复债务偿付能力。但这种类似于"国家破产"的债务重组程序无疑为解决债务违约问题提供了一种新的思路和新的尝试。

三、国家继承

与主权债务的国家继承问题有关的法律渊源主要包括两种:第一是国际条约或国际习惯法,第二是各国国内法及其判决。前者以《联合国宪章》《关于国家对国家财产、档案和债务的继承的维也纳公约》[2]等国际条约为主体的国际法律渊源;后者则见之于各国国内法和有关判例。

---

[1] 实际上,国家除了信誉会遭受毁灭性的打击以外,国家财产也不能幸免于难,因为债权人不会因为债务国拒绝履行合同而放弃合法权益,而是会寻求母国帮助、提起司法诉讼等强力救济方式来保护债权权益。因此,这种做法对于债务国来说并不可取,是为了眼前的利益而忽略了长远的利益,历史上也极少有国家采取这种方式来应对债务违约事件。

[2] 该公约为联合国国际法委员会于1983年4月8日制定,虽然因未达规定的缔约国数量,该条约并未生效,但作为由世界各国专家和学者共同商讨制定的文件,在处理主权债务方面的国家继承问题有着指导性的作用。

根据国际社会的立法和实践,主权债务的国家继承问题主要有以下四个方面的内容:

第一,关于"恶债"。一般认为,"恶债"违反了国际法原则和规则,并无存在的合法性依据,因此继承国可以不予承认和继承。[1]20世纪初中美之间的湖广铁路债券案即是明证。

第二,以国家资格变化的不同情况区分,从而确定关于主权债务的国家继承规则。按照联合国国际法委员会的意见,国家继承问题一般出现在以下几个情况:国家领土的转移和分离、国家联合、国家解体和新国家独立。对于国家领土的转移和分离,主要有两种情形:一是国家的部分领土转移给他国,一是国家的部分领土独立出来成为一个新的国家。在这种情况下,一般首先按照继承国和被继承国之间的协议安排,在没有签订协议的情况下按公平比例处理;[2]对于国家联合的情况,一般认为债务由被继承国转属继承国;[3]对于国家解体的情况,按照公平比例原则处理,除非继承国和被继承国之间存在协议。[4]第一次世界大战后土耳其继承奥斯曼帝国主权债务案,以及奥地利和匈牙利继承奥匈帝国主权债务案基本上是依据这种规则处理。

第三,新国家成立。《关于国家对国家财产、档案和债务的继承的维也纳公约》与以往国际实践相比确立了一个新的规则,即

---

〔1〕 正如〔苏〕M. M. 博古斯拉夫斯基和 B. B. 齐布科夫在《关于国家继承的新公约》一文中主张的:"不是所有债务都是国家债务。而只是根据国际法产生的才应视为国家债务。"这就是说(被继承国首先是宗主国)不是根据国际法和联合国宪章规定的国际法原则所接受的"恶意债务"都因为失去合法性基础而不被承认。

〔2〕 See Art. 37 and 40, Vienna Convention on Succession of States in Respect of State Property, Archives and Debts, Apr. 8, 1983, Vienna.

〔3〕 See Id., Art. 39.

〔4〕 See Id., Art. 41.

新独立国家原则上不转属旧国家（即被继承国）的主权债务，除非两者存在因考虑领土因素而存在的与主权债务相关的协议。[1]这一理论为广大的亚非拉新成立国家所践行。

第四，对于主权债务的国家继承案件的审理，存在于国际法庭和国际仲裁庭中，也见之于各国法院对相关案件的审理。[2]虽然国际社会尚未存在一个普遍认可、具有法律效力的国际法规则，但国际法院、仲裁庭或各国法院在处理有关案件时，除了适用约定的各国国内法外，都会将《关于国家对国家财产、档案和债务的继承的维也纳公约》作为主要的审判依据以及将有关判例作为重要的参考。

四、主权债务诉讼和国际仲裁

通过法律途径解决主权债务违约纠纷，主要包括司法诉讼（包括国际法庭和各国法院）和国际仲裁两种方式。但在各个常设国际性法庭（如国际法院或欧洲法院，分别是国际性法庭和区域性法庭的代表），一般只接受国家之间的纠纷，而不接受私人债权人起诉债务国的案例。所以大部分债务违约纠纷的司法解决，集中在国际仲裁和各国法院进行。前者如解决争端投资中心（即 ICSID）和各大国际仲裁中心，以及基于案件建立的各种临时性仲裁庭。后者主要是以英国、美国、德国、意大利等为代表的国家，依据国内法对主权债务违约案件具有管辖权的

---

[1] See *Id.*, Art. 38.
[2] 虽然国际社会中并不存在一个对主权债务违约行为进行审理的专门法院，绝大部分的主权债务违约案例都经由国际仲裁或内国法院审判或裁决。这是由于国际法院只能接受国家之间的争端，因此私人债权人无法通过国际法院起诉债务国。但债务继承与一般的主权债务违约行为不同，债务继承只能发生在两个国家实体之间：即被继承国和继承国。因此，对于主权债务继承有关案件，国际法院有审理的权限和职能。

国内法院。[1]

与主权债务违约有关的国际司法诉讼和国际仲裁在法律效力、时效、执行力等方面各有特点。两者区别在于：第一，国际司法诉讼具有严格的审理程序，对管辖权、审理级别、审制等制度有严格规定，强制力、执行力以及承认度较高。国际仲裁则相对灵活，对于仲裁规则、仲裁人数、时间、地点等因素可以灵活安排，但裁决依赖于仲裁双方对合约的善意履行，[2] 第二，国际司法诉讼主要由内国法院审理，其依据的法律具有较为强烈的该国法律倾向和意识，虽然容易为与该国法律制度相同或近似的国家法院所接受，但当事人可能因为不了解、不信任或出于公平性考虑而不选择这种方式。国际仲裁更加灵活，仲裁规则和适用法律可以由当事人决定，可以排除许多当事人不信任的因素，因而更加能平衡双方的利益，显得更加公平；第三，法院判决依据的是各国法律和具有法律约束力的判例，这可以加强维护法律判决的权威性和统一性。而仲裁庭除了依据法律和判例以外，还可依据有关的文件、准则、惯例、学说以及其他标准进行裁决，只要双方能够接受。第四，国际司法诉讼程序严格、复杂而耗时较长，容易出现获得程序正义而失去了实质正义的结果。国际仲裁时效短、效率高，可以最大程

---

[1] 由于各国对国家及其财产豁免问题的态度不同，以及对主权债务发行行为是否属于商业行为的具体定位不同，导致各国法律规定不同。如英国、美国、德国、意大利、比利时、瑞士等国家认为主权债务属于商业行为，因此国内法院对有关发行主权债务行为具有管辖权，可以对有关案件进行审理，并予以执行。因此主权债务诉讼案件主要发生在这些国家。而且值得注意的是，一般受理主权债务诉讼的法院都是位于重要经济中心或金融中心的法院，这使该法院地有关债券或资产具有更强的控制力和执行力。

[2] 在过去，虽然仲裁裁决与法院判决相比较一直被认为强制力、执行力和权威度较弱，但随着仲裁专业度、仲裁与司法连接度的提高，仲裁裁决的法律效力得到了明显加强。

度地节省时间成本,满足双方当事人对效率的要求。

　　基于两者的区别以及主权债务违约纠纷本身的特点考虑,在选择合适的方式解决债务违约纠纷的问题上,需要考虑以下几点:第一,争端解决方式条款。在与主权债务违约有关的协议中是否存在争端解决方式的条款,如诉讼条款和仲裁条款,或者是否有约定适用何种法律。这些条款体现了当事人的明示选择,有利于减少当事人在争端解决方式上的争议。第二,时效性。一般来说,国际仲裁尤其是独任仲裁庭可以保障在较短的时间内完成审理,而诉讼程序相对来说耗时较长。第三,管辖权。在可以选择法院或仲裁庭的前提下,需要考虑在何国何地提起申诉可以更有效地实现诉求。管辖权往往可能决定了案件适用的法律、对有关财产的执行力以及后续承认与执行该判决的范围。[1]第四,债权人集体申诉的方式。如果涉诉债权人数量庞大,需要进行集团申诉,可以采取诉讼途径。集团诉讼方式一方面有利于增强债权人对价的能力,另一方面也可以为将来出现的其他债权人直接获得判决的结果提供便利。这是对司法诉讼方式而言的,仲裁方式则不具备这样的特点。第五,诉求妥协问题。在司法审判中,对起诉的提请、修改或撤诉有严格的规定,一旦起诉就必须按照规定进行。[2]而在仲裁过程中,仲裁庭可以灵活地考虑双方当事人的诉求转换,甚至在双方协商、妥协中达成一种"于法不合"但最能考虑双方利益的共识,从而保障双方的利益实现。第六,关于"最终判决"或"最终裁决"的考虑。司法诉讼依据各国审级制度确定,一般存

---

　　[1] 关于"最后一点后续承认与执行该判决的范围",是指不同国家对主权债务诉讼中国家豁免问题的态度不同,会影响其他国家对初始审理法院形成的判决的承认度。
　　[2] 司法诉讼过程中的调解、和解等程序仍然存在,此处主要是指当事人双方协商、妥协在司法诉讼程序中的诉讼成本问题。

在一审、二审、终审、再审等规定，而仲裁是一审定案。债务关系中的双方当事人应根据自身对审级的需求选择适合的方式。

第五节 历史上几次较为重大的主权债务违约案例及各自特点

一、20世纪80年代拉丁美洲经济危机

自18世纪末到19世纪初的拉美独立运动后，新成立的国家为了改变产业结构单一、实现工业强国的发展路径，掀起了国有化和驱逐外资运动。[1]但由于各国历经长期的殖民统治，工业基础薄弱，在发展工业所需的原材料方面需要大量进口，面对外汇储备匮乏的问题，拉美各国普遍实行相对激进的经济政策，通过放宽外汇限制、取消外债限制来引进外国资本，降低关税，以出口替代政策来赚取外汇收入。在扩张性的经济政策的刺激下，拉美各国经济快速发展的同时伴随着财政赤字的高速增长，为弥补财政赤字，国家通过大量举借外债来平衡财政，逐渐地超出了其支付能力。1982年底，拉美十九国外债总额达到3287亿美元，其中墨西哥、巴西、阿根廷、委内瑞拉四国外债总额2575.6亿美元，占拉美外债总额的83.58%。外债还本付息额占当

---

[1] 比如1934年至1940年，墨西哥总统L.卡德纳斯执政期间，实行了铁路和石油国有化。1946年至1955年，阿根廷总统庇隆执政时期实行了企业国有化、增进工人福利的改革。1952年玻利维亚人民推翻了巴利维安政权，将外资控制的矿业公司收归国有。1953年至1954年，巴西总统瓦加斯实行了一系列经济改革，由国家垄断石油工业，限制外国资本的超额利润。1964年至1977年，巴拿马人民开展了要求收回运河区主权的斗争。1968年至1975年，J.贝拉斯科阿尔瓦拉多总统进行了以国有化和土地改革为主要内容的"秘鲁式的革命"。1970年至1973年，智利总统S.阿连德戈森斯采取了铜矿国有化和没收大庄园等改革措施。

年出口收入的比重远远超过20%的债务安全线。[1]与此同时，国际资本市场利率的拔高、[2]美元作为主要外汇储备货币的坚挺以及国际石油价格的动荡，削弱了拉美各国经济发展的能力，而且在无形中使其主权债务大大"增值"。1982年8月，墨西哥因无法偿还到期债务，宣布无限期关闭全部汇兑市场，爆发了债务危机。受墨西哥影响，巴西、阿根廷、秘鲁等国也相继宣布终止或推迟偿还外债。[3]这场主权债务危机使上述拉美各国进入停滞发展的十年，历史上也称"失去的十年"。[4]不仅使拉美经济损失巨大，也对世界经济的发展造成了巨大的影响。

在1994年至1995年间，墨西哥还爆发了一次著名的"比索危机"。因为存在两次危机且时间间隔较近，所以将其附加陈述。虽然本次危机更多的是因为墨西哥在货币、外资政策失误和国内政局动荡而导致的，但对主权债务的错误使用也是这次危机爆发的不可忽略的因素。[5]墨西哥政府在对发行的主权债

---

〔1〕 参见谢世清："历次主权债务危机的成因与启示"，载《上海金融》2011年第4期，第62页。

〔2〕 根据有关数据统计，国际资本市场利率在整个20世纪80年代居高不下，由于1980年至1989年的年平均利率为5.85%，相当于1974年至1979年时的6倍。以美国为例，其商业银行优惠贷款利率在1980年末一度超过20%。

〔3〕 有关资料参见维基百科网站：http://zh.wikipedia.org/wiki，2013年1月2日访问。

〔4〕 在整个20世纪80年代，拉美地区的国内生产总值年均增长率仅为1.1%，个别年份甚至出现负增长，工业产值年增长率只有0.5%，人均收入下降10%，除个别年份外，通胀率一直保持三位数，1990年甚至高达1491.5%。

〔5〕 在面临相对汇率制已对外资无法产生足够的信心，货币贬值和通货膨胀压力增大，以及财政赤字无法弥补的情况下，墨西哥政府发行了一种与美元挂钩的短期债券以取代与比索挂钩的短期债券，这短暂地提高了外资的信心，投资者大量地购买这种与美元挂钩的短期债券。在危机爆发前，墨西哥发行的短期债券已达300亿美元，其中1995年上半年到期的就有167.6亿美元，而当期政府外汇储备只有几十亿美元，完全无法承受。随着经济恶化，外资投资利润率减少，大量外资外流，对政府财政形成极大压力，这也成为危机爆发的重要原因。

务的运用上,也同样存在若干与 20 世纪 80 年代拉美危机相同的特点:①主权债务的非生产性使用;②短期债务过多并过于集中;③外汇储备不足以支撑主权债务的发行总量。

20 世纪 80 年代这场起于拉美各国,波及整个世界经济的主权债务危机,可以说是第一次世界性的债务危机。笔者对此有三点评述:第一,债务国基本上都采取了激进的、扩张性的经济政策,大量举债,最终超过其债务支付能力导致了债务违约和危机。进一步说,各国在举债后将大量借债所得资金投向周期长、见效慢的生产性建设项目,债务管理不善,大多导致了亏损。还有部分外债用于消费领域,甚至军事领域,使债务没有流入生产性投资领域。这是多次主权债务危机的共同基本原因。第二,拉美各国的发债目的多用于弥补财政赤字和发展本国经济,所发行债券的行为可定性为商业行为。与举债或发行债券用于抗震救灾、卫生环保、慈善公益等公共管理目的的主权行为不同,依据后者所发行的主权债务是享有国家及其财产豁免权的。第三,在处理本次主权危机的方式上,拉美各国更多的是选择经济途径,而非法律途径。拉美各国在美国的帮助下,首先采取的是发行平价债券,以新债换旧债,但"失去的十年"证明了这种方式并不能解决问题。而后,美国财政部提出"布雷迪计划",即以折扣债券的方式,减免债务本息,从根本上减轻债务国负担,才使拉美各国慢慢走出主权债务危机的困境。

二、1997 年至 1998 年俄罗斯金融危机

1997 年至 1998 年,俄罗斯发生了三次较大的金融危机,第一次发生在 1997 年 10 月底至 11 月中旬,第二次发生在 1998 年 5 月至 6 月,第三次发生在 1998 年中旬。俄罗斯自 1991 年苏联

解体后，一方面承继了苏联遗留的大部分国家财产和债务，[1]另一方面为了恢复经济，采取了由美国经济学家倡导的"休克疗法"[2]，然而效果不佳，反而致使国家经济一蹶不振，陷入了衰退和动荡中。直至1996年，由于长期经济不振、赤字巨大、资金短缺、财政一直入不敷出，俄罗斯决定吸引外资，将金融市场对外开放。外资认为俄罗斯金融市场定价低、升值潜力大，大规模进入股市和债市。仅1997年一年，吸引外资达100多亿美元，[3]而且大部分为短期资本投资。[4]短期债务的过度集中，极大地增加了主权债务违约的风险。由于俄罗斯财政状况的恶化，缺失了最基本的债务偿还能力，[5]加之外部金融危机的冲击，以及国际能源和原材料价格的动荡（主要是油气资源和金属），俄罗斯接二连三地爆发了金融危机并波及整个世界。在这场金融危机中，首先是大量外资抽离外逃造成市场信心崩溃，股市和汇率大幅下挫，随后迅速波及债市，使整个金融体系几乎瘫痪，大量企业破产，整个经济骤然下降5%。随着金融危机愈演愈烈，最后直接导致了俄罗斯两届政府的垮台。

---

[1] 根据历史资料显示，苏联解体后，俄罗斯联邦作为最大的继承人继承了约900亿美元的外债和内债，成为俄罗斯经济发展的巨大包袱。

[2] "休克疗法"的主要内容是自由价格、自由贸易、自由兑换和经济自由化，这一经济理念曾为玻利维亚政府所采用，并取得了良好的效果，不仅为其克服了主权债务危机，还促使其经济得到了恢复和发展。俄罗斯以此作为借鉴采取了这种经济政策，但由于经济体制转变的不稳定、政府动荡等内忧外患的诸多原因，最终导致了失败。

[3] 俄罗斯自1991年起共吸引外资为237.5亿美元，1997年一年所吸引外资几乎达之前7年总额的42%。

[4] 外资投资总额中直接投资只占30%，短期资本投资占到70%。

[5] 至1997年底，俄罗斯可确认的对外负债总额为1280亿美元，资产总值却仅有277亿美元，而外汇储备也只有130亿美元，为对外负债总值的十分之一。到1998年，财政缺口高达180至190亿美元。显而易见，俄罗斯并不具备如此巨大的债务偿还能力，主权债务违约的风险非常大。

这一系列的金融危机是第二次规模较大的,因为主权债务危机演化而波及世界的经济事件。在这一系列的危机中,笔者有三点评述:第一,危机发生的根本原因仍是债务国在经济不振的情况下,并未在合理的范围内运用主权债务这一经济工具来改善经济状况,所借债务远超可承受的范围,最终因无力支付而违约,致使市场信用坍塌,资本市场遭受严重打击,甚至影响到实体经济。第二,俄罗斯所借债务中外资比例较大,且多为短期债务,规模大而还债时间集中,这就极大地增加了债务违约的风险。在俄罗斯经济动荡时,外资大规模外逃,拖垮股市、汇市和债市,骤然而至的大量短期债务也就成为压垮经济的最后一根稻草。第三,俄罗斯解决本次债务危机的手段包括以货抵债和债务互换,[1]其中债券互换中以伦敦俱乐部的国际商业银行集团为主导,完成了对债务的重组和减免,在以后很长的一段时间里,这种方式成为了解决债务问题的主要经济方式。

三、2005 年阿根廷债务重组

阿根廷在经历了 20 世纪 80 年代"失去的十年"后,经济萎靡不振,通胀问题严重。政府为了重振经济,进行了货币局制度改革、市场自由化和国企私有化等一系列改革,并制定固定汇率制,有效地提升了投资者对比索的信心,经济在一段时间内有所恢复。但 1995 年至 1999 年,受墨西哥、东南亚和巴西等国家或地区爆发的金融危机的影响,阿根廷经济下跌,出现了市场疲软、消费下降、生产不足、财政赤字加剧的状况。为

---

[1] 以货抵债实质上是将俄罗斯的商品实物用于偿还债务,这一方式在实践中发挥着一定的作用,包括在俄罗斯对捷克、俄罗斯对哈萨克斯坦两国的债务偿还中进行了尝试,并取得不错的效果。

应对危机,阿根廷政府大量举债,增加政府投资,试图挽救经济颓势。但由于阿根廷经济持续衰退,产品竞争力下降,加之国际经济形势动荡造成的不利影响,进入2001年的阿根廷政府无法偿还大量的到期债务,[1]投资者对其偿还债务的能力失去信心,外资开始大量抛售债券,造成债券价格狂跌并波及证券市场,最终导致债务危机爆发。在这次危机中,比索贬值60%,金融市场动荡,工业生产力大幅下降,人均收入水平降低一半,并引发了严重的政治危机,有关政府官员引咎辞职,甚至在11天内更换了5位总统。

阿根廷的本次债务危机,直至今日仍然余波未平,影响尤为深远。笔者对此有三点评述:第一,主权债务与货币政策的紧密联系。本次主权债务危机中,阿根廷实行固定汇率制度导致了比索价值被高估,削弱了产品竞争力,导致国家出口锐减,外汇储备减少,最后损害了国家偿还外债的能力。危机发生后,比索迅速贬值,资金大量外逃,通货膨胀凸显,又沉重地打击了困境中的国家经济。第二,债务结构不合理,债务使用不当,是导致债务危机的重要原因。阿根廷的外债大多集中在短期内偿还,而且由于所借外债没有流入生产领域,而多数用于消费,因此并未形成生产力,无法用经济发展成果偿还债务。第三,债务诉讼对主权债务违约的影响凸显。在2005年至2010年间,阿根廷政府分别对危机中高达1500亿美元的违约债务进行重组,约95%的债权人接受重组方案,但以NML资本公司为代表的"秃鹫基金"拒绝重组方案,并向美国纽约法院提起诉讼。经过纽约联邦法院审判,阿根廷政府需向包括NML在内的债权

---

[1] 2000年,阿根廷外债总额已达1480亿美元,几乎占全国生产总值的50%,相当于出口额的5倍。而且,这些债务的偿还时间大多集中在2001年至2004年,还债压力巨大。

人支付庞大的违约债务本息。阿根廷政府致函美国联邦最高法院,称如果最高法院认定阿根廷技术性债务违约,则阿根廷政府将面临 200 亿美元资金账户的冻结,最坏结果将导致阿根廷经济复苏过程中断,并重陷债务困境。在这种强大的诉讼压力下,阿根廷选择了与以 NML 为代表的秃鹫基金进行谈判。至 2016 年 2 月 29 日,阿根廷财政部长普拉特盖宣布,阿根廷与 NML、ElliotManagement、AureliusCapital、DadivonKempner 和 Bracebridge Capital 等主要秃鹫基金达成协议,最终将向上述基金支付 46.53 亿美元,约占参加诉讼金额的 85%。[1]

四、2009 年迪拜主权债务危机

迪拜是阿联酋第二大酋长国,整个城市建于沙漠之上,背靠海湾,曾经长期与其他中东城市一样,依靠出口石油赚取外汇,以这种单一的方式支持经济增长。一直统治迪拜的马克图姆家族利用迪拜海湾地区的地理条件,并考虑到石油储备日益减少的现实状况,决定改变过去单纯依靠石油赚取美元的经济增长模式,转向成立大型主权债务基金,以迪拜世界主权基金(以下简称迪拜世界)为代表,大力发展金融市场,一方面运用庞大的海外投资赚取利润,[2]另一方面将大量的资金投入到迪拜的交通物流、船坞海运、金融服务、城市开发等领域,以期将迪拜打造成世界金融中心,实现"万丈高楼平地起"的宏愿。最初几年,在全球经济平稳增长和资金稳定流入的情况下,迪拜经济得以高速发展,摩天大楼不断拔地而起,奢华项目接连

---

〔1〕 参见 http://www.mofcom.gov.cn/article/i/jyjl/l/201603/20160301266243.shtml,访问日期:2019 年 4 月 29 日。

〔2〕 以迪拜世界为例,其通过股权买卖、股票收购等方式大量收购海外资产,包括了拉斯维加斯赌场运营商 MGM、英国渣打银行以及各国大型企业和基金等遍布全球的 100 多个城市的公司资产,并取得了丰厚的回报。

上马，如迪拜塔、棕榈岛、世界岛这些举世闻名的建筑都是这一时期建成，一度使得迪拜成为发展、繁荣、奇迹的代名词。为维持这种大投入、高速度的经济发展模式，迪拜政府采取了大规模举债、完全开放金融市场、大力吸引外资的方式，致使政府债务越滚越大，为经济发展留下了隐患。据统计，2005年至2009年，迪拜政府推进了约3000亿美元规模的建设项目，而政府负债达到了800亿美元左右，包括迪拜世界的590亿美元，其中有一半债权由欧洲银行持有，约400亿美元。在次贷金融风暴的影响下，外部资金紧缩，全球经济走低，迪拜无法承受巨大债务的压力。2009年11月，迪拜政府宣布迪拜世界无法按时偿还债务并宣布对其进行重组，债务延迟6个月偿还，迪拜主权债务违约事件爆发。在迪拜债务违约后，亚太和欧洲股市全面大跌，欧洲股市盘中一度重挫2%，穆迪和标普将迪拜政府主权信用大幅调低至垃圾股。而迪拜也出现房价下跌、大量建设项目被取消、经济大受打击、昔日繁华一去不返的现象，建成世界金融中心的目标也成了黄粱一梦。

在迪拜主权债务违约事件中，笔者有三点评述：第一，迪拜世界是迪拜政府成立的主权债务基金，是一个国有企业，但在借贷债务过程中并无迪拜政府以其财产或信誉作为担保，因此不仅迪拜世界的财产应同迪拜政府财产区分对待，其行为也应视为独立的商业行为，而非政府行为，除非得到迪拜政府的授权行使主权权力。第二，迪拜政府所举借的债务基本上全部用于包括交通物流、船坞海运、金融服务、城市开发等领域的经济建设，其性质属逐利性的商业行为，一般认为不享有国家豁免权。第三，在违约事件发生后，迪拜政府采取了资产重组的方式解决债务危机，并引入了基于国际公认准则制定的重组法律框架，保护了债权人的合法权益。而且得到了阿联酋最大酋长国阿布扎比政府的 100 亿美元援助，有效地降低了债务违约带来的冲击。

五、2010 年欧洲主权债务危机

欧洲是近代经济、政治、文化的发展中心，具备相对完备、成熟、先进的产业体系，更为开放发达的金融市场，拥有强大的科技创新能力和产品竞争力，是国际经济增长不可或缺的重要组成部分。但在 2007 年美国爆发次贷危机后，国际总体经济环境受到冲击，欧洲各国（尤其是欧盟各国）为应对危机，[1]几乎都一致性地采取了扩张性货币政策和财政政策以应对危机，手段包括大量发行债务，加大投资，降低利率，降低税收和扩大公共支出等，用以刺激经济的增长。但是，在欧盟国家中经济实力各有差异，如德国、法国等大国由于综合实力较强，采取扩张性的财政政策尚在合理范围内，具有较为强大的债务偿还能力。但对于一些经济实力较弱的国家，如冰岛、希腊、爱尔兰等国，由于常年贸易逆差、生产力不足、经济结构较为单一，愈发巨大的外债负担逐渐超出其综合国力可以承受的范围。[2]2009 年底希腊不堪债务重负，宣布当年财政赤字和公共债务占国内生产总值的比例预计分别达到 12.7%和 113%，远超欧盟《稳定与增长公约》规定的 3%和 60%的上限，债务危机爆发。[3]随后迅速波及葡萄牙、意大利、爱尔兰和西班牙（即 PIIGS），欧盟

---

[1] 欧元区经济增长率由 2007 年的 2.8%下降到 2009 年的-4.1%，失业率上升到 9.4%，经济下行，社会问题开始显现。

[2] 2009 年 10 月初，希腊、爱尔兰、西班牙和葡萄牙的预算财政赤字与 GDP 的比例分别达到 13.6%、14.3%、11.2%和 9.4%，而葡萄牙、西班牙、希腊和意大利公共债务的余额分别为 1259 亿、5596 亿、2734 亿和 1.76 万亿欧元，其中外债分别达到 73.8%、37%、49%和 77.5%。

[3] 参见张国武："主权债务重组问题研究"，西南财经大学 2013 年博士学位论文，第 64 页。

其他国家也受到牵连。由于欧盟内部实行共同的货币政策,各国单纯依靠财政政策的调整收效不大,加之主要的主权评级机构应时调低有关国家债务评级,使得投资者对主权信誉失去信心,债务资金大量抽离,对欧洲金融市场形成重大打击,进而影响到经济、社会的各个方面。主权债务危机迅速在欧洲地区扩散,形成强烈的震荡,将世界经济推入新一轮的低谷。

从早期的债务违约事件到最近的欧债危机,世界范围内的主权债务危机显现出间隔越来越短,规模越来越大的特点。关于本次欧债危机,笔者有三点评述:第一,主权债务危机的爆发地区已从发展中国家蔓延到发达国家。这说明了并非只有发展中国家需要通过举借外债来发展经济,外债也成为发达国家一个重要的经济发展手段。而且,以美国、日本等为代表的发达国家,实际上已经成为世界上最大的债务国家群体,这些国家具有更大的爆发债务危机的风险。对于外债的数量、规模、结构、用途的控制,是降低运用外债风险的关键。第二,主权评级机构的影响凸显。欧债危机中,主权评级机构对相关国家的主权信用评级往往成为债市的风向标。以 PIIGS 为例,在穆迪、标普和惠誉等机构调低该国主权信用级别至负面甚至垃圾级后,通常意味着该国主权信誉丧失,国家债务已失去投资价值,大量投资便会迅速撤离,导致股市崩盘,经济动荡。第三,均衡的经济机构、合理而有力的财政政策和货币政策是抵御主权债务危机的重要力量。欧盟各国由于共同的货币政策而失去了货币主权,单一的财政政策在债务危机面前显得力不从心,无法有效地消化巨大债务的压力。而在国家经济中,金融的繁荣固然会带来巨大的收益,然而虚无经济的过度增长必然会带来巨大的泡沫,尤其是举债资金没有流入实体经济领域,形成具有再生能力的生产力,那么庞大的债务和资金只会成为"无根之木、风吹必倒,无源之水、地动则断"。

第六节 小 结

主权债务违约是一个具有悠久历史的问题,它产生于特定的历史发展时期,具有深刻的社会、经济、政治、法律和文化背景。所以对主权债务违约问题的研究,应是基于一种综合的、全面的和系统的研究态度,而不是孤立地、片面地和割裂地去看待。在国际法框架下,重大的国际法思想或思潮对主权债务理论造成的影响无疑是重大的。在全球化思潮、法律多元化和法律冲突思潮、国家主权论与资本自由化的冲突等多种趋势的影响下,也催生了主权债务理论领域中的债务有害论、债务无害论和债务有益论。虽然在理论上对主权债务的利害存在争议,但事实上,在各国的实践中,无论是发达国家还是发展中国家,也无论是先行国家还是后发国家,几乎无一例外地运用主权债务作为发展国家经济的重要手段。因此,对主权债务的研究具有重大的现实意义。主权债务违约是指债务国对到期债务无法还本付息,不能履行债务义务的状况。债务违约不仅会损害债权人的债权权益,使得其债权无法充分实现,而且也会致使债务国的信誉下跌、国家财产面临被起诉或执行的危险。债务违约后的债务国由于失去按时偿债的能力,往往会导致该国债务危机的产生,甚至是"国家破产"的严重后果。世界经济在全球化趋势下已经紧密地联系在一起,任何国家的经济发生重大恶化,都会对其他国家甚至整个世界造成冲击和影响。妥善地处置债务违约或债务危机,成为国际社会的共识。对历次较为重大的主权债务危机进行比较分析,总结它们之间的共性和各自的特殊性,可以为解决债务违约问题提供现实的参考和有力的素材。本书所要研究的主权债务违约，是指债务国向私人债权人发行债务的违约行为，不包括债务国向外国国家、国际组织等公法主体发行的债务违约。因为后者产生的债务由国际公法调整，债务双方通过国际条约或协定即可解决。只有国家进入私法领域与私人债权人进行商业交易，当债务国出现债务违约的情况，私人债权人通过司法诉讼方式寻求救济后，才会产生国家豁免问题。另外，在历史上，曾经出现过债权人通过债务重组、商业谈判、国际仲裁等方法寻求救济失败后，向母国寻求外交保护，结果是把债务经济纠纷上升到国家政治、外交争端的层面，甚至一度出现了武力索债这样严重违反国际法的行为。所以，将主权债务违约纳入法律框架进行调整，是符合国际社会发展潮流的。其中，司法诉讼、国际仲裁以及其他准司法程序是解决主权债务违约纠纷的重要方式。[1]

---

[1] 例如第五章将要阐述"国家破产程序"。

第二章
主权债务违约中的国家豁免主体

第一节 主权债务违约中产生国家豁免问题的根源

国家及其财产享有的豁免权并非天然形成的，而是随着人类社会政治、经济、文化等各方面的发展而在历史中形成。国家作为人类社会的一种组织形式在历史上出现后，国家之间就以互相派遣具有外交职能的使节作为官方交流的主要手段，但最初多为临时性质，并未形成职业的外交官。慢慢地，根据国家交往的需要，常驻外交官制度逐渐形成于近代欧洲。[1]尤其在1648年威斯特伐利亚会议后，常驻外交官在欧洲发展成为了一种普遍的制度，继而为1961年《维也纳外交关系公约》所确认。这种赋予外交官以民事管辖权的豁免和特权制度，加上国际习惯法上已确立的外国国家元首的特权与豁免制度，共同形

---

[1] 常驻外交使节制度最初在13世纪出现于意大利各城市国家，特别是威尼斯。这些城市国家之间互派外交使节常驻在对方国家。为更好地对相互间的国际事务进行谈判，创立了常驻外交使节制度的范例。转引自龚刃韧：《国家豁免问题的比较研究——当代国际公法、国际私法和国际经济法的一个共同话题》（第2版），北京大学出版社2005年版，第1页。

成了国家及其财产豁免的雏形和起源。[1]

国家及其财产豁免制度的出现有其经济、政治和学说上的历史背景：

第一，经济方面。近代以来，随着生产力的向前发展，社会化大生产成为现代国家的基本生产形式，各种产业的相互配合度大幅提高，新兴产业层出不穷，国家需要对社会经济生产提供更多的指导、服务和协调，国家的经济职能凸显，并参与到社会经济生活的方方面面。在对外交往时，国家及其授权的机构、组织、经济实体在许多领域承担了经济交往的任务，或者通过经济交易盈利，或者以经济行为获取社会稳定、安全等非盈利领域的物品或利益。赋予国家一定的豁免权，无疑是为国家在经济交往中提供了一个安全屏障。

第二，政治方面，现代国家形式构成了国家及其财产豁免的政治基础。现代国家与古代封建国家不同，因契约精神的出现，公民通过让渡权力而集结成这种特殊的利益共同体，并因此赋予了国家主权者的性质。这与古代国家之间宗主与藩属、征服与被征服等关系有着根本的区别。在近代反殖民主义运动、民族独立运动和民族自决运动等浪潮的席卷下，大批新国家诞生，成为国际社会中平等、独立的成员，形成了国际经济政治新秩序。国家间的平等关系催生了国家及其财产豁免原则的出现。

第三，在学说方面，国家主权理论的产生、发展和成熟。与政治、经济发展相呼应。国家主权理论最早在 16 世纪的欧洲出现，认为主权性质决定了国家对内的最高性和对外的独立性，

---

[1] 当然，在现代国际社会中，外交豁免、国家元首豁免和国家及其财产豁免制度是同时存在的，并非前两者就完全为后者所囊括而消失。因此，三者之间的关系虽然有重叠和同源之处，但在具体内容中却各有偏重和不同，不能等同视之。

主权国家拥有在国际交往中独立、平等的地位，并衍生出"平等者之间无管辖权"的国际法律原则。国家豁免理论即一国的行为和财产，未经该国同意，外国不得对其进行司法管辖和执行。经过长期的发展和完善，在当代国际社会形成了绝对豁免理论和限制豁免理论相并立的局面。限制豁免理论因其更加符合国际经济、政治的发展，逐渐获得越来越多国家的认同，这种趋势也使国家豁免原则在当代社会获得了新的发展。

主权债务作为国家平衡财政预算、控制货币流通、促进经济发展、支持公益事业的重要经济手段，已为越来越多的国家所认可并付诸实践。在主权债务的发行过程中，国家或是作为债务的发行主体，或是作为债务发行的担保主体，这些行为都是以国家名义和国库财产作为支持的，因此，国家作为主权债务违约这一法律关系的行为主体，是豁免问题产生的根源。

一、国家是主权债务发行和担保的主体

依据世界上主要债务发行国的实践，债务发行一般由有关政府部门和得到政府授权的组织或机构进行。前者主要包括一国分管财政、金融的相关政府机构，如国家财政部等；[1]后者主要包括得到政府授权的商业银行、保险公司、主权基金等各种金融组织。以中国为例，参与发行主权债务的政府部门主要是国家财政部，地方政府不具备发行主权债务的权限；以中央汇金公司、政策性商业银行、铁路总公司等为代表的组织或机

---

[1] 在实践中，以中国为例，虽然中国人民银行（央行）不直接发行债券，但实际上中国人民银行（央行）、国家发展和改革委员会和财政部会协同决策国债的发行，而且中国人民银行（央行）一般会根据情况吸纳购买一定数量的国内债券，对外，中国人民银行（央行）所属资产往往被视为国家资产，享有国家豁免权。由此得知，虽然不是债券发行主体，但央行在债券发行过程中扮演了一个重要的角色。

构是可以得到中央政府授权而发行债务的。[1]美国的金融体系较为发达，其债务发行机构的种类繁多。除了财政部，美国存在许多特定的联邦金融机构可以发行主权债券，如美国进出口银行（Export-Import Bank of the U. S.）、农业经营者住房管理局（Farmers Home Administration）、总服务管理局（General Services Administration）、海事管理局（Maritime Administration）、乡村电气化管理局（Rural Electrification Administration）、乡村电话银行（Rural Telephone Bank）、小商业管理局（Small Business Administration）、田纳西流域管理局（Tennessee Valley Authority）等。另有一些可接受政府提供的资助和隐形担保，由私人拥有的、具有公众特许经营资质的金融中介机构，如：负责给农业部门融资的联邦农业信贷银行系统（Federal Farm Credit Bank System）；可通过支持发放抵押贷款的储蓄机构取得住房所有权融资的联邦住房贷款银行（Federal Home Bank）；负责给储蓄存款保险基金重新资本化的融资公司（Financing Corporation）；处理储贷行业问题的重组信托公司（Resolution Trust Corporation）；学生贷款销售协会（Student Loan Marketing Association）；以及因2008年金融危机中扮演的角色而名声大噪的房地美（Freddie Mac）和房利美（Fannie Mae）等8家机构。[2]

根据世界多数国家用会计电算化系统记录外债的实践，各国在统计外债数据时可分为两大类，即政府直接债务和政府担保债务。这些区分为各国财政部门制定的预算准备表等统计表

---

[1] 由于各国法律规定和政策不同，对于非政府部门发行的主权债务一般需要得到有关机构或法规的承认或书面契约，方能认定发行的相关债券为主权债务。
[2] 参见王闻："美国政府债券简介"，载：http://blog.caijing.com.cn/expert_article-151586-23332.shtml，访问日期：2013年12月30日。

格所采用。[1]

在有关部门的配合决策、发行和监管下，政府一般通过两种方式参与主权债务的发行，一种是直接作为发行的主体，如国库券和各种债券，以及国家直接向外国投资者举借贷款；另一种是作为债务的主权担保人，以国家信用或国家财产作为保证或担保。在第一种法律关系中，政府作为契约的直接当事方，如果发生违约事由，理应按照合同规定承担违约责任。而作为主权者在违约责任问题上是否享有豁免权，则需要依据国际法和不同国家的法律制度来进行断定。而在第二种法律关系中，国家处于担保人或保证人的地位，如果发生债务违约，国家是否应承担违约责任，或是否享有豁免权的问题，则需要进一步思考。依笔者之见，国家作为担保主体仍应承担违约责任，但具有主张债务豁免的权利。原因有三：第一，在主权债务法律关系中，即使发行人并非国家，但仍需为得到国家授权的企业或组织。主权债务的发行由始至终体现了主权者的意志，其他机构或组织并不具有这种权力，国家是债务背后的实质发行人，对契约履行的考虑不能割裂这种紧密的联系。第二，国家虽然不是主债务合同的当事方，但国家作为担保人或保证人应承担债务履行不能时，代替债务人履行的责任。债权人是基于对国家信用或财力的考虑，才会订立购买契约，这一点是作为缔结契约的重要考虑而存在的。而且，国家履行过担保或保证责任后，可以向债务人行使代位请求权。第三，国家以其独立的人格和财产对债务进行担保，如未经其表示放弃豁免权利，则仍应享有豁免权。由于担保或保证合同从属于主合同，国家对特定债务是否享有豁免权，应视主债务的性质决定。即使国家并

---

[1] 表格形式及详细内容参见［美］托马斯·M.克莱恩：《外债管理》，中国计划出版社2002年版，第129~172页。

非主债务合同的当事方,但由于其担保人或保证人的地位,债权人仍可将其作为被告起诉到法院寻求救济。以 1998 年普拉文起诉秘鲁中央储蓄银行案为例,英国普拉文银行家联合公司就是针对秘鲁中央储蓄银行及其担保人秘鲁政府提起诉讼的。[1]

二、主权特质赋予了国家特殊的市场交易地位

在主权债务法律关系中,国家无论是举借债务还是发行债券(或者作为担保人或保证人),都是通过市场交易方式得到所需资金,以一个市场交易者的身份出现。然而,由于国家同时具有主权者的身份,这种特性使其具有与一般的民商事主体不同的法律地位。无论是绝对豁免理论还是限制豁免理论,其共同的前提都是承认国家作为主权者是一个特殊的市场交易主体,仅依据参与市场交易的程度、方式或领域的不同而对豁免权限制的程度有所不同而已。[2]主权源于公民根据组建社会的契约而形成的权力让渡,这种处于国家权力金字塔顶层的权力决定了国家在国际社会中的独立权和平等权,无须依赖于外国的承认或接受,可以自行决定本国的所有政治、经济、文化等安排。国家立法权和司法权属于主权的内容,因此可以自主地制定国家法律体系,并对国家境内的法律行为或法律事实进行管辖,不受他国干涉。在公法领域,一国法律的效力具有绝对的属地性,仅在本国境内有效。因此国家之间的争端或国家与私人之间的争端,一般会由国际法院或国际仲裁庭进行处理,而不会

---

[1] See Pravin Banker Associates, Ltd., v. Banco Popular Del Peru and The Republic of Peru.

[2] 当然,国际法学界也存在否定国家豁免理论的声音。英国国际法学家劳特派特教授主张废除国家豁免理论,认为国家豁免理论使得外国国家处于领土国法律之上,违反了"法的支配"这样一个基本的原则。

在一国内国法院进行审理。[1]而在私法领域,为了保证国际交往的顺利进行,则会出于尊重和礼让外国法律和既得权益的考虑,在特定的领域承认和接受管辖的例外。

在主权债务法律关系中,一方面国家这种主权特质的内源性,决定了其外国国家的法律地位与法院所在国的平等性不需要内国法院予以承认而存在,内国法院对其并不具有法定的管辖权,除非该外国自动放弃。正如中国学者龚刃韧主张,一个国家在另一国家的法院是否能被私人起诉,超出了国内法的范围,而主要是国际法上的问题。[2]"平等者之间无管辖权"已成为国际习惯法,为各国所接受,这就使得内国法院无法对涉及外国国家的案件进行管辖。在2005年波利诉阿根廷案中,意大利人卢卡·波利从纽约承销商手中购买了阿根廷政府发行的价值18.3万欧元的"全球债券"(Global Bonds)。[3]2002年,阿根廷由于经济危机的影响,通过法律延长向债权人支付全球债券利息的期限。波利认为阿根廷政府的行为侵害了其合法权益,向佛罗伦萨治安法庭申请了关于要求阿根廷政府支付一定金额的强制令。阿根廷政府以国际法中的国家豁免原则反对意大利法院的管辖,认为:第一,延长支付债券利息的程序是源于阿根廷本国法律,是基于本国公共利益;第二,在债券发行条款中的管辖法院是纽约州或阿根廷,并不包括意大利;第三,根据意大利1995年5月颁布的冲突法,意大利对此并不具有管辖权。双方就此争议一直起诉到意大利最高法院。最高法院最

---

[1] 此处所指的国际法院并非特指某一特定的审判、仲裁机构,如联合国下属的国际法院、国际刑事法院、国际海洋法院等,而是泛指各种跨国性的法院组织。对于国际仲裁机构的定义也是如此。

[2] 参见龚刃韧:《国家豁免问题的比较研究——当代国际公法、国际私法和国际经济法的一个共同课题》(第2版),北京大学出版社2005年版,第320页。

[3] See Borri v. Argentina.

后作出裁决，认为阿根廷的主权债务违约构成主权行为并属于国家豁免的范围。[1]

另一方面，当国家进入私法领域与私人进行商事交易时，已主动将其转变为一个市场参与者的角色，并期望通过市场交易获取所需资源，从而适用市场交易规则和价值判断。如果将国家纳入以自由平等为准则的市场规则中，却让国家无限制地拥有主权豁免与特权，使其在违反市场契约时具有不受追究的保护，对私人交易者而言是极不公平的，可能损害市场中的平等原则。正如澳大利亚法律改革委员会指出，对绝对豁免理论的一个主要批评是对于可能被否认有任何救济途径的私人诉讼当事人的不公平后果。这在当争端包含适用一般法律的普通规则的情形时更是如此。如果成功的可能性大，外国当事人便选择诉讼，但如果成功的可能性小，便躲在豁免的屏障之后。[2] 在1992年阿根廷诉维尔托福尔案中，阿根廷为了稳定本国货币，发行了一种名叫"Bonods"的主权债券，这种债券可在多个交易市场用美元进行偿还，包括纽约市场。由于债券到期而缺乏足够的外汇进行支付，阿根廷单方延长支付期限并为债权人提供了债务重组方案。两家巴拿马公司和一家瑞士银行拒绝接受重组并坚持在纽约主张到期债务支付。最后，美国上诉法院依据1976年外国主权豁免法第1602条的规定，认为该案中阿根廷延期支付的做法属于商业行为并与美国有直接联系，因此美国法院对此具有管辖权。美国最高法院进一步认定，发行主权债券构成"商业活动"，尽管终止偿债是基于维护经济稳定的

---

[1] See Borri v. Argentina.
[2] 参见澳大利亚法律改革委员会：《外国国家豁免》，1984年英文版，第26页。转引自龚刃韧：《国家豁免问题的比较研究——当代国际公法、国际私法和国际经济法的一个共同课题》（第2版），北京大学出版社2005年版，第317页。

需要，但这种措施与发行债券相关联。[1]

关于国家及其财产是否享有司法豁免权问题，各国的做法不一。但是简单地以国家主体地位来判断国家是否享有豁免权的做法已越来越少，更多的是以国家行为作为判断的根据。然而，无论是支持绝对豁免理论还是支持限制豁免理论的国家，有关法院在审理主权债务违约案件时，国家的主体地位都是适用国家豁免规则的逻辑前提。正如有的学者认为，国家豁免允许国家基于国家的身份享有不受他国法院管辖和执行的豁免权，即"属人理由的豁免"（ratione personae）。尽管根据限制豁免论，给予豁免权的基础已经从诉讼当事人的身份转向诉讼的标的物，即"属物理由的豁免"（ratione materae），诉讼当事人的人格仍然是法院同意给予豁免权这一特殊待遇的主要理由。[2]

第二节 主权债务人的主体适格性

一、国家与准国家实体

主权债务是由主权者发行的债务，主权者一般指的是完整意义上的国家。国家的概念自古有之，包括了奴隶制国家、封建国家、资本主义国家、社会主义国家和各式各样的国家形态，以及演化的不同理论。在国际法上，国家首先是具有固定的居民、确定的领土和存在主权政府的集合，[3]其根本特征是可以平等、独立地进行对外交往而不受他国干涉。这一内涵是威斯特

---

[1] See Argentina v. Weltover.

[2] 参见张露藜："国家豁免专论"，中国政法大学2005年博士学位论文，第76页。

[3] 国家三要素说是由20世纪初几位德国学者和法国学者创立，如Jellinek, Laband, Carré de Malberg.

伐利亚会议确立的，至今仍作为国家概念的主要理解延续下来。正如黑兹尔·福克斯认为，处理内部事务的主权和对外国国家的独立权是"威斯特伐利亚"国家体系的特征。[1]虽然随着国际社会的发展，各国学者纷纷提出不同的国家理论，国家的内涵也在发生着或多或少的变化，但由威斯特伐利亚和约确定下来的国家概念仍为国际社会所践行，作为各国间平等交往的基准。

国家豁免指向的对象是国家，在狭义上指拥有完全主权的国家。对于具有半主权性质的实体，如准国家实体、殖民地和非自治领土等是否享有国家豁免权，各国的立法和实践各不相同。在这个问题上，国际社会主要有两种态度：第一是以英国、荷兰、新西兰的一些法院为代表，倾向于否认非主权实体享有豁免。在1981年海上钢铁有限公司诉马绍尔群岛政府案中，新西兰高等法院就指出马绍尔群岛不是一个主权独立的国家，因而不能享有管辖豁免。[2]第二种是以美国、法国、澳大利亚的一些法院为代表，倾向于承认非主权实体享有豁免。在1986年摩根担保信托公司诉帕劳（贝劳共和国）案中，美国联邦地区法院将当时尚未获得完全独立的帕劳视为"事实上的独立国家"，承认其管辖豁免。[3]澳大利亚在这方面更是以立法的形式加以确立，在1985年《外国国家豁免法》第3条规定："'外国国家'指在澳大利亚领土以外的国家领域，且为：（a）一个独

---

[1] 转引自张露藜："国家豁免专论"，中国政法大学2005年博士学位论文，第16页。

[2] 案例详情参见《国际法判例汇编》（第64卷），第539页。转引自龚刃韧：《国家豁免问题的比较研究——当代国际公法、国际私法和国际经济法的一个共同课题》（第2版），北京大学出版社2005年版，第130页。

[3] 案例详情参见《国际法判例汇编》（第64卷），第539页。转引自龚刃韧：《国家豁免问题的比较研究——当代国际公法、国际私法和国际经济法的一个共同课题》（第2版），北京大学出版社2005年版，第130页。

立的主权国家；或为（b）不为一独立主权国家组成部分的一个独立地区（无论是否自治）。"[1]国家一直是国际社会相互交往的最重要主体，尤其是随着二战后，大批殖民地国家取得独立，时至今日世界上已有197个得到国际社会普遍承认的国家。非主权国际实体中，主要包括三类：第一类是原殖民地领土、托管领土遗留的自治实体；第二类是领土独立，但未得到国际社会普遍认可的自治实体；第三类是由于特殊的历史原因存在的自治实体。对于第一类自治实体，殖民地领土、托管领土大多数获得了独立，只有新喀里多尼亚（New Caledonia）、百慕大（Bermuda）、蒙特塞拉特（Montserrat）、圣赫勒那（Saint Helena）等16块非自治领土，人口不足两百万。[2]对于第二类自治实体，拥有独立的领土和自治权，与一定数量的国家建交，但没有加入联合国而没有得到国际社会的普遍承认。这类自治实体包括科索沃共和国（Republika Kosovo）、库克群岛（Cook Islands）、纽埃（Niue）、阿拉伯撒哈拉民主共和国（Sahrawi Arab Democratic Republic）、阿布哈兹（Abchazija）和巴勒斯坦国（State of Palestine）等数十个半主权国家。对于第三类自治实体，以马耳他骑士团（Sovrano Militare Ordine Ospedaliero di San Giovanni di Gerusalemme）为代表，虽然没有独立的领土，但作为一个宗教及慈善性质且受国际法承认的主权实体存在。笔者认为，债务的性质由发行者决定，主权者发行的债务是否能够享受国家豁免权，需要根据各国立法和实践对发行者的承认决定。在认为非主权国家享有主权国家同等的豁免地位的国家，可按照主权国家的判断对债务豁免权问题进行审理，反之

---

[1] See Art. 3, Foreign State Immunity Act, Dec. 16, 1985, Australia.

[2] 参见 http://www.un.org/zh/decolonization/nonselfgov.shtml，访问日期：2013年11月5日。

亦然。

二、代表国家行使权力的机构或实体

"国家"是一个抽象而且极为概括性的概念，它必须通过具体的机构、实体或个人以其名义实施国家行为或持有国家财产。[1]当内国法院在审理主权债务违约的案件时，需要判断以国家名义作出发债行为或持有国家财产的机构、组织或其他实体的主体地位，是否代表了国家而享有国家豁免权。一般而言，代表国家行使国家权力的实体包括中央政府，联邦国家组成单位和国家地方行政单位，以及其他得到授权的社会实体。[2]

（一）中央政府及相关机构

中央政府是代表国家行使主权权力的核心机构。一般来说，由中央政府及有关部门发行的债务，因其以国家名义作出并由国库作为支持而具有国家主权性质。在国际法上，中央政府是严格意义上的国家豁免主体，这一点已为国际社会的立法和实践所承认。在国际立法中，《联合国国家及其财产管辖豁免公约》第2条第1款规定，"国家是指国家及其政府的各种机关"，以及"国家机构、部门或其他实体，但须它们有权行使并且实际在行使国家的主权权力"。[3]英国《国家豁免法》第14条第1款规定，国家包括该国政府以及该国政府各部。[4]与此类似的规定还包括加拿大、澳大利亚、南非、新加坡等国家的国家

---

〔1〕 参见马新民："《联合国国家及其财产的管辖豁免条约》评介"，载《法学家》2005年第6期，第3页。

〔2〕 国家元首和外交代表或外交团体一般是具有国家豁免权的，只是在实践中对何种行为、何种财产存在不同的做法，但考虑到这两种主体不可能作为主权债务的发行主体，因此在本书中不予讨论。

〔3〕 See Art. 2, The United Nations Convention on Jurisdictional Immunities of States and Property, Dec. 16, 2004, UN.

〔4〕 See Art. 14, The State Immunity Act, Jul. 20, 1978, United Kingdom.

豁免立法。而在国际实践中，也出现了许多的案例证明中央政府作为国家豁免的基本主体。[1]

由于各国政治体制的不同，中央政府的构成一般以各国国内法规定为准。一般来说，政府各部门、部或副部级部门、署和局以及附属机构等都可以归类于中央政府。[2]这种区分不仅适用于单一制国家的政府构成，也适用于联邦制国家的政府构成。在联邦制国家中，联邦级别的相关部门、署、局、委员会等附属机构都属于中央政府的组成部分。与国内法中对狭义的政府定义不同，在国际法上，中央政府除了国家行政机关，通常也包括国家立法机关和国家司法机关，这些国家机关的运作都体现着国家主权权力。在主权债务的直接发行中，一般国家中央政府中分管财政或金融的部门发行。以中国、美国等国家为例，发行国库券的国家机关是各自的财政部。这些机关显然在主权债务违约案件中具有主张国家豁免权的资格。

（二）国家地方行政单位和联邦国家组成单位

国家地方行政单位包括地方政府及其行政机关、立法机关、司法机关等相关单位。一般认为，这些机关发行的债务不能等同于国家主权债务。首先，在权限分配上，主权债务一般由中央机关发行，如国家财政部，地方政府没有权限发行主权债务；其次，在债务承担上，主权债务的承担者是中央政府，地方债务的承担者是地方政府，两者不能混淆；再次，在国际法上，地方政府不能代表国家名义做出国家行为。地方政府虽然作为

---

〔1〕 例如法国巴黎上诉法院1921年"拉科夫斯基诉瑞士联邦政府案"、缅甸高等法院1948年"尤凯奥丁诉英国政府案"、加拿大最高法院1971年"刚果民主共和国政府诉维尼案"以及瑞士日内瓦劳动法院1972年"塔萨考斯诉美国政府案"等。转引自龚刃韧：《国家豁免问题的比较研究——当代国际公法、国际私法和国际经济法的一个共同课题》（第2版），北京大学出版社2005年版，第139页。

〔2〕 联合国文件，A/46/10，1991年中文版，第14~17页。

中央政府的分支机构，但基于各国中央与地方的分权方式不同，两者具有较为明显的界限。地方政府虽然拥有一定的自治权，但并不能以国家名义发行债务，除非得到中央政府的授权，并以国家信用或财产作为担保。值得一提的是，在国际判例中，常常出现中央政府在地方政府债务无法偿还的情况下替其承担债务，如东京市1912年的5%贷款案。[1]但笔者认为，这种代替偿还仅是债务违约后的补救措施，不能因为中央政府的事后介入而赋予其国家豁免权，从而逆向判定地方政府应当享有国家豁免权。

联邦国家组成单位是与国家地方行政单位相区别的概念。在联邦制国家中，联邦成员往往先于联邦存在，而且双方的权利界限较为明确，不经双方同意，其界限不得变更。而国家地方行政单位是由中央政府设立，其权力也是中央政府赋予的，中央政府可以单方面变更其权力、边界或机构设置。通常而言，联邦成员的自治权力比地方行政单位更多。但这种差别随着中央与地方分权程度的变化，以及一些国家特别行政区的设立而变得没那么明显。在国家豁免问题上，各国对于联邦国家组成单位和国家地方行政单位是否享有同等的豁免权，有着不同的处理方式。一种是认为前者与后者有着根本的区别，前者拥有在外国法院援引国家豁免的权利，而后者没有。如《关于国家豁免的欧洲公约》第28条规定："在不影响第二十七条规定的情况下，组成联邦国家的各邦不享有豁免权。"[2]又如《联合国国家及其财产管辖豁免公约》第2条认为国家仅包括"有权行使主权权力并以该身份行事的联邦国家的组成单位或国家

---

[1] See in the City of Tokyo 5 Percent Loan of 1912.
[2] See Art. 28, European Convention on State Immunity, May12, 1972, Basel.

政治区分单位"。[1]另一种是认为两者没有根本区别,并承认两者在外国法院的法律地位应相同。如澳大利亚《外国国家豁免法》第3条第3款规定,外国国家包括外国国家的省、州、自治地区或其他政治分支(无论其名称)。[2]又如加拿大《外国国家在加拿大法院豁免法》第2条规定,外国国家包括外国国家以及任何外国国家的政治组成单元的政府,包括政府各部与外国国家的代理机构,以及外国国家的任何政治组成单元。"政治组成单元"系指省、州或联邦制国家中类似的政治组织部分。[3]笔者认为,联邦国家的组成部分和国家地方行政单位虽然政治体制截然不同,前者属于复合制国家,而后者属于单一制国家,但究其主权实质并无根本区别,因为两者都是没有完全主权的实体。前者在让渡权力到联邦后,在国际法上由联邦代表全部国家成员,其仅在少数场合拥有受限制的对外交往能力。而且,正如中国学者龚刃韧所说,无论联邦制也好,单一制也好,都属于一个国家内部的政治法律,不应导致国际法上的不同结果。任何国家内部的政治区分单位都不具有国际法上的人格。[4]进一步说,联邦成员和地方政府一样,都无权发行主权债务,主权债务发行的权力归属于联邦政府,除非得到联邦政府的授权。以美国为例,19世纪发生了佛罗里达债券案,该案中英国籍债券持有人就佛罗里达债券本息的偿还对美国提出求偿,当时英国尚未承认美国的国家地位。美国仲裁员贝茨认为,佛罗里达作为独立的共和国,是主权债券发行人,在针对州的救济措施

---

[1] See Art. 2, The United Nations Convention on Jurisdictional Immunities of States and Property, Dec. 16, 2004, UN.

[2] See Art. 3, Foreign State Immunity Act, Dec. 16, 1985, Australia.

[3] See Art. 2, The State Immunity Act of Canada, July. 15, 1982 (2012).

[4] 参见龚刃韧:《国家豁免问题的比较研究——当代国际公法、国际私法和国际经济法的一个共同课题》(第2版),北京大学出版社2005年版,第146页。

方面,债券持有人具有如同针对准州(Territory)的救济措施,具有公平的求偿权。[1]而且在美国《外国主权豁免法》第1603条规定:"外国包括外国的政治区分单位。"但实质上,在美国成立联邦合众国后,联邦政府就将发行主权债务的权力收归联邦,联邦成员从此再无权发行任何形式的主权债务。

(三) 其他得到授权的社会实体

其他得到国家授权发行主权债务的社会实体,是除了国家直接发行债务外的最主要主体,而且往往由于这些社会实体的灵活性和广泛性,所发行债务的比例占国家公共外债的较大比例。在本书的语境下,这些被授权的社会实体不仅包括由政府设立、控制或主导的机关单位,如一些国家政府编制外的金融委员会、财政机构等,也包括与国家政府有密切联系的企业、法人组织,如商业银行、基金公司、国有企业等,还包括一般的企业或社会团体,只要其得到了国家授权。

在2009年迪拜债务危机中,迪拜世界就扮演了重要的角色。迪拜世界成立于2006年,由迪拜统治者阿尔马克图姆所拥有,但不同于迪拜控股(Dubai Holdings)和迪拜资本国际公司(Dubai International Capital,DIC),这只基金是由政府扶持而不属于穆罕默德家族的私人财产。在成立之初就被赋予承担迪拜经济起飞的任务,进行大规模的海外投资,范围包括交通物流、船坞海运、城市开发、投资及金融等。但进入2009年,由于美国次贷危机导致的国际经济环境的震荡,利用高杠杆金融手段融资借债的迪拜政府负债800亿元,其中迪拜世界的债务就高达590亿元。在当年11月份,迪拜政府宣布重组迪拜世界,并暂停偿还其债务6个月。迪拜世界在政府债务中所占的重大比

---

[1] See Florida Bond Cases (Great Britain v. USA). 转引于 [奥] 迈克·瓦博:《国际法视角下的主权债务违约》,郭华春译,法律出版社2013年版,第109~110页。

重,引发了国际社会对主权债务基金债务性质及其法律地位的争议。在1957年挪威贷款案中,挪威政府从1885年到1909年间连同两家国有银行发行了很多国际贷款(债券),但在1923年,挪威政府中止以黄金还债。而一些法国人在1925年至1955年间购买了这些挪威债券。随后,法国政府代表这些法国债权人将挪威政府及两家国有银行起诉到国际法院,要求根据贷款合同中的各种黄金条款来以黄金偿付贷款本金和利息。挪威政府提出了管辖权异议。就两家国有银行的身份问题,国际法院法官雷德(Read)认为,在该案中,一开始银行以自己是挪威的机构为由提出了管辖权异议,现在,银行不得以自己具有独立法律人格为由来逃避可能的责任。最后,国际法院以12∶3的比例拒绝管辖,该案没有进入实体阶段的审理。[1]在国际社会中,存在许多这样的案例,这样貌似与国家相对独立的经济实体常常参与到国家主权债务的发行中,并承担了部分债务发行的责任。

究其实质,这些社会实体本身并不具有国家豁免权,因为国家主权通常仅由中央政府及其有关部门行使,但经过授权的这些社会实体是否享有国家豁免权,各国态度不一。一种是以社会实体的主体资格作为判断是否享有国家豁免权的标准。这种做法主要强调该社会实体与国家之间的控制关系,主要依据国内法的规定。原则上不承认具有独立法人资格的社会实体享有国家豁免。例如1980年伊朗国家石油公司法律地位案中,法兰克福州高等法院指出,尽管伊朗政府是被告公司的唯一股票持有者,而且股东大会由伊朗首相和六位大臣组成,但这并不能改变被告公司的独立法人地位,因此该公司不能享有国家豁

---

〔1〕 See Norwegian Loans Case. 转引自 See Art. 27, European Convention on State Immunity, May 12, 1972, Basel, 第55~60页。

免权。[1]按照《关于国家豁免的欧洲公约》第27条规定:"公约所称'缔约国'不包括与其有区别的、可以起诉或被诉的缔约国的任何法律实体,亦不因该实体经被授予公共职能而有所不同。"[2]另一种主张不以该社会实体的主体资格作为判断标准,无论与政府的关系如何,也无论是否独立法人,而仅以该实体做出的行为性质作为确定是否具有国家豁免权的唯一依据。这种做法实质上是将所有的政府及有关部门、国家政治区分单位、其他社会实体或个人一视同仁,享有管辖权的决定因素是视其是否得到国家授权而行使主权权力。以1961年匈牙利天主教协会诉匈牙利研究院案为例,意大利最高法院认为,给予外国国家主权行为管辖豁免的原则也适用于外国政府机构和国有公司。以及1966年的黎波里塔尼亚农业康采恩诉意大利农业合作康采恩案中,意大利最高法院也采取了相同的立场。[3]英国《国家豁免法》采用"独立实体"的概念,是指不包括同该国家政府行政机构在内的、具有起诉、被诉能力的任何实体。并规定独立实体仅在下述条件下,不受联合王国法院的管辖:(a)诉讼涉及该独立实体为国家行使代理权的行为;并(b)该国家在同等条件下可享有豁免(或者,在适用上述第十条规定的诉讼中,该国不是布鲁塞尔公约成员国)。[4]笔者认为,纯粹地以主体资格作为判断社会实体是否享有国家豁免权的唯一依据,同样容易使法院陷入以国内法律来判断国际法行为的困境,而且独立的法人资格并不能作为掩盖主权行为或逃避国家责任的理由。在这种意义上,以行为性质作为判断社会实体是否享有国家豁

---

[1] 参见《国际法判例汇编》(第22卷),第17页。
[2] See Art. 27, European Convention on State Immunity, May 12, 1972, Basel.
[3] 参见《国际法判例汇编》(第40卷),第59页、第265页。
[4] See Art. 14, The State Immunity Act, Jul. 20, 1978, United Kingdom.

免权的依据的方式则更为实用有效。一方面避免了上述的困境，另一方面有利于对涉及主权行为的债务违约责任进行准确的认定，保护债权人的合法权益。当然，这其中仍然会涉及国家之间管辖权引发的主权平等问题。所以，应秉持的一个基本原则是，对于这种社会实体，原则上不应享有国家豁免权，除非得到国家正式的授权，并在诉讼中出示书面文件证明该社会实体的主权行为源于国家的意志，以及责任的承担可归属于国家本身。

第三节 国家豁免理论中对中央银行的特殊规定

一、对中央银行进行特殊规定的必要性

一般来说，中央银行是主权国家在货币和金融方面最高的管理和监督机构，肩负着促进国家经济发展和保护经济安全、货币安全和金融安全的使命。从第一家国家中央银行——英格兰银行出现至今，据不完整统计，全球现有约29家中央银行，[1]主要从事货币发行、集中存款准备金、贷款、再贴现、证券、黄金占款和外汇占款、为商业银行和其他金融机构办理资金的划拨清算和资金转移等业务。基于上述业务的特殊性，要求中央银行一方面与政府具有紧密联系，反映政府宏观调控意志和国家经济发展趋向；另一方面须与政府保有一定的独立性，以充分发挥其独立地管理和监督国家货币和金融体系的作用。中央银行的法律地位由国内法决定，一般来说有两种类型：一种是中央银行具有独立的法律地位，以美国为例，美联储独立于政

---

[1] 其中欧洲19家，美洲5家，亚洲4家，非洲1家。包括像瑞典银行、法兰西银行、德意志联邦银行、日本银行、美国联邦储蓄体系、中国人民银行、加拿大中央银行和瑞士中央银行等。

府，直接向国会负责。采取这种模式的国家包括英国、德国、日本等。另一种是隶属于政府部门，独立性较小。这种模式下中央银行无论从行政编制上还是从事实管理上来说都隶属于政府，受政府影响较大。采取这种模式的国家包括法国、比利时、澳大利亚等。鉴于这两种类型的区别，法院在审理涉及中央银行主体地位的国家豁免案件时，应视情况去判定涉案的中央银行是属于该国的国家机构还是属于独立实体。[1]此外，中央银行基于公共目的而掌控的财产与一般涉及国家或个人商业交易的商业储备资金是有本质区别的。[2]所以，在制定国家及其财产豁免规则时，各国一般会对中央银行的法律地位及豁免权进行特殊规定。

二、主权债务中中央银行扮演的角色

中央银行在主权债务的管理和发行中扮演了重要的角色，包括但不限于参与主权债务发行的决策，发行或代理发行主权债务，代表国家购买外国主权债券或向外国贷款以及管理本国主权债务等。具体而言：第一，中央银行发行主权债务。在少数国家，中央银行是主权债务的直接发行机关。如2010年10月20日，莱索托王国（Kingdom of Lesotho）中央银行发行了3年

---

[1] 根据以往的判例，有的国家视中央银行为政府机构，可享有国家豁免权，如在1997年的"卡姆德克斯国际公司诉赞比亚银行"一案中，英国法院拒绝对赞比亚银行的账户进行查封，理由是该银行作为中央银行对赞比亚的经济发展至关重要。有的国家则视中央银行为独立实体，认为其不能主张国家豁免权，如在1977年的"特伦德特克斯贸易公司诉尼日利亚中央银行"中，英国法院认为，尼日利亚中央银行为尼日利亚政府购买水泥而签发信用证，它不是尼日利亚政府的部门或分支机构，而是独立的法人，因而英国法院不享有管辖豁免。以上两个案例转引自张露藜："国家豁免专论"，中国政法大学2005年博士学位论文，第107页和第109页。

[2] 参见张露藜："国家豁免专论"，中国政法大学2005年博士学位论文，第107页。

期和 5 年期的两种政府债券,发行总额达到 11 700 万马洛蒂。[1]第二,中央银行作为主权债务的决策和咨询机构,这是大部分国家央行的做法。以中国为例,虽然国债的发行以财政部为主导,但是在债务发行、管理和流通的过程中,中国人民银行、国家发展和改革委员会、中国证券监督管理委员会及其他一些职能部门会参与到上述过程的协商与决策环节,即使在国务院批准财政部国债发行计划前也会征求和咨询上述部门的意见。[2]第三,中央银行代理发行主权债务。根据《中国人民银行法》第 25 条规定:"中国人民银行可以代理国务院财政部门向各金融机构组织发行、兑付国债和其他政府债券。"[3]比如,中国人民银行可接受财政部的授权,直接面向金融机构发行短期国债。第四,中央银行可代表国家购买外国主权债券或向外国贷款。一般来说,各国央行都是持有外国主权债务的主要力量,以达到平衡本国汇率、控制货币流通总量的效果。有些国家的中央银行不仅可以持有外国主权债务,还可以消化本国发行的主权债务,如美联储和中国人民银行。第五,中央银行负责管理主权债务。中央银行除了对持有的外国债务进行日常管理外,还可通过增减货币流通量、提高银行准备金率、票据贴现利率、存款利率、外汇买卖等货币政策或金融工具来调整国家货币供应量,影响货币价值,从而"改变"国家主权债务的总额。[4]由于中央银行在主权债务发行和管理中扮演的重

---

〔1〕 参见 http://www.mofcom.gov.cn/aarticle/i/jyjl/k/201010/20101007202856.html,访问日期:2013 年 11 月 10 日。

〔2〕 参见李泽华:"国债法律制度研究",中国政法大学 2011 年博士学位论文,第 40 页。

〔3〕 参见《中国人民银行法》第 25 条。

〔4〕 比如,在货币政策或金融工具的调控下,国家货币升值,以外汇作为计算外国债务会相对缩小,反之则增加。

要角色，许多主权债务违约案件都与中央银行有关，如1983年莱布勒银行诉哥斯达黎加国家银行案、1984年孔帕菲纳银行诉危地马拉银行案和1996年艾利奥特合作公司诉秘鲁国家银行案等。[1]

三、中央银行享有的国家豁免权

在国际立法中，对中央银行是否享有国家豁免权的规定在管辖豁免和执行豁免两个方面略有不同。

关于中央银行的管辖豁免权。基于中央银行在各国不同的法律地位，各国在这个问题上的做法可分为两种：一种是视中央银行为政府部门，另一种是视中央银行为具有独立法人资格的社会实体。各国立法因此分别赋予中央银行以不同程度的管辖豁免权。第一种做法以美国为代表。美国法认为中央银行属于政府机关，在众议院立法报告中将中央银行、政府采购单位、外贸协会、航运和航空公司、钢铁公司或是从事适合自己名义的部门等归类为外国机构或部门。[2] 根据美国1976年《外国主权豁免法》第1603条和其他有关规定，美国法认为中央银行和其他由国家控制的社会实体，原则上都推定具有国家豁免权，除非存在豁免例外的情况。中国也持此种观点，中国人民银行从属于中华人民共和国国务院，被视为是政府机构。第二种做法以英国为代表。英国法认为如果中央银行隶属于政府部门，那么与一般国家实体或国家机构一样享有管辖豁免权。但如果中央银行并非隶属于政府，具有较高的独立性，则应视其为"独立实体"。根据英国1978年《国家豁免法》和其他有关规定，英国法认为独立实体在原则上不享有国家豁免权，除非

---

[1] See Libra Bank v. Banco Nacional de Costa Rica, Compafina v. Guatemala, Elliott Associates, L. P. v. Banco de la Nación.

[2] See House Report No. 94-1487, UN State Immunity Materials, p. 107.

"诉讼涉及该独立实体为国家行使代理权所为的行为；并且（b）该国家于同样情况下可享有豁免（或者，在适用上述第十条规定的诉讼中，该国不是布鲁塞尔公约成员国）"。[1]《关于国家豁免的欧洲公约》的有关规定与英国法的立场基本一致。根据该公约第 27 条规定，将缔约国中具有独立法律人格，可以单独起诉或被诉的社会实体与缔约国国家本身区分开来。这些社会实体不享有管辖豁免权，即使被授予公共职能，这一点则比英国的做法更为严格。其他国家如新加坡、南非和巴基斯坦关于区分国家和单独实体的做法基本上沿袭了英国的立法。[2]第三种做法以澳大利亚为代表。澳大利亚一方面深受英国法律传统的影响，认为中央银行属于"独立法人"，但基于其特殊的法律地位，并不影响赋予其与外国国家同样的豁免权。根据澳大利亚 1985 年《外国国家豁免法》第 35 条规定，本法中关于司法豁免的规定若适用于外国国家，则适用于外国政府的中央银行或金融主管当局这样的外国国家的独立法人。[3]

关于中央银行的执行豁免权。由于中央银行在主权债务发行和管理方面的重要作用及其持有财产的特殊性，各国立法普遍主张中央银行的资产享有执行豁免权，但具体规定稍有不同。根据《联合国国家及其财产管辖豁免公约》第 19 条和第 21 条规定，中央银行的财产不得因被指用于或意图用于政府非商业用途以外目的，而被法院在判决后实施强制执行程序。[4]又根据美国 1976 年《外国主权豁免法》第 1611 条规定，外国中央银

---

[1] See Art. 14, The State Immunity Act, Jul. 20, 1978, United Kingdom.

[2] 参见张露藜："国家豁免专论"，中国政法大学 2005 年博士学位论文，第 89 页。

[3] See Art. 35, Foreign State Immunity Act, Dec. 16, 1985, Australia.

[4] See Art. 19 and 21, The United Nations Convention on Jurisdictional Immunities of States and Property, Dec. 16, 2004, UN.

行享有扣押或执行豁免，除非该行或者它们的政府已经在辅助执行的扣押问题上或者在执行问题上明确放弃其豁免权。[1]又根据加拿大1982年《外国国家在加拿大法院豁免法》第11条规定，外国国家中央银行存于自己账号下的财产，并且非用于或不拟用于商业活动者，应豁免于扣押与执行。但于该行或它们的外国政府已明示放弃时，不予适用，除非该银行或政府在允许撤回放弃的情况下，已撤回此种放弃。[2]又根据英国1978年《国家豁免法》第14条规定，中央银行的财产不得被认为是用于或将用于商业目的的财产。即使中央银行被认为是独立实体时，其财产也不得作为法院判决或仲裁裁决强制执行的标的，或在对物之诉中，不得作为扣押、留置或拍卖的标的。甚至不能因未能或拒绝披露或提供任何文件或资料，而科以监禁或罚金，以及不得对其发布禁令，或发布为特定履行，或返回土地或其他财产的命令，作为司法救助。[3]中国目前虽然没有制定专门的国家豁免法，但于2005年10月25日制定并通过了《外国中央银行财产司法强制措施豁免法》，根据该法第1条规定："中国对外国中央银行财产给予财产保全和执行的司法强制措施的豁免；但是，外国中央银行或者其所属国政府书面放弃豁免的或者指定用于财产保全和执行的财产除外。"[4]

---

[1] See Art. 1611, Foreign Sovereign Immunities Act, Oct. 21, 1976, United States. 在撤回放弃豁免的声明上，美国进行了较为严格的规定，认为对此项弃权，除根据弃权的条件予以撤回者外，该银行或政府可能声称的任何撤回均属无效。

[2] See Art. 11, The State Immunity Act of Canada, July. 15, 1982 (2012).

[3] See Art. 13 and 14, The State Immunity Act, Jul. 20, 1978, United Kingdom.

[4] 参见中国《外国中央银行财产司法强制措施豁免法》第1条。

第四节　小结

　　国家主权理论赋予了国家及其财产特权和豁免。因此，法院对主权债务违约案件进行审理时，首要的问题即是判断发行债务的主体是否具有代表国家的资格。一般来说，中央政府及其机关具有行使国家主权的权力。尤其是国家财政部门具有发行主权债务的职能和权限，有权就其主权债务的发行和担保行为主张国家豁免权。除宪法明文规定外，地方政府以及联邦国家成员一般不具有发行主权债务的权力，它们无法代表国家，其发行的地方债务或联邦成员债务也不能视为主权债务。而对于其他社会组织或实体，它们本身并不具备主权者资格。但随着主权债务发行方式的多样化，在一些特定场合下它们承担了发行主权债务的功能。而只有在得到国家明确授权的情况下，这些社会组织或实体才可能享有国家豁免权。由于主权债务几乎从不也不可能由个人代表国家发行，因此如国家元首、外交代表以及其他能够代表国家的个人，并不在本章的讨论范围之内。因为中央银行在主权债务发行和担保方面中扮演着重要的地位，有些国家对中央银行和有关财政机构的法律地位以及财产是否享有豁免进行了特殊的规定，往往给予其更大的保护力度。随着越来越多的国家从绝对豁免理论转向限制豁免理论，法院在外国国家及其财产豁免这一问题上更多的是依据国家行为的性质而不是主体资格进行判断，使得国家豁免的范围日趋受限。但在主权债务违约案件中，豁免主体资格是主张国家豁免权的前提，这对于债务国而言具有重要的意义。

第三章 主权债务诉讼中的管辖豁免

第一节 主权债务诉讼中的一般管辖规则

一、解决主权债务违约争端的七种方式

国家举债的原因有很多，或出于经济发展需要，或出于政治考虑，或出于其他社会原因，但无论何种原因，只要烙上国家的印记，债务国即可能基于国家豁免原则得到特殊的保护，使其在主权债务法律关系中处于比私人债权人更具优势的地位。在债务国违约的情况下，私人债权人寻求救济主要有两种途径，一是通过自身的力量寻求私力救济，二是寻求母国的帮助。历史上，由于私人债权人的实力一般来说远远弱于主权国家，因此其母国经常承担起债务追偿的责任。

面对债务国的债务违约行为，私人债权人及其母国可通过多种解决方式进行救济。其中较为常见、较为主要的方式有以下七种：

第一，债务重组。即当债务国无法按时偿还到期债务时，单方或双方协商地对债务偿还计划进行变更，主要包括债券互换、以新换旧和减免债务等方式。在前文提到的俄罗斯债务危

机和阿根廷债务危机中,[1]两个债务国就是通过债务重组方式解决债务问题的。主权债务重组作为处理债务违约的主要经济方式,伴随着债务违约的出现而存在,并一直延续至今并发挥了重要的作用。

第二,设立专门性的债务处理机构,如债权人委员会。债权人派选一定数量的人员组成委员会,专门负责债务求偿工作。这些委员会有私人性质的,如英国社团,[2]也有官方性质的,如美国于第一次世界大战后成立世界大战外国债务委员会;[3]有适用国际法的,如法国的债券持有人委员会,[4]也有不限定适用法律规则的,如英国成立的外国赔偿委员会;[5]有临时性机构,如混合求偿委员会,[6]也有常设性机构,如美国成立的外国求偿委员会。[7]

第三,经济制裁。这种经济制裁意在阻止主权信用低的债务国继续向外国私人举债,包括单边的、双边的以及基于国际决议产生的多种制裁决定。虽然债权人所在国可以运用传统国

---

[1] 在国际判例中,出现过像 CIBC case、Howland v. Venezuela 等大量的判例。债务国政府几乎都倾向于采用债务重组的方式解决债务违约问题,这主要是源于债务重组的灵活性,只要双方意思达成一致即可,无须适用严格的法律或是复杂的程序。该种方式在下文将详细论述。

[2] 全名为 The British Corporation of Foreign Bondholders, BCFB。该组织是至今为止最为活跃的私债权人组织,后来随着政府的支持,逐渐转化为准官方组织。

[3] 该委员会成立于 1923 年,专门负责处理美国在第一次世界大战中的约 100 亿美元的国家债务。起初有 5 名高级成员,其中 3 名作为部长级官员,美国财政部长依职权担任出席。转引自〔奥〕迈克·瓦博:《国际法视角下的主权债务违约》,郭华春译,法律出版社 2013 年版,第 87 页。

[4] 该委员会成立于 1989 年,与大部分的债务追偿委员会一样,该委员会引入国际法作为适用规则,并处理了多起与法国有关的主权债务纠纷。

[5] 该委员会依据理事会的指令运作,可以适用国际法律。

[6] 这些委员会一般是临时性的,较为有名的混合求偿委员会有一战后成立的德国—美国混合求偿委员会、1903 年成立的委内瑞拉委员会等。

[7] 该委员会是根据 1949 年《美国国际求偿处理法》成立,是常设的国际委员会。

际法中所有的经济制裁手段，但在主权债务领域，各母国在实践中更多地以建议、咨询结论、情况说明等指导性意见去对本国公民造成影响。尤其是主权债务信用评级机构影响的日益扩大，经济制裁变得可以量化。

第四，外交保护。顾名思义，在主权债务违约纠纷没有得到一个合理的经济安排或法律解决方案时，这种解决方式得适其用，历史上存在大量这样的先例。如果涉及的债权人数量众多，各债权人的诉求有时候无法达成一致，由其母国提供统一的保护就成为常见的方式，如外交途径。外交保护通常会为债权人提供国家层面有力的帮助，但也容易引发国家之间的争端，而且随着主权债务违约数量的增多，事事寻求外交保护无疑会为国家增加许多负担。如果有良好的可替代方案，这种方式的使用无疑是会日趋减少的。

第五，武力解决。毫无疑问，这是一种违反国际法基本准则之一——和平解决争端的违法手段，已为现代国际法所禁止。[1]但在过去，尤其在第二次世界大战以前，出现过多次债权人所在国以武力作为解决主权债务违约手段的先例。[2]实际上，这种借口解决主权债务纠纷的武力干涉，更多的是出于政治因素考虑，而非单纯为了保护债权人的利益。

第六，国际仲裁。作为一项历史悠久而又富有效率的纠纷解决机制，国际仲裁为主权债务违约纠纷提供了一个很好的法

---

[1] 在现代国际法中，并非绝对地禁止武力解决争端，但有严格限制，仅在如国家抵抗外来侵略、联合国维和行动、反恐战争等少数几个方面允许有限度地使用武力，并不得违反国际人道法和战法。
[2] 如1862年法国—英国联合干预墨西哥，理由是墨西哥在法国—瑞士银行贷款方面出现违约，两国为本国国民索取债务；又如1876年，埃及和土耳其偿债出现拖延，法国和英国借机进行军事干预以强化其在小亚细亚的地位。转引于［奥］迈克·瓦博:《国际法视角下的主权债务违约》，郭华春译，法律出版社2013年版，第23~24页。

律解决途径。基于对国际仲裁的灵活性、时效性、务实性以及专业性的偏好,债权人和债务国通过仲裁庭处理纠纷的例子屡见不鲜,无论这些仲裁庭是临时的还是常设的,也无论是独任仲裁员还是仲裁庭。[1]

第七,法院诉讼。在过去各国普遍坚持绝对豁免立场的时候,内国法院没有对此类案件的管辖权,因此法院审判并未成为债权人选择的方式。但随着越来越多的国家转向限制豁免立场后,对于商业交易、雇佣合同、国有船舶等特别事项具有一定的管辖权,此类案件开始出现。由于法院判决的可执行力、强制性和权威性,已逐渐被主权债务纠纷中的债权人优先考虑。在过去的数十年里,已经出现了许多著名的案例,[2]成为国家豁免理论研究的重要方面。

在上述七种方式中,国际仲裁和法院诉讼是两个主要的法律方式。[3]在法院审判出现在主权债务领域之前,债权人乐于

---

[1] 如1930年杨格计划贷款仲裁案,该案源于一战后以美国为主的协约国为缓解德国经济发展对战争赔款赔付的压力,由协约国贷款12亿马克给德国作为振兴经济的资金。但是随着德国经济的恶化,德国马克大幅贬值,债权人依据其中的多种货币交易担保条款,认为债务偿还可以按照其他协定货币如美元、英镑等兑付,以避免马克贬值带来的损失。但德国主张,协约国债权人借助这种保护条款来代替黄金条款,其意义实并无区别,而黄金条款已在有关国家属于无效条款,坚持以债务的名义价值偿付。该纠纷由七人组成的仲裁庭审理,具体参见"Young Plans Loans Arbitration"。又如1923年蒂诺科债务仲裁案,该案源于1919年蒂诺科作为当时哥斯达黎加政府的总统,以政府名义同英国一家国有公司签订了在哥斯达黎加勘探和开采石油的特许权协议,因此欠下另一家英国公司"加拿大皇家银行"99.8万金镑的债务。1922年蒂诺科政府倒台后,新政府发布了宣布所有债务交易无效的第41号法令。由此引起的纠纷由仲裁员塔夫脱(Taft)独任仲裁。

[2] 如1896年哈姆斯庞诉突尼斯君主案、1938年索格分股份有限公司诉南斯拉夫案、1965年福尔等诉意大利案、1982年杰克逊诉中华人民共和国案,以及2005年NML诉阿根廷案等。

[3] 国际仲裁一般被认为是准司法手段。因此,此处所指的"法律方式"是广义上的。

选择仲裁作为解决债务纠纷的方式。其主要原因在于：一方面，债权人认为订立仲裁条款和选定专业、权威的仲裁员来为他们解决问题远比求助于母国实施外交保护、经济制裁等方式更加简单有效；另一方面，债务国也会出于避免债权人母国的压力而倾向于接受仲裁。仲裁条款一般订立于主权债务合同（或协议）中，具有排他管辖的效力。债权人可以依照借贷双方的合意拟定仲裁条款，也可以根据国家间双边协议、[1] 多边投资协定、[2] 以及其他国际组织[3] 制定的仲裁规则约定仲裁条款。在世界各

---

[1] 国家间关于金融借贷的有关协定，如双边投资协议（Bilateral Investment Treaties），即 BIT。BIT 中就投资者和东道国之间发生争议的情况下通常会约定采取仲裁方式，这样一来，即使有关投资的双方当事人在债务合同中没有约定争端解决方式，也是可以适用该协议中约定的仲裁方式的。在某种意义上而言，BIT 为债务双方提供了一个解决争端的备选项。

[2] 这种多边投资协定包括所有一切两个以上国家结成的关于金融借贷的协定，这种协定多见于经济合作组织等。其中具有代表性的是 1966 年依据《关于解决各国和其他国家的国民之间的投资争端的公约》成立的"解决投资争端国际中心"（即 ICSID）。该中心凭借在国际社会极高的承认度和有效的执行率，成为解决投资争端的重要机构。投资者可以依据东道国违反相关投资协议的条款而直接向中心提起仲裁。仲裁庭通常由三名仲裁员组成，仲裁结果是最终裁决。但值得注意的是，与上文提到的 BIT 一样，ICSID 存在这样的问题，即主权债务是否属于投资的范畴。在 ICSID 一个公认为最重要的裁决之一的 Malaysian Historical Salvors Sdn., Bnd. v. Malaysia 案中，仲裁庭对投资特征的概括为：①对资源投入的实质承诺；②承担经济风险；③经营存在足够长的时间；④利润和回报具有常规性；⑤促进东道国经济和社会发展。而主权债务的性质在宽泛理解上可以归入投资的范畴，但是有些特点却又不同于一般的投资，如主权债券在二级市场的短期买卖和流通，并不符合投资者应长期持有的特征。在理论上，主权债务与投资的关系仍在争论不休。而在实践层面，还尚未找到一个关于 ICSID 对主权债务管辖仲裁的具体判例。但是，通过 ICSID 来解决主权债务违约纠纷，不啻为一个很好的尝试。部分内容引自 [奥] 迈克·瓦博：《国际法视角下的主权债务违约》，郭华春译，法律出版社 2013 年版，第 167~198 页。

[3] 这些国际组织自身就提供了完整的仲裁规则，如世界银行制作的贷款协议，其中就包含了仲裁条款的范本。而联合国国际贸易法委员会也制定了有关的仲裁规则，因债券所引发的同发行人相关的任何争端、争论或求偿，任何一位债券持有人都可以选择该仲裁规则。转引自 [奥] 迈克·瓦博：《国际法视角下的主权债务违约》，郭华春译，法律出版社 2013 年版，第 131~133 页。

国普遍采取绝对豁免理论时,仲裁作为一种准司法形式去解决主权债务违约纠纷,并得到债权人和债务国的青睐。这段时间里,无论是官方间的借贷合同还是私人债权人与债务国之间的借贷合同,都普遍订立了仲裁条款。但第二次世界大战后,随着有些国家转向限制豁免理论,法院获得了对主权债务案件的管辖权后,人们对主权债务仲裁的意愿远非过去那般强烈。在当代,私人债权人与债务国之间的主权债务协议几乎不再约定仲裁条款,即使在一些官方借贷中约定了仲裁条款,他们也几乎没有实际使用过。在主权债务违约纠纷中,与国际仲裁相比,法院审判有着一些明显的优势:第一,司法判决更具确定性。仲裁规则在适用时虽然其灵活性得到许多当事人的偏好,但就司法体系和判决结果的可预见性来说,对于在主权债务法律关系中处于弱势的债权人而言,显得更加重要。第二,司法判决的执行性更强。现今大多数的法院在确定具体案件的管辖权时,基本都会考虑到债务国在其内国的可执行财产。在司法判决效力所及的范围内,法院对财产的执行有了更强的保障。而仲裁裁决在没有得到司法权力认可以前,更多的是靠双方当事人自愿执行,对于债务国的有意拖延或阻碍,债权人有时并没有更多对策。第三,司法判决的强制性。这也是司法程序和准司法程序的最重要区别之一。法院可通过禁令、临时判决、先予执行等强制措施,更好地保护债权人的合法诉求,这些强制措施是仲裁庭所不具备的。第四,具体诉讼程序的不同。例如,在主权债务诉讼中,债权人可采取集体诉讼的形式提请法院审理,对于该案并未及时参与的债权人,可中途加入审理或过后依据判例请求法院确认其合法权利。而仲裁效力仅及于仲裁双方当事人。由于在主权债务法律关系中,一般来说,债务国不仅在实力上远超私人债权人,而且有着国家豁免权的保护,所以债权人更加需要强力的司法保护和支持,司法审判的特点也更容易得到债权人的偏爱。因此,在近40年来,主权债务仲裁近乎绝迹。[1]

二、外国法院对主权债务违约案件的管辖态度

国家主权原则是国际法的一项基本准则,这使得原则上一个主权国家的权力不高于另一主权国家。根据属地规则,内国法院仅能对该国境内发生的行为和事实实施管辖。一般而言,国家对于涉及另一国家主权的行为和事实的管辖保持克制的态度。因此,国家豁免是一般原则,不予豁免属于例外。

各国对于主权债务的态度大致可分为承认主权债务管辖豁免的立场和否认主权债务管辖豁免的立场。

(一) 承认主权债务管辖豁免的国家立法和实践

在绝对豁免理论得到各国普遍认可的时期里,主权债务违约是国家主权行为之一,大多数国家倾向于赋予其国家豁免权,并作为各国法院拒绝管辖有关案件的有力理由。正如1963年德莱勒斯和马絮雷尔股份有限公司诉土耳其共和国中央银行案中,比利时布鲁塞尔上诉法院认为,该政府借贷属于主权行为,而一个国家从事主权活动时是享有豁免权的。[2]这一时期,包括以英国、美国、法国、奥地利、意大利等国为代表的法院也奉行这一立场,并出现了许多相关的判决。如1886年贝尔诉埃朗案、1930年奥地利债券持有人诉匈牙利案、1956年福尔等诉意大利案,1964年胜利运输公司诉供应和运输委员会案,以及

---

[1] 参见[奥]迈克·瓦博:《国际法视角下的主权债务违约》,郭华春译,法律出版社2013年版,第119页。
[2] 参见杜刚、魏彩林:"国际贷款合同法律管辖权的确定",载《中外法学》1995年第4期,第60~61页。

1978年乌干达（控股）有限公司诉乌干达政府案等。[1]在上述诸多判例中，有关国家法院都认为主权债务发行属于公法行为，带有强烈的国家主权性质，因而承认该国的管辖豁免权。值得注意的是，即使在各国普遍对外国主权债务赋予管辖豁免权的时候，也倾向于将主权债务限定在中央政府所发行和担保的债务上，并不包括政治区分单位、地方行政单位或其他社会实体所进行的债务。而且，国际法中普遍承认恶债不予继承。正如苏联国际法学家博古斯拉夫斯基所说，根据国际法产生的才应视为国家债务，即被继承国并非根据国际法和联合国宪章规定的国际法原则所接受的"恶意债务"完全被排除在《关于国家对国家财产、档案和债务的继承的维也纳公约》的效力范围之外。[2]也正如美国在处理前古巴政府的债务问题时，主张西班牙对古巴的贷款并不是为了古巴的利益，而实际上违背了古巴的利益，属于恶债而不予承认和继承。[3]

而在理论界，也长期认为主权债务发行属于主权行为。如我国著名的国际法学家王铁崖教授和李浩培教授在1987年国际法学会开罗会议上，明确主张发行主权债务的行为应享有管辖豁免。[4]即使作为限制豁免理论的最早提倡者之一的德国学者巴尔也将主权债务与一般商业交易区分开来，他认为根据国家财政法，有关公债事项国内法院不能传唤外国国家，但是在有

---

[1] 转引自龚刃韧：《国家豁免问题的比较研究——当代国际公法、国际私法和国际经济法的一个共同课题》（第2版），北京大学出版社2005年版，第220页。

[2] 参见［苏］M.M.博古斯拉夫斯基、B.B.齐步科夫："关于国家继承的新公约"，黄肇炯译，载《环球法律评论》1984年第6期，第40页。

[3] 参见黄进、李庆明："2007年莫里斯诉中华人民共和国案述评"，载《法学》2007年第9期，第67页。中国就曾遭遇过多次这种类似的案例，如1982年的"湖广铁路债券案"，以及2007年"莫里斯诉中华人民共和国案"等。

[4] 参见李浩培："国际法学会开罗会议"，载中国国际法学会主编：《中国国际法年刊1988》，法律出版社1988年版，第408页。

关商品交换、不动产以及外国国家起诉等情况下可以传唤。[1]除了学者个人的意见,一些著名的学术组织也表达了这方面的立场。如国际法学会早在1891年汉堡决议第2条第2款明确规定了外国国家在公债方面享有豁免权。而即使到了第二次世界大战以后,国际法学会在1951年关于国家豁免的决议第4条以及1954年决议第4条规定中,仍坚持公债行为管辖豁免的观点。[2]由此可见,主权债务发行享有国家豁免权在很长一段时间是国际法学界的主流观点。

(二) 否认主权债务管辖豁免的国家立法和实践

在第二次世界大战以后,随着国家参与经济的深度和范围不断扩大,国家统治权行为和管理权行为的分野愈发明显,限制豁免理论有了发展的沃土。随着以英国、美国这些传统上坚持绝对豁免理论为代表的国家转向限制豁免理论,内国法院对主权债务行为进行管辖的判例陆续涌现。如1970年奥地利最高法院在施泰因梅茨诉匈牙利人民共和国案中,判定国家为其他实体的债务担保行为属于私法行为。[3]以及美国法院审理的1982年湖广铁路债券案以及前文已提及的1992年阿根廷诉维尔托福尔案中,有关法院在审理过程中都将主权债务发行认定为商业交易。

英美为代表国家的立场转变,也体现在各自的立法中。以美国为例,制定《外国主权豁免法》后,在司法实践中基本一

---

〔1〕 参见李俊义:"《联合国国家及其财产的管辖豁免公约》与中国之应对",载《法治论丛(上海政法学院学报)》2008年第5期,第65页。

〔2〕 转引自龚刃韧:《国家豁免问题的比较研究——当代国际公法、国际私法和国际经济法的一个共同课题》(第2版),北京大学出版社2005年版,第220页。

〔3〕 See Lauterpacht and Greenwood, International Law Report Volume (65), Cambridge University Press, 1984, p. 15. 转引自李海跃:"国家商业行为的法律界定",华东政法大学2009年硕士学位论文,第53页。

致认为主权债务发行属于商业行为。根据该法第 1603 条规定，商业活动是指正常做法的商业行为，或是指特殊的商业交易或行为。商业活动应当根据行为的性质，或特殊的交易和行动的性质决定，而不是根据其目的。[1]而根据美国众议院对此条的解释，所谓的商业交易不仅仅是狭义的市场买卖行为，还包括工业、金融、商业服务以及其他几乎所有的"非主权活动"。事实上，美国在立法之初本将中央政府发行的主权债务与政治区分单位、地方行政单位以及其他社会实体发行的债务区分对待。对于前者，除非该债务是依据美国证券法产生并由债务国明示放弃豁免的，法院方得管辖；对于后者，认为与一般的商业行为无异的，法院具有管辖权。[2]但该条规定遭受巨大的批评，[3]最后该条没有出现在最后颁布的《外国主权豁免法》中。英国的立场与美国相似，也是从绝对豁免理论转向限制豁免理论后，将主权债务发行归属为商业交易。根据英国《国家豁免法》第 3 条第 3 款明确规定，商业行为是指（1）任何提供货物或服务的契约；（2）任何贷款或其他提供资金和保证的行为，或有关此等行为的补偿，或其他金融债务；以及（3）国家除行使主权外所参加或从事的任何其他行为或活动（不论是否为商业的、工业的、金融的、职业性的或其他类似性质的行为或活动）。[4]由于英国法律没有对这一界定进行其他区分式解释，因此主权

---

[1] See Art. 1603, Foreign Sovereign Immunities Act, Oct. 21, 1976, United States.

[2] See Georges R. Delaume, Three Perspectives on Sovereign Immunity, *The American Journal of International Law*, 1977, Vol 71, No. 3, p. 405.

[3] 批评包括这种区分对待没有明确的原因，不能仅仅因为传统上通常对主权债务特殊对待而区分。还有的意见认为这种区分会导致前文对"商业行为"的定义造成挑战，影响了法律的统一性。基于种种意见的反对，最后这种区分没有体现在终稿里。

[4] See Art. 3, The State Immunity Act, Jul. 20, 1978, United Kingdom.

债务发行属于其中第 2 项中"任何贷款或其他提供资金和保证的行为"。

国际条约中如《关于国家豁免的欧洲公约》以及《联合国国家及其财产管辖豁免公约》对于主权债务的态度基本与英国相似。如《关于国家豁免的欧洲公约》第 7 条规定，如缔约国及其机构从事商业、工业或金融业的活动，则不得主张免于司法管辖。[1]在某种意义上讲，英国《国家豁免法》是为了适用《关于国家豁免的欧洲公约》而制定的，因此这两个法律在商业行为的表述上一致就不足为奇了。同样地，《关于国家豁免的欧洲公约》也不加区分地将主权债务发行视为商业行为。又如《联合国国家及其财产管辖豁免公约》第 2 条第 1 款的规定，"商业交易"是指：（1）为销售货物或为提供服务而订立的任何商业合同或交易；（2）任何贷款或其他金融性质之交易的合同，包括涉及任何此类贷款或交易的任何担保义务或补偿义务；（3）商业、工业、贸易或专业性质的任何其他合同或交易，但不包括雇佣人员的合同。[2]该条对商业交易的规定与英国《国家豁免法》如出一辙，将主权债务发行视为商业行为。但该法对商业行为是否享有豁免采取了性质标准和目的标准的兼顾式规定，即主要考虑该行为的性质判断，但若根据合同和交易的目的与确定其非商业性质有关，则其目的也应予以考虑，这是与英国《国家豁免法》规定不一致的地方。

国际社会中对主权债务发行定性的转变随着有关判例和立法的出现，其趋势得到强化。主权债务发行无论是以举债借贷的方式还是债券发行的方式，无论是国家发行还是国家担保，

---

[1] See Art. 7, European Convention on State Immunity, May. 12, 1972, Basel.

[2] See Art. 2, The United Nations Convention on Jurisdictional Immunities of States and Property, Dec. 16, 2004, UN.

在形式上与一般的借贷、金融等商业交易无异，有关国家将其纳入商业交易的范围不无道理。值得注意的是，即使这种转变在有的国家已变得如此显著，但在另外一些国家，至今仍在坚持主权债务发行不同于一般的商业交易，似乎这种区别并不能简单地归结为时代发展的原因。例如上文提到过的 2005 年波利诉阿根廷案中，意大利最高法院就认定主权债务违约构成主权行为，并属于豁免范围。[1] 又如墨西哥政府一直坚持限制豁免理论（即使没有制定国家豁免法），但在主权债务发行的立场上，仍然不认为其属于商业行为。[2] 在许多发展中国家的实践中，政府公债行为仍被视为应享有管辖豁免的主权行为。例如，亚非法律协商会在对联合国国际法委员会通过的有关国家豁免的条款草案的评论中，就认为政府的公债行为应属于公法行为。[3] 可见，在对待主权债务的问题上，各国在立法和实践上存在较大的争议。笔者认为，主权债务的性质决定了其具有两个方面的突出特质：一方面，这是一种带有强烈主权性质的法律行为，以国家名义作出，以国家信用和财产作为支持或担保，以实施国家公共管理职能为目的；另一方面，这种行为又常以普通的商业借贷、金融投资的形式出现，其中并不缺乏国家借此作为经济发展的手段并带有营利性，而且在与私人进行交易的过程中往往被纳入一般的市场交易规则中。想要决然地将主权债务归类到主权行为或商业行为，对任何一个国家而言，在立法或司法实践中都是一个较为艰难的任务。在面对这个问题时，不能简单地去区别谁是谁非，而是应该结合各国的立法和实践，

---

[1] See Borri v. Argentina.

[2] 联合国文件，A/CN, 4/415, 1988 年英文版，第 27 页。

[3] 亚非法律协商文件，AALCC/XXIX/0/IA, 1989 年英文版，第 10 页。转引自龚刃韧：《国家豁免问题的比较研究——当代国际公法、国际私法和国际经济法的一个共同课题》（第 2 版），北京大学出版社 2005 年版，第 221 页。

深入地分析不同的主权债务的行为特质,考虑采取不同的立场对国家立法和实践产生的实际效用,以及思考如何才能更合法、合情、合理地处理这种法律关系等问题。事实上,这种争议并不妨碍各国在立法和实践中继续探索对主权债务违约案件的法律处理。

在国家管辖豁免案件中,存在受理案件的一个司法规则,"是否享有豁免存疑则不予豁免"(in debio contra immunitatem),需要继续审理才能裁判是否授予豁免。[1]这种司法实践存在于支持限制豁免理论的国家,只要存在管辖的可能性,就需要继续考察债务国是否存在豁免事项乃至豁免权。对于主张绝对豁免的国家,仅需确认债务国及有关实体的主体资格是否可归属于国家即可。笔者认为,该司法规则在限制豁免理论指导下的适用,是具有一定价值的,可以分为两个方面考虑。第一,限制豁免理论的主旨在于确立有关法院对国家行为中不应享受豁免的部分进行审理,使私人在法院的司法保护下对抗国家的强大以维护自身的权利。对存疑的豁免事项进一步甄别,而不是笼统地驳回起诉去将其视为国家豁免事项,有利于实现这种目的。第二,从法律程序正义的角度看,当事人将纠纷提交法院审理,是为了寻求司法程序的救济。法院在审理案件时,应具有最大限度保护当事人请求权利的考虑。如果案件存在继续审理的可能,那么对存疑案件继续核查,无疑是符合这种程序正义的。

三、确定主权债务违约案件管辖权的法律

当法院决定是否审理一个特定案件前,它首先要确定对该案件是否具有适当的、合法的管辖权。对于主权债务违约案件

---

[1] See Dr. Pierre F. Walter, Esq. *Sovereign Immunity Litigation in the United States and Canada*, Sirius-c Media Galaxy LLC, 2010, p. 334.

而言,如果法院对其不具有适当的、合理的管辖权,那么去判断该债务国的违约行为是否可以主张国家豁免则失去了意义。因此,确定审理具体案件的法院是否具有管辖权,是法院对有关案件进行下一步审判的必要条件。

(一) 依据国内法

根据过往出现的案例,可以发现所有用以确定主权债务违约诉讼管辖权的法律都是各国国内法。现行有关国家及其财产豁免的国际公约中并未直接规定具体法院的管辖权,而是留给各国民事诉讼法或国家豁免法自行规定。如《联合国国家及其财产管辖豁免公约》中,仅对可享有管辖豁免事项和不得援引管辖豁免事项进行了规定,并未直接规定法院进行管辖,对于各国哪个法院可以管辖,管辖依据是什么,以及管辖级别等内容,都适用各国法律规定。正如该法第 10 条表述,商业交易根据国际私法适用的规则指向有关法院进行管辖。[1] 在《关于国家豁免的欧洲公约》中,对法院管辖权也进行了一般化规定,与《联合国国家及其财产管辖豁免公约》基本相似。但在具体条文中,对一些管辖依据进行了更细致的规定,如第 7、8、9、10、11 条等。这种情况的出现,主要是考虑到各国各自的民事诉讼法、国际私法乃至国家豁免法差异较大,统一难度较大;而且法院管辖权涉及一国公法范畴,公法权力的让渡在国际法中并非易事。因此,在法院管辖权方面由各国自主决定,依据各自的国内法进行处理,不失为一个行之有效的解决方式。

在对主权债务行为进行管辖并进行实质审判的案例中,不难发现这些案例基本都来自采用限制豁免理论的国家。而且,在主权债务的有关审判中,无一例外地适用国际重要金融中心

---

[1] See Art. 10, The United Nations Convention on Jurisdictional Immunities of States and Property, Dec. 16, 2004, UN.

所在地的法律。比如美国的纽约、英国的伦敦、法国的巴黎、德国的法兰克福和瑞士的苏黎世等地。不难理解，在关于主权债务的诉讼中，这些金融中心能够满足该诉讼需要的基本条件：第一，一般来说，主权债券的发行有国家直接发行和承销商代为发行两种，由于专业化发展的需要，现代国家越来越倾向于后者。而国际金融中心城市的金融市场发达，销售渠道更为成熟，销售成本更为低廉，也具有良好的法治环境，各国都倾向于在这些地方发行主权债券。主权债务发行地往往成为这些国家法院管辖的重要依据。第二，在上述提到的金融中心所在国，基本上都采取限制豁免理论，这使得当地法院管辖主权债券的发行成为可能。第三，国际金融中心凭借自身的优势，往往汇集了大量的外国金融资产或其他财产。如果债务国在该地存放了一定数量的资产，当地法院可能对这些国家财产形成较为有力的掌控，使最终判决执行的可能性变得更大，这也是债权人最关注的问题之一。

（二）依据国际法

主权债务违约纠纷是债务国与私债权人之间的法律纠纷，与政府间借贷不同，并不会起诉到国际法院这一类依据国际组织章程设立的常设性国际司法审判机构。在这些机构的有关规定中，基本上都要求当事人应具有国家主体身份。像欧洲人权法院这样允许个人提起诉讼的国际司法机构，现在仍没有找到有关主权债务违约纠纷的案例。正如在国际法中存在一个长期以来的观点：主权债务持有人同外国国家之间的合同既不是国际合同，也不是国际法所控制的合同。[1]因此，在法院这个层面上来说，主权债务违约诉讼基本没有直接适用国际法来确定

---

〔1〕 参见［奥］迈克·瓦博：《国际法视角下的主权债务违约》，郭华春译，法律出版社2013年版，第156页。

法院管辖权的。

但是，在仲裁领域的情况就有所不同了，有关主权债务的仲裁管辖权有可能是源自国际法律的规定。尤其在国际投资领域，如前所述的双边投资协定，如 BIT 以及多边投资协定如 IC-SID，这些协定中通常将仲裁作为解决争端的最重要方式。因此，如果主权债务纳入到"投资"的范畴中，基于这些国际协议规定，相关的仲裁机构会得到源自于国际法的仲裁管辖权。对这种新兴的、富有挑战的尝试，我们可以拭目以待。

（三）依据当事人合意

这种管辖权主要出现在国际仲裁中。从理论上，主权债务作为一种债务关系，依据双方当事人的协议，无论对法院还是对仲裁庭，都具有自主选择的权利。各国的民事诉讼法和仲裁法（或仲裁规则）基本上都会认可这一点。但是，从实践的角度来说，债务国很少愿意把主权债务纠纷放置在外国法院进行审判。而且，即使在债务发行合同中，债务国与债权人约定由外国法院管辖可能出现的债务纠纷，但进入了权利申辩阶段，债务国仍会主张国家豁免权来要求免于管辖。[1]有关法院最后不得不根据本国法律所规定的管辖权对该案件进行管辖。同样地，对于债权人而言，也不倾向选择债务国本国法院对未来可能出现的纠纷进行管辖，这只会增加债权人购买主权债务时的疑虑。因此，真正源于当事人合意而授予外国法院管辖权的情况极少。而在国际仲裁中，当事人合意是仲裁庭获得管辖权的最主要途径。双方当事人可以指定独任仲裁员或仲裁庭对有关

---

[1] 正如 NML 诉阿根廷债券案，在债务承销合同中，双方约定任何有关债券而产生的纠纷由纽约法院管辖，但在纽约法院决定受理后，阿根廷政府提出国家豁免，要求纽约法院撤回起诉。最后，纽约法院仍然做出判决，但其管辖权源自于美国国内民事诉讼法的规定。

纠纷进行裁决，无论地点、时间、人数或仲裁规则，都可以由当事人合意决定。国际仲裁的独立性消除了当事人选择法院时对特定国家法律制度价值取向的顾虑，使得协议选择的方式得以在主权债务仲裁上开花结果。在19世纪，主权债务合同中的仲裁条款十分普遍。在法院可以受理主权债务案件前，仲裁也是债权人选择最多的法律方式。

第二节　主权债务买卖的"特殊商业交易"性质

各国对主权债务违约的管辖豁免立场迥异，背后有着深刻的历史积淀和法理缘由。可以试想，如果认为主权债务买卖属于普通的商业行为，就不会有如此多的国家坚持主权债务免于内国法院管辖；反之，如果认为主权债务买卖应纯粹归属于主权行为，也不会有越来越多的国家将其纳入法院管辖的范围。主权债务的特殊之处在于，其主权性和商业性兼具一身，只依据其中任何一个特性作为决定是否享有管辖的唯一因素，都是武断的。主权债务的这种特性，贯穿了绝对豁免理论和限制豁免理论的对立过程，也体现了两者核心之争商业例外的判断标准——"性质标准"和"目的标准"的比较。在商业交易的范畴下讨论主权债务的特性，是确定内国法院是否具有合法、合理管辖权的关键所在。

一、绝对豁免理论与限制豁免理论的核心之争

绝对豁免理论和限制豁免理论同时产生于19世纪，自1812年美国最高法院在斯库诺交易号诉麦克法登案判例中对国家及其财产豁免问题进行了阐述后，[1]这两种国家豁免理论历经长

---

[1] See The Schooner Exchange v. M'Faddon.

期的发展、补充和成熟，逐渐形成了国际社会在该问题上的两大基本立场。绝对豁免理论主导了整个19世纪国际社会的有关立法、实践以及学术理论的发展，[1]其基本思想在于：第一，基于"平等者之间无统治权"的原则，任何国家都不能对其他国家主张管辖权，除非国家主动放弃豁免权，否则可视为对该国主权的侵犯。第二，以主体论作为判断国家行为的标准。认为只要是国家及有关机构做出的行为，必然属于主权行为，国家及其财产应免于外国的管辖和执行。作为与绝对豁免理论相对的理论，限制豁免理论在一开始仅为少数国家接受。但在第二次世界大战后，受到国家司法判例和学术理论的影响，[2]越来越多国家转向了限制豁免理论，形成了与绝对豁免理论并重的格局。像美国、英国、澳大利亚、加拿大、新加坡、巴基斯坦、南非和阿根廷等十多个国家已经制定专门的国家豁免法。限制豁免理论的基本思想为：第一，将国家行为按其性质区分为公法行为和私法行为，[3]前者享有国家豁免权，但后者应受

---

[1] 在19世纪直到第二次世界大战时期，世界上大部分的国家都倾向于绝对豁免理论，如美国、英国、德国、荷兰、匈牙利、奥地利、日本、巴西和阿根廷等国。支持这种理论的学者包括：奥本海（Oppenheim）、菲斯莫里斯（G. Fitzmaurice）、卡尔沃（Calvo）、加巴（Gabba）、海德（Hyde）、哈克沃斯（G. H. Hackworth）、普拉格（V. Praag）、韦斯顿（H. Weston）、安杰尔（E. Angell）等著名的国际法学者。

[2] 包括在一开始就坚持限制豁免理论的国家，如意大利、比利时、希腊、罗马尼亚和埃及等国家，也包括后来由绝对豁免理论转向限制豁免理论的国家，代表为英国、美国、加拿大和阿根廷等国。支持这种理论的学者包括：德芒杰（Demangeat）、洛朗（Laurent）、巴尔（Bar）、詹扎纳（Gianzana）、斯佩（Spée）、黑夫特尔（Heffter）、费奥勒（Fiore）、福希叶（P. Fauchille）、韦斯（A. Weiss）、德维舍（Ch. De Visscher）、施特普鲁（K. Strupp）、菲利莫尔（G. Philimore）、狄金逊（D. Dickinson）、沃特金斯（R. D. Watkins）、费尔曼（Ch. Fairman）、杰瑟普（Ph. C. Jessup）等国际法学者。

[3] 也称主权行为和非主权行为、统治权行为和事务权行为（或管理权行为）。事实上，在各国实践和学说中，对限制豁免理论提出过多种理论依据，如国家双重行为论、领土管辖例外论、当事人平等论和法的支配原则论等，而且在各国立

有关法院管辖；第二，判断国家行为性质有具体的标准，如性质标准、目的标准和混合标准，其中以赞同性质标准为主流；第三，主张依法院地法作为判断国家行为的法律。绝对豁免理论和限制豁免理论的思维逻辑都源自于对国家主权及其行为性质的思考，以及延伸到外国法院或仲裁庭对该种国家行为和财产的管辖，其前提都是对国家主权的尊重。绝对豁免理论认为国家及其财产应予以绝对的保护，而限制豁免理论则在保护国家原有的主权行为基础上，对并不体现国家主权性质的其他行为和财产主张可以进行管辖和执行，这种观念本身并非对国家主权的否定。经过一百多年的发展，各自的支持者都已确立了颇有说服力的理论体系和卓有成效的实践模式，并不能简单地认为哪种理论比另外一种更优胜，只是在处理不同的实务问题时更有效用。如果用概括性语言来阐明两者的思路，它们之间的区别在于：绝对豁免理论认为国家的任何行为都享有豁免特权，无一例外；而限制豁免理论则认为国家豁免存在例外，尤以国家从事非主权行为为代表，不得免于外国法院管辖。

限制豁免理论在第二次世界大战后的勃兴，是伴随着国家参与经济活动的增多，尤其是进入到私人从事的市场交易领域而引发的。可以想象，如果国家像以往一样既通过市场交易获得利益，但在纠纷发生时又主张豁免特权，这会导致市场竞争的不平等。正如奥地利最高法院在1950年德拉勒诉捷克斯洛伐

（接上页）法中也并未明确规定限制豁免理论源自于何种理论。因为限制豁免理论的确立，更多地来自于司法实践和判例，这种理论的形成很难用一种依据去解释。但笔者认为，国家双重行为论在限制豁免理论形成和发展的过程中占据了主导的地位，并对各国立法和实践造成了更为主要的影响，正如《联合国国家及其财产管辖豁免公约》《关于国家豁免的欧洲公约》以及各国国家豁免法中，基本上一致规定了商业交易作为国家豁免的主要例外，商业交易即属于与国家主权行为相对立的非主权行为的范畴。

克共和国案的审判中得出结论：根据国际法已不能再认为所谓的"管理权行为"免于内国法院管辖。这种使"管理权行为"受内国法院管辖的服从，其基础在于各国商业活动的发展。传统的豁免学说产生于国家所有商业活动都与政治活动联系在一起的时代，因此不存在区别私法交易和主权行为的合理依据。但随着时代的发展，国家从事商业活动，并进入与本国国民或外国私人的竞争关系中。传统的豁免学说因此失去了其意义和根据。[1]同样地，在1952年国务院法律顾问泰特署名给司法部长寄出的函件（Tate Letter）[2]中有一段阐述："在美国法院给予外国政府豁免，与美国政府在同样的法院就合同和不法行为服从诉讼的行为是极不一致的，同时和美国政府在外国法院长期确立的对其商业船舶不要求豁免的政策也是不一样的。最后，美国政府感到由于各国政府从事商业活动的扩大和增加，确立能使和外国政府进行交易的个人权利在法院得到确定的实践是必要的。"[3]可见，限制豁免理论在实践中的运用并非理论的推演，而是现实的需要。在这种理论的影响下，依据法院地法认定属于外国非主权性质的行为被纳入内国法院的管辖中，包括商业交易、雇佣合同、人身伤害和财产损害、财产的所有、占有和使用、知识产权和工业产权、国有船舶等。这种司法转变具有强有力的实践依据，这使得越来越多的国家转向限制豁免

---

〔1〕 参见《国家法判例汇编》，第163页。

〔2〕 普遍认为，泰特公函（Tate letter）事件后，美国由传统的坚持绝对豁免理论转向限制豁免理论。并在1976年制定颁布了第一部单行《外国主权豁免法》，彻底以制定法形式统一了全美各州法院对于国家豁免的态度。从此以后，美国各级法院依照这部法律，做出了许多重要的、具有巨大影响力的关于国家豁免的判例。包括主权债务领域的许多有关的重要案例，也源于美国。

〔3〕 参见《国际法摘要》（第6卷），第571~577页。转引自龚刃韧：《国家豁免问题的比较研究——当代国际公法、国际私法和国际经济法的一个共同课题》（第2版），北京大学出版社2005年版，第81页。

理论，使其具有成为主流理论的趋势。但与其他非主权行为不同，在主权债务的问题上，如上文所述，除了如英国、美国、德国、法国等几个主要的采用限制豁免理论的国家以外，仍有大多数的国家坚持绝对豁免的立场。即使在如意大利和墨西哥这些政府和法院都明确坚持限制豁免理论的国家，但在主权债务上仍然坚持了绝对豁免理论。

主权债务违约的特殊之处，在于其聚焦了绝对豁免理论和限制豁免理论之间争议的核心问题：

第一，价值取向。两种理论各有立场，并侧重不同的价值理念。绝对豁免理论强调国家之间的平等，以公权为立足点，追求国家主权范围的相互尊重和克制。[1]而限制豁免理论则关注国家行为的实际效果，更多地从私权的角度出发，保护和平衡市场交易的权益和秩序。国家主权是国际社会存在和发展的基石，只有各国之间相互尊重、平等和独立，才能保证各个国家不会因为大小、强弱、兴衰而被区别对待，进而构成一个健康、和平和发展的国际政治经济秩序。也只有在国际社会处于和平、发展的时期，国家间的私法交往才得以成长和繁荣。所以，在这个层面上，国家主权与私人权益是高度统一的。但两者并非在任何时候都是一致的，在发生冲突时如何处理两者的关系，才是问题的关键所在。在国家进入国际民商事领域，以平等交易者的身份与私人主体进行市场交易时，仍一律赋予国家豁免特权无疑是武断的。因为国家一旦参与了市场交易，即将其自身置身于一般的市场交易者的地位，并期望通过市场交易获得一定的经济利益，也同时意味着国家愿意按照市场规则

---

[1] 国家主权得到了《联合国宪政》《国际法原则宣言》《美洲国家组织宪章》和《非洲统一组织宪章》等大量国际法律文件的确认。《奥本海国际法》就明确表述为：按照平等者之间无统治权的原则，任何国家都不能对其他国家主张管辖权。

去实施自身的行为。如果此时赋予其国家豁免权,实际上让国家在类似交易中处于极为强势的地位,对私人交易者而言是极其不公的。而且,国家在交易纠纷中主张豁免,有逃避责任之嫌,可能会损害私人交易者的合法权益。这种情况下,片面地赋予国家豁免权并不合理。然而,如果在市场交易中,一味地将国家置于一般的市场交易者地位,也很难防范市场投机者或破坏者对国家的损害。而这种损害,有可能危及国家背后代表的所有该国国民的权益。一般来说政府举债所得归于财政收入,由财政部门进行管理,适用于平衡财政、弥补赤字、稳定外汇等用于公共管理职能的开销,具有明显的主权特性,理应属于主权保护的范畴。但是随着政府发行债务的种类日渐繁多,以及政府为其他机构担保的形式日趋多样,尤其是在私债权人无法判断该债务用途时,盲目地将国家豁免权赋予债务国,而将可能存在的违约风险推向债权人,也是不合情理的。在这种情况下,平衡好债权人和债务国之间的合法权益是解决问题的关键。

第二,行为性质。绝对豁免理论从主体论出发,主张只要是能代表国家行使主权权力的主体所做出的行为,都应享有豁免权。[1]而且,国家行为没有主权行为和非主权行为的区分。正如意大利学者加巴所说,即使国家在私法领域内的活动,也总要根据该国家的"自治权"而从事,这种"自治权"正是国家主权的属性。因此,所有的国家行为都是主权行为。[2]这种

---

[1] 这里所指的主体,包括国家元首、国家本身、中央政府及各部、其他国家机构、得到授权的国有公司或企业等。

[2] 参见《国际私法杂志》(第15卷),1888年,第547~554页。转引自龚刃韧:《国家豁免问题的比较研究——当代国际公法、国际私法和国际经济法的一个共同课题》(第2版),北京大学出版社2005年版,第45页。

说法也为一些国家法院的判例所支持,如 1921 年冰王号案。[1]很多发展中国家的国家本身承担了大量的经济功能,债务发行与国民经济的发展息息相关,因此坚定地主张绝对豁免理论。而限制豁免理论与此不同,认为国家行为应区分为主权行为和非主权行为,前者体现了国家主权特质,理应享有国家豁免权;而后者并不体现国家主权特质,与一般的商业行为无异,不应免于外国法院的管辖。并且,该理论还提出对非主权行为的判断标准,包括性质标准、目的标准和混合标准等。客观地说,绝对豁免理论对所有的国家行为不加区分而赋予豁免权,等于无限地扩大国家豁免范围,这在特定的历史时期有其存在的政治经济土壤。但随着国家职能的规范化,参与经济形式的多样化,这种观念在当代国际社会显然是不合时宜的。举个简单的例子,即使是各国公认的具有国家豁免权的外交官,在雇佣外国公司修葺馆舍设备时引发的费用支付纠纷,就不能免于当地法院的管辖,这已为《维也纳外交关系公约》所确认。[2]而且早在 20 世纪初,就陆续出现了规定对国家及其财产在一些具体方面不得免于管辖的国际公约,如 1926 年《关于统一国有船舶豁免的若干规则的公约》、1958 年《领海及毗连区公约》、1965 年《关于解决各国和其他国家的国民之间的投资争端的公约》,以及 1969 年《国际油污损害民事责任公约》等。这说明在实践中,一些特殊的国家行为或国家财产已经从传统的绝对豁免领域中被区分出来,为各国所承认。如果说 1972 年《关于国家豁免的欧洲》关于区分主权行为和非主权行为还只算是地区性共识的话,那么 2004 年《联合国国家及其财产管辖豁免公

---

〔1〕 在该案中,德国最高法院在判决中指出,必须认为外国国家即使从事了纯粹私法行为,在原则上仍应豁免于国内法院的管辖。

〔2〕 See Art. 34, Vienna Convention on Diplomatic Relations, Apr. 18, 1961, Vienna.

约》的通过与签署,第一次形成了专门关于国家及其财产豁免方面的国际公约。该公约明确地将国家行为区分为主权行为和非主权行为,并明确地列出八种管辖豁免的例外情形。由此可见,在对国家行为的区别对待上,限制豁免理论更加符合现实发展。尤其在近现代,国家经济职能得到了前所未有的扩张,国家的许多行为都具有强烈的经济目的,对经济职能的关注和要求远远强于过去。在这种情况下,国家经济行为一旦进入了与私人竞争的私法领域,其行为效果确实就与一般的商业行为没有太多的差异了。限制豁免理论为我们提供了一个审查国家行为的可能,在审查后对国家主权行为予以豁免,对商业行为不予以豁免,是更明智且切合实际的,也更能保护市场交易主体的利益和交易秩序。但值得注意的是,国家发行的主权债务既有用于公共卫生治理、社会管理、抗震救灾等公共管理目的,也有用于促进经济发展,金融投资或其他获取经济收益的不同用途。前者毫无疑问属于国家行使统治权的行为,而后者则更多体现了国家追求经济利益的意图,简单地将主权债务划为主权行为或划为非主权行为,似乎并不妥当。正如迪拜政府依托迪拜世界举债以进行经济建设和金融投资的行为与日本拟因福岛事故而举借主权债务的行为相比,是显然不同的。

第三,法院地法。国家及其财产豁免原则是习惯国际法上的一项重要原则。[1]坚持绝对豁免理论的国家,一般来说很少对国家豁免方面的事项进行专门立法。在面对具体案件时通常会援引国家豁免原则作为主张豁免的依据。虽然缺乏国内立法,但这些国家并不缺乏有关外国国家豁免的国内法院判例,只是

---

〔1〕 参见黄进主编:《国际私法》(第2版),法律出版社2005年版,第145页。

结果通常是认为有关国家享有豁免权而驳回起诉。[1]而坚持限制豁免理论的国家，无论是否存在专门的立法，都会一致地以本国法律或判例作为区分国家主权行为和非主权行为的依据，即适用法院地法。[2]正如1963年伊朗王国索赔案中，联邦德国的联邦宪法法院认为，区分外国国家行为的性质，应依法院地法律来确定。[3]这两种理论对区分国家行为所依据的法律的主张，一个是国际法，一个是国内法，哪种方式更为恰当？从理论上来说，对于国家行为的性质，应当以国际法作为认定依据。这是因为：第一，由内国法律对外国国家行为进行定性，不免有侵犯他国主权之虞。举一个简单的例子，某一外国将其中央银行设置在国家财政部之下，依其内国法应为国家政府机关。但依据法院地法，中央银行应被视为独立于政府以外的社会实体。这种情况下，按照法院地法认定该外国中央银行为独立法人显然是不合理的。外国国家有自主决定其政治机构、经济制度和法律规范的权利，这并不应由其他国家的法律进行干涉。第二，由于各国国内法规定的差异，国内法对国家行为进行定性容易造成法律的混乱和不统一。很可能出现同一个国家行为，不同国家对其的认定结果不相同的结果。因此，在大部分的国家判例中，都认为在依据法院地法对外国国家行为进行判定时，需受到国际法的限制。正如英国国际法学者辛克莱所说："决定国家活动是主权行为还是非主权行为，必须按照法院地法决定，但要服从国际法推导出的这一限制，即国内法不能把大多数国

---

[1] 当然，在这些国家中表明其绝对豁免立场的文件，诸如政府声明、法律评论、学说著作等都是其主张意见的渊源，但从根本上来说，真正能决定其主张有效性的，仍是国家及其财产豁免原则作为一个习惯国际法原则的效力。

[2] 这些法律包括各国的民事诉讼法、国际私法、国家豁免法等相关法律。

[3] 参见《国际法判例汇编》（第45卷），第57页。

家看来属于广义或狭义的公共权力范围的行为视为非主权行为。"[1]而将国家行为的判定纳入国际法的范畴，这些弊端都将得到有效解决。例如，《关于国家豁免的欧洲公约》和《联合国国家及其财产管辖豁免公约》的通过，很大程度上统一了缔约国相关的国家豁免法律。因此，以国际条约的方式规定国家及其财产豁免问题，是协调各国在这个问题上利益冲突的有效方法之一。[2]但是问题在于，这种公约，由于各国的争议很大，内容范围较为有限，在一些事项上难以达成一致，这无形中降低了类似国际条约的法律效力和执行程度，并有可能造成私人在与国家进行交易受损时救济无门的情况。因此，限制豁免理论主张对国家行为的判定依据法院地法，实际上是为判定标准提供了一个可操作性（或者可以理解为补充性）的依据，是有其现实需要的。

尽管在各国的立法和实践中，对主权债务违约行为是否享有国家豁免的问题仍未形成一致的态度，但将其纳入法院的管辖范围，是运用适当的标准对其进行判断的前提。这在实务的角度而言是具有其必要性的，原因主要有三：第一，绝对豁免理论占统治地位的时代已经过去，限制豁免理论的出现已经使得世界各国对主权债务的态度出现分歧，相关的立法和案例也随之出现。否认主权债务违约的可诉性，是不符合现实情况的。第二，国家与私人之间的这种主权借贷日益增多，但在有关领域一直没有形成统一的国际法规则进行调整。《关于国家豁免的欧洲公约》只是地区性公约，而《联合国国家及其财产管辖豁免公约》的签署国

---

[1] I. M. Sinclair, *The European Convention on State Immunity*. International and Comparative Law Quaterly, 1973, 22, 266.

[2] 参见黄进："略论国家及其财产豁免法的若干问题"，载黄进：《宏观国际法学论》，武汉大学出版社 2007 年版，第 426 页。

仍未超过30个而未生效。第三，个人直接向国际机构提起诉讼的机会并不多，仅在少数几个机构如欧洲人权法院、ICSID等拥有起诉的主体资格。其他国际性司法机构规定的诉讼主体都只能是国家。将主权债务违约纠纷纳入国内法院的管辖，可以为个人通过司法途径寻求权利救济提供一个可能的司法救济手段。

国际社会对法院管辖外国主权债务行为的一个普遍质疑是：内国法院属于一国国内的司法机构，它们是否有能力去审理此类案件，而且如此难免有减损他国主权之嫌。[1]但实际上，只要在司法实践中运用恰当的判断标准，法院对该类案件进行审理是有一定可能性的：第一，限制豁免理论近数十年的发展，为法院对主权债务的管辖和审理积累了一定的基础，已经形成了较为成熟的管辖机制，包括管辖依据、判断标准等。第二，法院主要依托各自内国法对主权债务违约进行管辖，与有关的国际法律相比较，内国民商事实体法和程序法、国家豁免法、国际私法更为完善和成熟。第三，由于绝大多数的主权债务诉讼依据的都是金融中心法院地法，其强烈的契约精神、优质的法治意识和高度的金融技能，更能保障依法审判并能及时执行。第四，适用法院地法对主权行为性质进行判断，利于法官以熟悉的法律思维和知识对案件进行审理，极大减少了理解、查明、审核外国法律过程中容易出现的错误和偏差。第五，如果债务国担心外国法院对其进行管辖会损抑其主权，可以通过仲裁条款这种替代性的准司法途径解决可能出现的纠纷，而且一般具有排除法院管辖的效力。

---

〔1〕 正如苏联国际法学者波格斯拉夫斯基指出的那样："不管国家活动的性质如何，强调国家主权不容侵犯是重要的。未经一个国家的同意在外国法院对该国提起诉讼，特别是对其财产采取强制措施，通常等于直接侵犯它的主权。"参见波格斯拉夫斯基：《国家豁免》，1965年德文版，第44页。转引自黄进："论限制豁免理论"，载黄进：《宏观国际法学论》，武汉大学出版社2007年版，第442页。

二、商业行为认定标准

只有采取限制豁免理论的国家法院才会对特定的国家行为进行判定,以决定是否授予其国家豁免权。[1]在运用何种标准对国家行为进行判定的问题上,在各国法院的司法实践中存在着如性质标准、目的标准、商业行为标准、合同形式标准以及混合标准等多种判定标准。[2]上述标准中,商业行为标准意图将商业行为从非主权行为中抽离出来,法院仅对国家从事商业交易的活动进行管辖。这种做法缩小了非主权行为的范围,使得法院在认定管辖事项时更加简要、直接和明确,被一些国际法学家认为是唯一实际的结论。[3]但实质上,商业行为标准并未在判定标准的方法论上提出新的思路,可视其为性质标准的延伸。首先,商业行为作为非主权行为中的典型豁免例外,其逻辑起点仍源自于对国家行为进行公权和私权的区分。其次,"商业行为"通常是一个广泛的概念,国际社会也没有对商业行为准确定位。

---

[1] 如果适用绝对豁免理论,主权债务违约的性质毫无疑问属于主权行为,这种主张的权力由各国享有,无须外国法院对其进行判断。

[2] 性质标准主张将国家行为区分为主权行为和非主权行为,在实践中仅从国家行为的性质进行判断,只要其形式要件符合一般非主权行为的内容,则可认定不得免于法院管辖。目的标准认为对国家行为应从其背后的目的考察,如果其目的是为了实施国家主权职能的,则认为是主权行为;如果其目的是从事营利目的的,则认为是非主权行为,不得免于法院管辖。商业性质标准主张仅以国家直接从事商业活动的行为作为区分国家行为性质的判定标准,而类似购买军舰、武器等国家才能从事的行为则属于国家豁免的范围,无须根据交易性质而纳入非主权行为中。合同形式标准主张以只要国家与私人交易者之间订立和合同,那么有关国家在关于合同争端的相关方面不得主张国家豁免权。混合标准是指两种或多种标准同时使用,但一般会以某一标准作为主要,其他标准作为辅助。

[3] "国家对个人控制的增长及其对国际法上国家责任规划的影响",载《英国国际法年刊》1938年(第11卷),第129页。转引自龚刃韧:《国家豁免问题的比较研究——当代国际公法、国际私法和国际经济法的一个共同课题》(第2版),北京大学出版社2005年版,第325页。

缺失了国家行为区分的理论基础，以商业行为标准对"商业行为"进行判定，会陷入循环论证的困境。合同形式标准则进一步缩小了不得享受豁免的国家行为的范围，认为合同形式更能体现当事人平等的关系。而契约是私法规则的最典型者，因此缔结契约的国家行为理应视为一般的市场交易者行为。但事实上，国家与私人之间的经济活动并非全部通过合同形式体现，还包括了商业谈判、侵权等其他的非订立合同的活动。仅将合同作为豁免例外的唯一规定，显然与实践不符。联合国国际法委员会在制定《联合国国家及其财产管辖豁免公约》时，一度拟将"商业合同"作为公约术语，但考虑到商业合同虽然是国家商业行为的主要表现形式，但商业交易的广泛内涵并非商业合同可以囊括，因此最后采用了"商业交易"这一用语。合同形式标准仍可视为性质标准的另一种演化。混合标准并非一个独立逻辑的标准体系，而是两个或多个标准在一个判定过程中按照先后、主次的不同去适用，以《联合国国家及其财产管辖豁免公约》第2条第2款的表述为代表："在确定一项合同或交易是否为第1款（c）项所述的'商业交易'时，应主要参考该合同或交易的性质，但如果合同或交易的当事方已达成一致，或者根据法院地国的实践，合同或交易的目的与确定其非商业性质有关，则其目的也应予以考虑。"该公约所确定的是以性质标准为主，目的标准为辅的混合标准。

  这些判定标准中，性质标准和目的标准是两个最基本的判断标准，也常为各国法院在判断国家行为过程中引用。性质标准是建立在将国家行为区分为公法行为和私法行为的前提下的，要求只对国家行为的形式要件进行审核，只要其符合私法行为的形式，即可认定该国家行为不享有国家豁免权。甚至在有的国家的司法实践中，不要求国家在实施该行为的过程中以营利为目的。这一标准已为主要采取限制豁免理论的国家，如美国、加拿大等所采用。如美国《外国主权豁免法中》第 1603 条规定："'商业活动'，是指某种正常做法的商业行为，或是指某种特殊的商业交易或行动。是否是商业性的活动，应当根据行为的做法的性质，或特殊的交易和行动的性质决定，而不是根据其目的。"[1]加拿大《外国国家在加拿大法院豁免法》第 2 条也有类似规定。主权债务违约的有关案例中，也存在依据性质标准判定主权债务行为的判决。如 1986 年喀麦隆发展银行诉罗贝尔公司案中，法国最高法院认为外国国家银行代表国家为公立医院筹资担保，无论其目的如何仍属于商业交易行为，与行使公共权力无关。依据性质标准，法院能够更为直接简单地认定国家商业行为，具有较强的可操作性，而且赋予了国家行为形式上的平等，更受内国法院的青睐，现为大多数采取限制豁免理论的国家所采用。与性质标准不同，目的标准认为法院应以国家行为背后的目的和动机作为判断其是否享有豁免权的依据。对于意图实现主权目的的国家行为，法院应给予管辖豁免；对于意图实现非主权目的的国家行为，法院则按一般私法行为处理，对其进行管辖。目的标准不拘泥于国家行为的形式，而考察国家行为背后的意图，使法院得以更加准确地对国家行为进行定性，是具有一定的合理性的。[2]但由于国家行为或多或少都可归结

---

[1] 美国众议院司法委员会对此有着进一步的解释，认为如果一项活动习惯上是为营利而进行的，其商业性质便可以更容易地推定。但如果一个单独的合同，其具有私人也可以订立的合同的同样性质，可以构成一种特殊的交易和行为。即商业性质是认定国家商业交易的根本特征，无须考虑其背后隐藏的政治目的，也不必考虑其他营利目的。

[2] 正如国家从外国私人手中购买军事设备、采购粮食赈济灾民、购买药品制止流行病的蔓延等行为，他们虽然采取了商业形式，但其目的显然不是通常的商业目的。这类行为是应该归为国家主权行为，理应免于外国法院的管辖。参见黄进等："国家及其财产管辖豁免的几个悬而未决的问题"，载《中国法学》2001 年第 4 期，第 142 页。

于某些主权目的，所以目的标准实质上等于赋予了国家二次豁免的机会。[1]而且目的标准依据的国家主观意图，缺少相当的客观性，因此许多国家并未将其作为判断商业行为的主要标准。但是，有关国家处理相关案件时，仍会将国家行为的目的视为其中一个考虑因素。如1971年伊斯布兰德森诉印度案中，美国国务院建议法院给予印度购买救灾粮的行为管辖豁免，即是考虑了购买粮食的目的。[2]而在有关国家立法中，也对一些特殊国家行为或财产给予目的标准。如英国《国家豁免法》第4、10、11、13、14条就对雇佣合同、船舶、房产税、外交使团财产以及中央银行财产进行了有关商业目的和非商业目的的考虑。澳大利亚《外国国家豁免》第18、31条也有类似的规定。性质标准与目的标准相比较，主要有以下三个区别：第一，性质标准侧重审查行为的形式要件，法院适用更加直接而简单，而目的标准侧重审查行为的实质要件，要求法院准确把握国家的行为意图，法院适用需要更谨慎；第二，性质标准通常依据法院地法对国家行为进行定性，而在适用目的标准时，法院通常会兼顾外国当事人的本国实践；第三，性质标准对国家豁免权进行了更大的限制，属于严格的限制豁免理论产物，而目的标准由于考虑到国家行为的目的，容易扩大国家豁免的范围，使其近似于绝对豁免理论。据此，法院在对主权债务违约行为进行审查时，依据不同的标准会得出截然不同的结论。依照性质标准，主权债务是由债务国和债权人通过合同进行借贷的，合同具有典型的商业交易特征，毫无疑问会被视为商业行为。但是，政府公债一直以来被认为具有较为强烈的主权性质，而在国际

---

[1] See C. Schreuer, *State Immunity: Recent Development*. Grotius Publications, 1988, p. 17.

[2] 参见《国际法判例汇编》（第22卷），第224页。

立法和实践中与一般商业行为区别开来。[1]性质标准显然不能忽略如此的事实和认知。而依照目的标准,由于任何国家行为都无可避免地体现着主权目的,只是程度不同。国家每一笔债务的发行都可认为用于国家建设和发展,包括政治、经济、军事、文化等方方面面。在这个意义上,所有的主权债务都理应归属于主权行为而免受外国法院的管辖。但是,对于那些国家发行用于金融投资、贸易服务等具有商业交易性质活动的债务,实质上与一般商业行为无异,目的标准实际上为国家逃避责任提供了理由。而且,无论是性质标准,还是目的标准,由于各国立法和实践中对于"商业行为"和"国家目的"的理解不同,都存在适用标准不统一的情况,容易造成差异性和不确定的结果。因此,对于一个经常"披着商业交易面纱"的主权借贷者而言,单纯地运用任一标准对所有行为进行判断,都是不够全面和合理的。

其实,性质标准和目的标准只是为法院在判定国家行为的性质时提供了两条不同的思路,最终仍是由法院区分不同的行为来决定是否赋予国家豁免权。法院应凭据其内国法律,兼顾国际法的通行规定,对特定的国家行为依照合适的标准进行判定。在许多国家的立法中,其通常的做法是:对一般行为的判定适用性质标准,而对特殊的行为或财产的判定则适用一定的目的标准。[2]在司法实践中,即使大部分的法院适用性质标准来判断国家行为,但在适当的时候也会考虑其目的因素。可见,

---

[1] 正如1990年亚非法律协会秘书处在一个文件中就提出国家为赈灾或为解救饥饿购买粮食,为在国外的军队购买食品以及公债等都应视为"公法"或"统治权行为"。以及前文所提述过的立法及案例,都存在类似的观点。即使在一些国家法院进行判决时,将主权债务视为一般商业行为,但国际社会中持反对意见的不在少数。

[2] 可参照英国、美国、加拿大、澳大利亚等国家的国家豁免法的具体条款。

两个标准并非完全对立而互不相容。基于上述考虑，对于主权债务行为的判定，笔者认为应当考虑采取这么一种混合标准：第一步，对主权债务合同或行为的性质进行审查。意义在于：①主权债务发行常以合同形式出现，属于典型的商业性质，法院应对私法行为享有管辖权；②防止国家的纯商业行为一开始就免于管辖；③初步接受起诉，为双方当事人提供陈述机会。第二步，如果判定该合同或行为具有主权性质，则不再审理；反之，继续考虑该合同或行为所包含的目的。意义在于：①加入目的考察，避免一国主权行为仅因合同形式受外国法院管辖；②分别对待，合理对待不同性质的国家行为。第三步，如果考察该合同或行为的目的后，认为具有主权目的，则放弃管辖；如果不具备主权目的，则进入实质审判阶段。至此，对于主权债务合同或行为的判定结束，这种标准与《联合国国家及其财产管辖公约》第2条第2款规定的混合标准类似。但针对主权债务的认定，有几点仍要特别注意：第一，主权债务合同中通常存在仲裁条款，该条款具有排除法院管辖的效力，过去许多国家免受外国司法系统的限制，更倾向于选择仲裁方式解决纠纷。第二，如果双方达成一致，认可该行为属于主权行为，则不得向法院起诉，国家理应享有管辖豁免。如果双方认可该行为是商业行为，则国家不得主张有关法院的管辖豁免。第三，法院在判断主权债务合同或行为的主权性质时，应考虑该国相关的实践和习惯。

需要澄清的是，这种混合标准仅适用于像主权债务、政府船舶、外交财产等较为特殊的国家行为或财产的管辖，绝大部分的商业行为仍以适用性质标准为主。性质标准对于绝大部分的商业行为而言是合适的，也更是易于操作，事实上已成为越来越多支持限制豁免理论的国家的选择，在各国的立法和实践中甚至呈现出某种统一化的倾向。[1]

三、主权债务违约特殊性的法理和实证分析

如上所述，虽然各国关于主权债务违约的司法实践存在差异，如有的国家依据绝对豁免理论主张主权债务违约行为享有国家豁免权，外国法院不得管辖；[2]如有的国家主张依据限制豁免理论来判定主权债务违约行为的性质。[3]即使在采用限制豁免理论的国家内部，也出现了适用目的标准还是性质标准的分歧。这种现实中的分歧并不妨碍笔者依据主权债务违约的特殊性，来分析并适用性质标准和目的标准相结合的"混合标准"去判断主权债务违约行为的性质，反而提供了有力的比较和借鉴。

主权债务违约行为的特殊性在于：

第一，主权债务的合同形式。在主权债务发行和违约的行为中，绝大多数是通过合同来表现的，如主权债务主合同、主权债务担保合同以及债务发行或承销协议。各国在合同违约行为的司法实践中，一般认为只要发生了违约事宜，则违约人应承担相应的合同责任。因此，在国际商业交易中，如果一方面要求法院按照本国民商事法律进行审理，另一方面又要对违约的目的或动机进行审查，这种做法是与一般的司法实践相矛盾的。合同作为最典型的商事表现形式，最能体现法院对国家商业行为行使管辖权的根本依据。正如联合国国际法委员会在制定《联合国国家及其财产管辖豁免公约》时，曾考虑以"商业合同"代替"商业行为"或"商业交易"作为国家豁免的主要

---

[1] 参见龚刃韧：《国家豁免问题的比较研究——当代国际公法、国际私法和国际经济法的一个共同课题》（第2版），北京大学出版社2005年第2版，第330页。

[2] 如大多数的发展中国家和少数如法国、墨西哥等欧美国家。

[3] 如美国、英国、比利时、瑞士等国家。

例外进行规定。我国学者龚刃韧也认为:"国家和外国私人或法人之间签订的合同,无论采取什么名称都与国际条约有着本质的区别。因此,以原则上不作为国际公法调整范围的合作关系作为标准不仅显得比较合理,而且相对而言也比较容易适用。"[1]主权债务发行和违约具有如此典型的商业行为特质,片面地排除法院管辖权的做法并不符合各国关于国家豁免的司法实践。

第二,主权债务违约行为中存在的竞争性因素。如果主权债务仅对传统的国际法主体,如国家或国际组织发行,这种行为毫无疑问属于公法行为,享受国家豁免权。但当主权债务进入私法领域,尤其是与其他市场交易者存在竞争关系后,该行为的性质就发生了改变。竞争意味着以逐利为目的,存在于自由、公平和平等的市场交易体系中,这不仅要求交易双方地位的平等,也意味着对各自合法权利的救济手段的平等。私人债权人在面对其他具有同等竞争条件的私人债务人时可诉诸司法救济,那么对于国家债务人而言也应当可以诉诸有管辖权的法院以寻求救济。这种竞争关系解释了商业行为的实质内容,而非仅是其形式上的要求。如果债务国和债权人之间不存在这种竞争关系,那么对特定的主权债务主张国家豁免是可以存在某种合理依据的。[2]正如前述在1950年德拉勒诉捷克斯洛伐克共和国案中,奥地利最高法院认为但凡国家从事商业活动并进入与本国国民或外国私人的竞争关系中,国家不受外国法院管辖的理论就失去了其意义和根据。[3]

---

[1] 参见龚刃韧:《国家豁免问题的比较研究——当代国际公法、国际私法和国际经济法的一个共同课题》(第2版),北京大学出版社2005年版,第327~328页。

[2] 此处仅指国家有权提出享有国家豁免的资格,至于最终能否得到豁免,仍要以具体情况决定。

[3] 参见《国家法判例汇编》,第163页。

第三，债务国与债权人通常会在有关的主权债务合同和协议中约定争端解决方式。过去这种方式大量存在于主权债务合同的仲裁条款中，近数十年来，仲裁条款急剧减少，大多数当事人约定由有关法院管辖。[1]各国对于这类条款是否构成国家对管辖豁免权的放弃，存在不同的态度。[2]国际社会普遍认为国家放弃管辖需要具备三个必要条件，即自愿性、明确性和具体性。首先，该类条款一般是债务国的自主意志表示，除了丧权辱国的战争债务合同等；其次，该类条款一般以书面形式存在，指定由有关法院进行管辖，即等于放弃了主张管辖豁免的权利（除非最后管辖法院并非条款指向的法院），具有明确性和具体性。因此，该类条款可视为国家对有关法院管辖豁免的放弃。有的国家在订立合同时做出放弃管辖豁免的意思表示，却在纠纷发生后对约定具有管辖权的法院主张管辖豁免，是自相矛盾的。在这种情况下，无论该主权债务违约是主权行为还是非主权行为，都不得免于有关法院的管辖。

第四，主权债务仲裁的排他效力。虽然近数十年来仲裁条款在主权债务合同中越来越少，但仲裁仍然是一种有效解决主权债务违约的潜在选项。而且，仲裁具有排除法院管辖的效力，这一点可以从另一个角度论证，即在特定的主权债务违约发生后，国家主张国家豁免权的限制。仲裁固有的性质决定了双方

---

〔1〕 有些债务合同或协议中即使存在仲裁条款，事后也很少得到执行。比如多边贷款协议中，贷款人就从未实际利用过仲裁条款。主要原因在于：第一，官方债务违约会带来重组谈判而不是正式的争端解决。第二，多边开发银行拥有鼓励债务国偿债的其他手段，包括使用外交压力这根"大棒"以及停止向债务国进一步提供其所关注项目的贷款等"胡萝卜"手段。参见［奥］迈克·瓦博：《国际法视角下的主权债务违约》，郭华春译，法律出版社2013年版，第130页。

〔2〕 关于不同国家对放弃管辖的形式、内容和效力的态度将会在本章第四节进行详细论述。

当事人的地位平等，而又不会造成对国家主权的蔑视，曾一度为债务国所青睐。如果债务国认为接受外国法院的管辖有损抑本国主权之嫌，可以在债务合同中约定选择仲裁方式解决纠纷。即使债权人径自向有关法院提起诉讼，外国法院初步审理时，一般都会根据仲裁条款的排他效力驳回起诉并拒绝管辖。这种情况下，主权债务案件不会进入到司法程序，也不会存在适用何种标准对其性质进行判断的问题。可见，债务国通过选择仲裁的方式，是可以主动避免外国司法管辖的。

第五，主权债务种类的不同性质。绝对豁免理论和限制豁免理论的主要争执在于，如何判断主权债务的法律性质。而主权债务发行的特点使得这种争执更难处理。首先，主权债务发行的名目通常以期限、利率或币种等为主，这无法直接体现债务发行者的意图，致使限制豁免论者容易忽视其实质而偏重其形式；其次，主权债券的流通方式接近于普通债券，都要历经发行、承销、买卖等环节，尤其是二级市场中的债券买卖与普通金融交易无异，这也让限制豁免论者视其为一般的商业交易行为；再次，具体发行的债务中，除特别说明者外，大部分的债务资金流向并非债权人所能掌握的。这容易导致法院在判断债务性质时注重其债务交易形式而非目的。但是，在某种程度上，主权债务与其说是一种国家书面承诺偿付的国际义务，不如说是国家对外借贷的特殊形式。在这种形式性的背后，包含着各种不同的国家意图。在主权债务发行史上，国家可以基于各种动机发行债务，包括：平衡预算、减少赤字、稳定汇率、金融投资、基建工程、交通运输、科技创新、对外贸易、抗震救灾、慈善公益、军费开支或战争赔款等。忽略主权债务的实际用途而仅考虑其外在的商业形式，是不够准确的。从国家与私人的关系来说，判断商业交易中体现的竞争关系是一个关键的切入点。正如本文第二章第二节所述，按债务性质区分，主权债务主要可分为投资收益型债务和公益性债务。对于前者，国家在与私人交易的过程中，存在市场竞争关系，无论从发行前的认知、对规则的遵守还是对有关义务的承诺，显然属于一种普通商业行为。但对于后者，国家债务资金流向公共管理职能领域，这种债务活动并非其他私人主体可以从事的，与其他私人主体不存在任何的竞争关系，并不符合普通商业行为的内涵。对此，这么一种结论是值得赞同的：对于与一般私人交易者形成竞争关系的主权债务违约，不得赋予其国家豁免权；对于实质上可归属于国家行使公共管理职能领域的主权债务违约，应赋予其国家豁免权。

第六，主权债务的发行与违约是只有主权国家才有资格作出的行为。在国家的众多行为中，按照性质标准区分，仅存在公法形式和私法形式的国家行为，后者应该纳入外国法院的管辖之下。但事实上，有一部分的国家行为虽然披着私法形式的外衣，却只有国家这样的主权实体可以实施，例如主权债务、军事物资的采购、赈灾粮食的运输等。这部分的行为与外交使馆修葺合同、国家机构雇佣人员行为以及普通商品的进出口等一般的具有商业性质的国家行为不同，后者不仅是国家可以从事的行为，其他私人主体同样可以从事。正如英国国际法学者劳特派特认为，有关为军队购买军靴、军舰或为维持国民经济购买粮食的合同，就很难适用"行为性质标准"。[1]对于这种国家行为存在主体的不可替代性，将此种行为列为豁免例外，

---

〔1〕 参见"外国国家的管辖豁免问题"，载《英国国际法年刊》1951年第28卷，第225页。转引自龚刃韧：《国家豁免问题的比较研究——当代国际公法、国际私法和国际经济法的一个共同课题》（第2版），北京大学出版社2005年版，第323页。

欠缺足够的说服力。

第七，主权债务的发行和违约，与国家财政、货币、外汇以及金融的稳定和发展紧密相关。近代以来，发行主权债务成为许多国家促进经济发展的重要战略手段之一。尤其最近数十年，各国发行主权债务的规模越来越大，主权债务在国家财政中所占比例日益增大，用于偿还债务的外汇储备压力也随之增加，国内货币发行量也会受到同比例的影响，股市、汇市与债市的粘连度也日趋紧密。这些因素都使得主权债务成为国家经济风险的重要隐患。事实已经证明，主权债务已成为世界性经济危机爆发的重要原因，而且这种趋势正在加强。正如前文所述的 20 世纪 80 年的代拉丁美洲经济危机、1997 年至 1998 年间的俄罗斯金融危机、2009 年的阿根廷债务危机以及 2010 年的欧洲主权债务危机，无一例外地在主权债务爆发危机后，各国的外汇储备急降、货币大幅贬值、债市波及股市、汇市，造成巨大的金融市场动荡，最后对国家实体经济造成严重损害。主权债务的发行与违约对一国经济发展、社会安全甚至政治稳定的重要意义，显然非一般商业行为可以相比。而且，在 NML 诉阿根廷政府案中，以秃鹫基金为代表的国际投机公司对阿根廷政府债券违约发起狙击，严重影响了阿根廷政府原本已达成的债务重组计划。可见，给予债务国真正具有主权性质的债务违约行为以更多的保护似乎并不过分。

第八，主权债务的发行和违约涉及一国经济主权、货币主权的范畴，这些国家主权得到了国际法的承认。[1]国家主权的运行并不可事事归类于一种纯粹的类型，无论是偏向于政治方

---

[1] 正如1974年联合国《各国经济权利和义务宪章》第 2 条第 1 款明确规定："每个国家对其全部财富、自然资源和经济活动享有充分的永久主权、包括拥有权、适用权和处置权在内，并得自由行使此项主权。"

面的国家行为还是偏向于经济方面的国家行为,都很难将其从公共管理职能中剥离出来。经济主权已为当代国际法所承认,片面地否定国家经济行为的主权性,似乎与国际法的基本理念相悖。正如1959年的西格尔案中,基于就俄罗斯政府债务违约的仲裁案,美国委员会认为,根据货币主权的基本原则,卢布贬值导致的债务违约不属于委员会的审理权限范围。[1]

第九,在主权债务违约中,除了主权国家财政状况恶化,无力偿还到期债务的情况外,大量的违约行为是基于政治原因违反合同或者国家继承导致债务无法履行。[2]前者包括诸如立法、行政等政治原因而违反合同,如1985年德·桑切斯诉尼加拉瓜中央银行案;[3]后者则主要包括因国家继承如新政府不承认旧政府遗留债务等导致的债务违约行为,如2005年"莫里斯诉中华人民共和国案"[4]。对于这些导致主权债务违约的行为,

---

〔1〕 See Siegel v. Soviet Union.

〔2〕 在主权债务违约中,还有另外一种违约原因值得注意,即征收或国有化政策。在许多教材和著作里将"征收或国有化政策"与"因政治原因违反合同"并列,但笔者认为,两者在主权债务违约的问题上,可以被视为是一类行为,即都可归结为基于国内政治原因而导致主权债务违约的结果。但两者的区别在于,一般"基于政治原因的违约"是指直接影响债务国对合同义务的履行,如外汇管制、汇率变化等其他国家行为;而"征收或国有化政策"的主要影响在于改变了债务主体资格导致违约结果的产生,如1970年"施泰因梅茨诉匈牙利人民共和国案"中,某银行曾给予原告书面担保,但后来该银行被匈牙利政府国有化。原告以该银行没有履行担保义务为理由,以匈牙利国家为被告提起诉讼。

〔3〕 在该案中,由于尼加拉瓜发生严重的外汇短缺和其他政治变化,尼加拉瓜中央银行拒绝向原告兑现美元支票。美国联邦第五巡回上诉法院认为这是主权行为,因为中央银行具有管理国家外汇储备的责任。转引自龚刃韧:《国家豁免问题的比较研究——当代国际公法、国际私法和国际经济法的一个共同课题》(第2版),北京大学出版社2005年版,第216~217页。

〔4〕 在该案中,美国公民莫里斯在美国纽约南区地方法院起诉,要求中华人民共和国等被告偿还前1913年袁世凯政府发行的"善后大借款"债券的本金与利息。美国法院驳回原告诉讼,裁定对该案不具有管辖权的原因之一就是国际法承认的恶债不予继承原则。

大多数学者主张国内法院不具有管辖权,原因有二:首先,这些政治行为属于典型的国家行使管辖权的行为,主权性质极为明显;其次,外国法院如需对其进行管辖,必须对有关的主权行为进行合法性问题调查,这显然超出了一国法律赋予法院的权限。[1]可见,这些违约行为与一般的商业行为不同,以性质标准将其纳入法院管辖会造成对外国主权的实质性侵犯。

在上述九个主权债务的特性中,第一点至第四点成为法院对主权债务违约进行管辖的主要理由,第六点至第九点表明主权债务违约属于明显的国家主权行为,是债务国应当享有国家及其财产豁免权的根据。第五点则揭示了两种豁免理论对主权债务争论的根本所在。正是由于主权债务违约具有上述的"混合特性",既包含了主权性行为也包含了非主权性行为,因此,适用前文所述的"混合标准"是较好的选择。对于所有的主权债务违约行为,在债务双方当事人没有相反意思表示的前提下,法院运用性质标准进行判断,是为私人债权人提供了一个司法救济的机会。在通过性质标准判断后,法院继续对主权债务违约行为进行目的标准判断,关键在于根据债务国所提交的有关证据和申辩,按照法庭程序审理。对于不具有商业交易特征的违约行为,应赋予其国家及其财产的管辖豁免权。这何尝不是

---

[1] 正如英国学者菲茨莫里斯曾明确指出,如果一个国家选择要违反一个合同,可以通过立法或行政手段,这样违反合同在任何法院便成为无可争议的主权行为。参见[英]莫茨菲利斯:"外国法院程序的国家豁免",载《英国国际法年刊》1933年第14卷,第124页。又如荷兰学者布谢指出,在一个国家或国家企业曾签订一个商业合同,但后来由于该国国内立法使得合同不能履行的情况下,该国家仍可以请求豁免。这是因为违反合同规定的行为直接产生于国家以主权资格行使的行为,因而可以免于在合同对方当事人的法院的起诉。参见[荷]布谢:"国家管辖和执行豁免的性质和范围",载《荷兰国际法年刊》1979年第10卷,第16页。具体内容转引自龚刃韧:《国家豁免问题的比较研究——当代国际公法、国际私法和国际经济法的一个共同课题》(第2版),北京大学出版社2005年版,第219页。

为债务国也提供了一个司法程序中的救济权利？这种既平衡了双方救济权利的方式，又区别对待不同性质的主权债务违约行为的处理途径，是较为切实有效的。

另外，对于主权债务发行的两种形式——政府直接发行和政府授权发行，笔者认为两种形式对债务行为性质的判断标准的影响并无根本区别。原因有二：在第一步性质标准判断过程中，无论是主债务合同还是债务担保合同都属于典型的商业合同，都可认定为商业行为，法院有权进行进一步审查；在第二步依据目的标准判断过程中，发行或授权仅表明了行为的形式，并不妨碍在具体债务中体现出国家的某种主权目的，认定结果也不会因此而存在差异。因此，从技术角度而言，主权债务的两种发行方式是可以适用同一种标准进行判断的。

第三节 主权债务违约案件的管辖权依据

在对主权债务违约进行是否属于豁免事项进行判定后，一般会出现两种结果。一种情况是对于采取绝对豁免理论的国家，以及采取限制豁免理论但认为主权债务违约属于主权行为的国家，一般会对有关案件裁定驳回起诉，拒绝管辖；另一种是情况是对于认为主权债务违约属于商业交易的国家，会根据内国法确定合理的管辖依据，继续对有关案件进行下一步的审理。主权债务违约案件的管辖权依据一般来源于各国的国内法，由于主权债务主要从属于债务范畴，因此各国法院多数适用各国民事诉讼法或国际私法中关于债务合同确定的管辖权依据。

对于《关于国家豁免的欧洲公约》和《联合国国家及其财产管辖豁免公约》的缔约国在处理与主权债务有关的案件时，需要根据公约规定的管辖依据进行审理。

一、领土联系

各国有权在各自的领土范围内行使专属的司法管辖权,这是习惯国际法的一项基本原则,尤其在公法领域,各国一般不承认外国法律在本国的效力。[1] 基于此,属地管辖成为一个历史最为悠久、适用最为普遍的确立司法管辖权的依据。正如联合国常设国际法院在 1927 年鲁图斯案中指出:"国际法对国家的首要的和最重要的限制是:由于允许国家在他国领域内实施权力的国际法原则并不存在,国家不得用任何方式在其他国家的领域内实施权力。从这个意义上说,管辖权显然具有地域性,它不能由管辖领域以外的任何国家来实施,除非有来自于国际习惯法和条约的国际法原则。"[2]

涉及主权债务的国家管辖豁免领域,有关国际公约或协议也对属地管辖原则予以承认。如《关于国家豁免的欧洲公约》第 4 条第 1 款:"除第五条另有规定外,缔约国不得主张免于另一缔约国法院的管辖,如果该诉讼涉及该国的一项债务,而依照合同,此项债务应在法庭地国家的领土内履行者。"[3] 即明确以"债务履行地"作为法院管辖的依据。《联合国国家及其财产管辖豁免公约》虽然在商业交易方面没有明确规定属地管辖原则,仅规定"根据国际私法适用的规则,有关该商业交易的争议应由另一国法院管辖,则该国不得在该商业交易引起的诉讼

---

[1] 关于外国公法在本国的法律效力问题,传统国际法中一般予以否认。但在最近的国际实践和学术界中,对此进行了深入探究和讨论,认为在某些领域,如互联网、电子商务、WTO 等,已经出现了一些适用外国公法的情况。当然,无论何种情况,对外国公法的适用根本上还是根据本国法律对外国法律的礼让和尊重,主动地予以承认其效力,并非外国法的强制适用。

[2] 参见联合国案例 1927 年鲁图斯案。转引自张露藜:"国家豁免专论",中国政法大学 2005 年博士学位论文,第 7 页。

[3] See Art. 4, European Convention on State Immunity, May 12, 1972, Basel.

中援引管辖豁免。"[1]将管辖权的依据留给各国依有关国际私法规则进行确定。但在联合国国际法委员会1991年二读通过的关于上述条款草案的注释中认为："另一国法院可以依据各国理由行使管辖，如合同订立的地点、合同规定需要履行义务的地点或一个或多个订约当事方的国籍或营业地点。一般来说，重要的领土关系构成行使管辖的坚实理由，但根据国际私法的适用规则，可能还有其他承担和行使管辖的正当理由。"[2]可见，在不排除其他管辖依据的情况下，委员会承认属地管辖是各国对商业交易行使管辖权的"坚实理由"，这对各国司法实践具有指导意义。

在主权债务领域，属地管辖强调债务纠纷与内国的领土联系。一般来说，债务合同订立地、履行地、营业地、被告住所地、有关标的物所在地、被告财产所在地等与地域特征或具体地点相关的因素都会作为有关法院管辖的考虑基础。各国法院在处理主权债务有关案件时，都会对上述因素进行综合考虑，对于与本国具有实质性联系的案件实施管辖，而对于其他只是形式上具有联系，并无实质联系的案件则不予管辖。这在各国司法判例中已有所体现，例如瑞士。瑞士是较为强调案件管辖中领土联系的国家，早在1918年奥地利财政部诉德雷菲斯案中，[3]瑞士就确立了主权债务案件的属地管辖原则。在该案中，债权人诉请奥地利政府偿还其于1914年在瑞士发行公债的本息，案件最终上诉至瑞士联邦最高法院。最高法院认为，因为奥地利政府

---

[1] See Art. 10, The United Nations Convention on Jurisdictional Immunities of States and Property, Dec. 16, 2004, UN.

[2] 参见联合国文件，A/46/10，1991年中文版，第76页。

[3] 参见《外国国家在国内法院的地位》（第6卷），第164页。转引自龚刃韧：《国家豁免问题的比较研究——当代国际公法、国际私法和国际经济法的一个共同课题》（第2版），北京大学出版社2005年版，第63页。

已约定用瑞士货币并在瑞士偿还公债，瑞士为债务的履行地所在，所以瑞士法院具有管辖权。相反地，在1930年希腊共和国诉瓦尔德和其他案中，联邦法院则认为，由于该案涉及的债券合同既不是在瑞士签订的也不是在瑞士履行的，和瑞士领土没有直接联系，因此瑞士法院不应对该案进行管辖。[1]除了瑞士以外，英国、意大利、比利时、奥地利等认为主权债务发行和违约属于私法行为的国家，受到《关于国家豁免的欧洲公约》第4条的影响，都会在司法实践中考虑主权债务违约与本国的领土联系。英国在这方面的立场更为彻底，[2]在其1978年制定的《国家豁免法》中，将领土联系因素明文纳入立法中。该法第3条第1款规定："在联合王国履行的商业行为和契约（1）国家在涉及下列情事的诉讼中，不得享有豁免：（a）国家参加的商业行为，或（b）国家根据契约所承担的义务（不管是否为商业行为），其全部或部分应在联合王国境内履行的。"[3]作为英国法院管辖主权债务违约的两个基本选项之一，领土联系是其考虑的重要因素。虽然在当代，英国法院的管辖权有扩大化趋势，领土联系被明显淡化，但仍不可否认其在英国判例中的影响。

值得注意的是，在英美法系国家，对物诉讼是具有悠久传统的诉讼方式之一。对物诉讼的优势在于即使找不到相关权利人，法院仍可就有关财产及其权利进行审判，尤其是不动产领域。在主权债务违约中，由于债务具有无形性和流动性，债务国拒绝偿付债务时，债券或借款合同等同于废纸，没有任何价

---

[1] 参见《国际公法判例年度摘要》（第5卷），第121页。
[2] 在《关于国家豁免的欧洲公约》中，可能成为主权债务违约的属地管辖依据的条款包括第4条、第6条、第7条、第9条和第10条。
[3] See Art. 3, The State Immunity Act, Jul. 20, 1978, United Kingdom.

值,增加了财产执行的难度。因此,越来越多的债权人选择债务国财产较为集中的国际金融中心所在地法院提起诉讼,以便法院产生的判决具有可执行性。而有关债务国在法院地存在的一定数量的金融资产或不动产,以及其他可执行财产,就成为违约案件的诉讼标的。

二、最低限度联系

美国法在对国际商业行为的管辖方面,孕育出一套独具特色的管辖规则,这套规则起源于美国法中"最低限度联系"原则,演化为1976年制定的《外国主权豁免法》中的具体条款。美国法与英国法一样,民事诉讼可分为对人管辖和对物管辖两种。对人管辖即指以诉讼当事人作为对象的诉讼管辖权,依据的基础是被告住所或居所进行起诉。但随着州际之间交流的频繁,产生了大量的针对本州内无住所或居所的公民进行起诉的情况。面对这种情况,基于宪法中"正当程序"要求,美国法院确立了"最低限度联系原则"(Minimum Contracts)并用于确定管辖权。在1945年国际鞋业公司诉华盛顿州案中,联邦最高法院做出判决:"适当的法律程序要求的是:使被告能服从法院根据对管辖权做出的判决,即使被告不在该法院管辖地区之内,只要他同该州有某种最低限度的联系,而核准审理该项诉讼又不违反传统的公平和公正的概念就够了。"[1]这一判决为"最低限度联系原则"确立了法理基础,有效地解决了过去州法院对人管辖权的无力情况,扩大了法院的管辖范围。各州先后开始制定"长臂管辖权法"(Long-arm Statutes),包括纽约州、伊利诺

---

[1] 转引自[美]米尔顿·德·林:《美国民事诉讼程序概论》,上海大学文学院法律系译,法律出版社1988年版,第27页。

伊州、蒙大拿州、威斯康星州以及加利福尼亚州等。[1]"长臂管辖权法"赋予法院以广泛的管辖权,只要该案件的任何部分与该法院辖区有最低限度的联系,在不违反法律规定的正当程序要求的基础上,法院可以进行管辖。而且,"长臂管辖权法"后来也被美国法院广泛地用作确定国际民商事案件管辖权的依据。

美国《外国主权豁免法》第1605条即可视为"最低限度联系原则"在国家豁免法上的体现。[2]该法第1605条规定:"外国不能免于联邦法院或各州法院的管辖:该诉讼是基于该外国在美国进行的商业活动而提出的;或者基于与该外国在别处的商业活动有关而在美国完成的行为提出的;或者基于与该外国在别处的商业活动有关,而且在美国领土以外进行但在美国引起直接影响的行为提出的。"[3]该条规定可以分为三个部分理解,第一部分即"基于该外国在美国进行的商业活动提出"的情况,并不要求全部的商业行为都在美国实施并完成,部分商业行为或某一步骤在美国发生即可。对主权债务而言,只要外国委托美国境内的任一金融机构承销其债券,该债务与美国的联系就足以构成法院行使管辖权的必要条件。正如该法的立法解释表述的:"由外国与美国境内私人或公立机构订立的债务协议,比如美国进出口银行提供的借贷、担保、保险等,都视为

---

[1] 1955年伊利诺伊州第一个制定出"长臂管辖权法",该州的规定居住在外州的人在进行下列任何行为而引起诉讼事由,伊利诺伊州法院有权进行管辖:①在州内从事任何经营行为;②在该州内有民事侵权行为;③对该州内的任何不动产享有所有权、使用权、占有权;④对州内的人、财产或意外事件签订有保险合同。

[2] 正如美国学者乔治斯·R. 德劳莫所说:该条规定实乃长臂管辖权原则关于美国国内商业行为或交易的回应。两者所不同的仅在于依据《外国主权豁免法》,法院必须先确定商业行为成立之后,才对该商业行为是否与美国具有必要的联系来确定法院的管辖权。See Georges R. Delaume, Three Perspectives on Sovereign Immunity, *The American Journal of International Law*, 1977, Vol. 71, No. 3, p. 406.

[3] See Art. 1605, Foreign Sovereign Immunities Act, Oct. 21, 1976, United States.

与美国具有实质性的联系。"[1]第二部分即"或者基于与该外国在别处的商业活动有关而在美国完成的行为提出的",意思是指即使该商业行为在美国以外的国家实施,但与美国境内的某项行为有关时,美国法院有权进行管辖。但问题是,如何判断涉及主权债务的两项行为之间的关联性,足够作为法院进行管辖的依据?该法的立法解释认为,此种关联性应以是否违反美国证券法或规则为准;[2]第三部分即"或者基于与该外国在别处的商业活动有关,而且在美国领土以外进行但在美国引起直接影响的行为提出的",该法的立法解释并未对直接影响做出具体表述,但指出"直接影响"的有关规定与《美国对外关系法第二次重述》第18节所规定的"客观领土管辖权的原则"一致。根据该重述规定,法院对发生在领土之外但对其领土产生效果的行为有管辖权,主要条件是对该领土产生的效果是"实质性的、直接性的和可预见性的"。[3]综合本条三个部分的具体规定,美国法院就主权债务违约案件获得了广泛的管辖权,诸如1982年联合银行诉农业信贷银行案、1984年施密特诉波兰人民共和国案、1987年卡尔·马克思和有限公司诉苏联案、2000年艾略特公司诉秘鲁案等。

虽然"最低限度联系原则"赋予了美国法院对主权债务违约的广泛的管辖权,但需要注意的是,该管辖权原则在司法实践中仍然受到一定的限制,包括美国宪法中"正当程序条款"(The Due Process Clause)的规定和"不方便法院原则"(forum

---

[1] See Georges R. Delaume, Three Perspectives on Sovereign Immunity, *The American Journal of International Law*, 1977, Vol. 71, No. 3, p. 407.

[2] See Section-by-Section Analysis, Comment on §1605(a)(2), supra note 17, at 107.

[3] See The Restatement (Second) of the Foreign Relations Law, 1965, p. 47.

non conveniens)。"正当程序条款"的主要内容是：各州不得制定或执行剥夺美国公民特权或豁免权的法律，也不得未经正当程序剥夺人民的生命、自由或资产。[1]这就确保了法院在对主权债务违约纠纷行使管辖权时，不得违反美国法律所赋予的公正及实质性正义的价值，否则不得予以管辖。"不方便法院原则"则意味着美国法院认为对有关案件管辖确实存在不便以及不符合公共利益时，可以拒绝形式管辖权。但是，在主权债务违约中，美国法院很少适用不方便法院原则，因为诸如在美国进行的债务发行的商务协商，或者依照美国证券法注册登记的债券等这些因素都使得美国法院成为对其进行管辖的"方便法院"。而且，债务发行的数量巨大，且债务国在美国境内设置的顾问人员、政府代表以及财政机构等都在美国境内提供服务，因此很难认为债务国的债务行为不应成为美国法院的管辖对象。[2]

美国作为采用限制豁免理论较为彻底的国家，同时也是世界金融中心，其所形成的有关主权债务违约案件的判决，无论是数量上还是质量上，都是首屈一指的，极具研究价值，而且对国际有关立法和司法实践具有重要的影响。因此，这种独特的管辖依据也在有关的案件中扮演着重要的角色。

三、协议管辖

协议管辖的理论基础是对国际民商事当事人"意思自治"及其形成的契约效力的尊重，其由最初的合同领域，已经扩展适用到侵权、家庭、继承、海商甚至物权等领域，已成为国际社会普遍承认和采用的一项基本原则。正如1968年《布鲁塞尔

---

[1] See Art. 5 and 14, The Amendments of U.S. Constitution, May 7, 1992.

[2] See Georges R. Delaume, Three Perspectives on Sovereign Immunity, *The American Journal of International Law*, 1977, Vol. 71, No. 3, p. 407.

关于民商事案件管辖权及判决执行的公约》（Brussels Convention on Jurisdiction and the Enforcement of Judgments in Civil and Commercial Matters）第6节第17条规定："如当事人的一方或数方在一个缔约国有住所，以书面协议或有书面证明的口头协议，约定某一缔约国的某一法院或某些法院有管辖权以解决因某种特定法律关系而产生的或可能产生的争端，则只有该被指定的法院或各该法院有管辖权。"[1]类似的规定也见之于1965年《协议选择法院公约》（the Hague Convention on the Choice of Court Agreements）、1972年《关于国家豁免的欧洲公约》以及1988年《卢加诺关于法院对民、商事管辖权和判决执行的公约》（Convention on Jurisdiction and the Enforcement of Judgments in Civil and Commercial Matters）。

在主权债务违约领域，协议管辖也成为法院对有关案件进行管辖的依据。依据国际立法和司法实践，各国对协议管辖的做法可分为两种：第一种是在专门的国家豁免立法中，明确对协议管辖进行规定；第二种没有制定专门的国家豁免法或协议管辖并未体现在其国家豁免法中，而是散见于各自的民事诉讼法、国际私法，或参加的国际公约中承认了协议管辖的效力。采取第一种做法的国家如英国、澳大利亚、加拿大、新加坡等。如1985年澳大利亚《外国国家豁免法》第10条规定："外国国家可以以协议或其他方式在任何时候接受司法管辖，但不能仅因一国为适用澳大利亚法律的协议的一方，而认为其接受了司法管辖。"[2]一般来说，债务国通过债务合同或其他协议方式与债权人约定由特定法院管辖，既可在起诉前，也可在起诉后。

---

[1] See Section 4, Art. 17, Brussels Convention on Jurisdiction and the Enforcement of Judgments in Civil and Commercial Matters, Sep. 27, 1968, Brussels.

[2] See Art. 10, Foreign State Immunity Act, Dec. 16, 1985, Australia.

但是，仅约定适用的法律并不意味着接受准据法所在国的法院管辖。类似的规定见之于1978年英国《国家豁免法》第2条、[1]1979年新加坡《国家豁免法》第4条[2]以及1982年加拿大《外国国家在加拿大法院豁免法》第4条[3]。采取第二种做法的如瑞士和美国等国家。以美国为例，在1976年《外国主权豁免法》中，并无协议管辖的规定，在法院处理主权债务违约案件时，会依据《美国冲突法重述》（第二次）和各州民事诉讼法关于协议管辖的规定，确定协议管辖的效力。以纽约州法为例，典型的与主权债务有关的协议选择法院条款是：任何应债务证券所引发的诉讼、行为或程序中，×国不可撤销地接受纽约州（或纽约市联邦法院）非排他管辖。×国不可撤销地同意与任何相关程序有关的求偿可以由纽约州或联邦法院审判。[4]当然，在协议管辖条款中，排他性规定与非排他性规定由双方自由约定，都具有法律效力。但事实上，基于对当事人意思表示的尊重，被指向的法院更有可能取得有关案件的管辖权。而且，一般来说，债务国与债权人在约定由有关内国法院管辖权的同时，也会约定债务国法院的管辖权，尽管债权人基本上不可能最终决定诉诸债务国法院。

协议管辖来自于国际法和国内法对当事人意思自治的尊重而一般予以承认，赋予其法律效力。协议管辖本身并不具有强

---

[1] 该条规定为："（1）在诉讼中自愿接受联合王国法院管辖的国家，不予豁免。（2）国家在引起诉讼的争议发生后或发生前的书面协议中，均可表示接受管辖，但在协议中关于适用联合王国法律的约定，不得视为自愿接受管辖。"

[2] 该条规定为："外国国家在引起诉讼的争议发生之后或根据事先缔结的书面协议，均可接受新加坡法院的管辖。"

[3] 该条规定为："在诉讼开始前或开始后，以书面协议或其他方式明示服从法院管辖的，应视为外国国家自愿接受法院管辖。"

[4] 参见［奥］迈克·瓦博：《国际法视角下的主权债务违约》，郭华春译，法律出版社2013年版，第205页。

制性，因此，需要法院依据国内法对其进行的认可。正如美国学者李德曼和扎帕塔指出的："或许对管辖协议的最佳理解方式是把它看作一种请求，即当其他地方有更为适当的法院时，请求法院自由裁量拒绝审理案件，这种请求与不方便法院请求类似。"[1]事实上，法院在适用协议管辖时，需要考虑许多的限制因素，如协议管辖不得违反专属管辖和级别管辖的规定；如在有的国家，协议管辖指向的法院应或多或少与诉讼标的具有实质性联系；如协议管辖不得违反法院地国的公序良俗或公共秩序等等。

在主权债务违约诉讼中，协议管辖一方面体现了双方当事人选择法院的意向；另一方面，也意味着债务国对有关法院的管辖放弃豁免权。但是，即使债务国在法院管辖上放弃了国家豁免权，也并不意味着债务国放弃了诉讼程序和执行阶段的豁免权。

四、应诉管辖

应诉管辖，是指债务国就主权债务违约诉讼出庭并进行了实质性申辩，从而法院获得该案件的管辖权。在有关的国际立法和国内立法中，对与国家及其财产豁免相关的应诉管辖规定都有所体现。如《联合国家及其财产管辖豁免公约》第8条规定："一国不得在另一国法院的诉讼中援引管辖豁免的情况包括：介入该诉讼或采取与案件实体有关的任何其他步骤。"[2]又如《关于国家豁免的欧洲公约》第3条第1款："缔约国如在主张豁免前，已经参加有关实质性问题的诉讼程序，即不得再主张免

---

[1] See Ledeman, Visa Zapata, Toward a Rational System of Forum—Selection Clause Enforcement in Diversity Cases, *N. Y. U. L. Review*, 1991, Vol. 66, p. 422.

[2] See Art. 8, The United Nations Convention on Jurisdictional Immunities of States and Property, Dec. 16, 2004, UN.

于另一缔约国法院的管辖。"[1]类似的规定见诸于美国、英国、加拿大、澳大利亚、新加坡等国家的国家豁免立法。[2]值得注意的是,在主权债务违约案件中,债务国基于主张国家豁免权的申辩不得被视为接受有关法院管辖。应诉管辖的判断关键在于债务国出庭并就实体问题进行实质性的申辩,而主张国家豁免权属于程序上对法院管辖的抗辩。因此,在各国的有关国家豁免立法中,都不将债务国进行主张豁免的行为视为应诉管辖的情形。

实际上,在主权债务违约诉讼发生后,几乎没有一个国家会主动应诉而放弃国家豁免权的。因此,此种管辖依据基本没有适用的机会。

第四节 主权债务违约中对管辖豁免的放弃

国家及其财产豁免原则对于法院地国来说,意味着需遵守这样一项义务作为国际交往的基本规则;对于涉诉国来说,则意味着拥有这样一项权利,既可以主张也可以放弃。放弃豁免是债务国主动丧失外国法院管辖豁免的一种基本的方式,无论是绝对豁免理论还是限制豁免理论,都对这种方式予以承认。绝对豁免理论认为,国家及其财产享有管辖豁免是一项国际法的基本原则,除非国家明确表示放弃豁免权,否则外国法院不得对其进行管辖。限制豁免理论认为在面对国家主权行为时,

---

[1] See Art. 3, European Convention on State Immunity, May12, 1972, Basel.
[2] See Art. 1605 (1) (a), Foreign Sovereign Immunities Act, Oct. 21, 1976, United States; Art. 2 (3) (b), The State Immunity Act, Jul. 20, 1978, United Kingdom; Art. 4 (2) (c), Sovereign Immunity Act, Jun. 3, 1982, Canada; Art. 10 (6) (b), Foreign State Immunity Act, Dec. 16, 1985, Australia; And Art. 4 (3) (b), State Immunity Act, Oct. 12, 1979, Singapore.

态度与绝对豁免理论一致；相反，在面对国家非主权行为时，国家豁免权则成为一种例外，但外国放弃豁免权同样可以使法院获得管辖权。事实上，在主权债务违约案件中，可能会出现外国约定放弃管辖豁免的情况。

一、放弃管辖豁免的方式

国家豁免权的行使可能对国家诉讼权利和诉讼结果存在直接、重大的影响，因此，国家放弃豁免应具备自愿性、明确性和具体性的特征。否则，很难认为国家放弃豁免而同意外国法院管辖。[1]根据各国立法和司法的实践，放弃豁免的方式具有多种分类，如明示放弃和默示放弃；事前放弃、事中放弃和事后放弃；书面形式放弃和非书面形式放弃；可撤销放弃和不可撤销放弃；起诉和反诉等。值得一提的是，放弃豁免虽然属于国家主动做出的行为表示，但应同时考虑有关管辖法院地内国法的规定。各国的有关立法中，基本上都对外国放弃国家豁免权持以尊重的态度，但各国法律中对外国放弃豁免的形式，仍然不尽相同。而且，对于外国国家放弃豁免是否有效，仍需由有关法院根据内国法或参加的国际公约进行自由裁决。在主权债务违约诉讼中，债务国可通过下面三种途径做出放弃国家豁免权的表示：

---

[1] 对于放弃豁免的三个必要条件，每个国家立法和司法的具体实践各不相同，但都认可自愿性、明确性和具体性是最基本的要求。对于自愿性，即要求国家放弃豁免出自于其自主的意思表示，应具有完全的自由裁量权；对于明确性，主要是指国家放弃豁免内容的针对性。例如，在债务合同中选择适用某国法律，仅协定司法管辖但未指定特定法院，以及协议仲裁解决但不涉及司法管辖豁免等情况，并不能视为债务国放弃了特定外国法院的司法管辖豁免权。对于具体性，即债务国放弃豁免指向的对象是具体事项，对其他事项不存在放弃效力，正如债务国放弃了对债务合同违约的管辖豁免，并不代表同时放弃了司法程序中强制程序和执行程序的豁免权。

(一) 缔结的多边公约或双边协议中关于放弃豁免的规定

国际条约中关于特定事项的管辖豁免规定以及放弃豁免的条款，对缔约国具有法律约束力，会成为缔约国之间关于该事项的放弃豁免依据。正如《联合国国家及其财产管辖豁免公约》第7条明确规定，"国际协定"可成为国家通过明示同意另一国对某一事项或案件行使管辖，并不得就该事项或案件提起的诉讼中援引管辖豁免的基本方式之一。[1]同样在该公约中，还列举了书面合同、书面函件声明、主动起诉、介入诉讼的实体性内容、反诉以及其他与主权债务违约有关的豁免例外事项的放弃管辖豁免内容。[2]这些规定使得缔约国在上述事项内，不得向有关法院援引管辖豁免权。当然，缔约国对有关条款进行保留除外。与此类似的多边公约，如《关于国家豁免的欧洲公约》也存在相关规定，如主动起诉、反诉、国际协定、书面合同、参与实质性问题的诉讼程序以及其他与主权债务违约有关的豁免例外事项的内容。[3]另外，1926年《关于统一国有船舶豁免的若干规则的公约》涉及国家财产的管辖豁免规定，即国家或政府所有或经营的商业性用途的船舶，不再享有管辖豁免。[4]意味着缔约国对于外国法院管辖本国政府拥有或经营的商用型船舶时，不得主张管辖豁免权，即通过国际协定放弃了自身的管辖豁免。

关于放弃管辖的双边协定目前仍没有出现，可能更多是通

---

[1] See Art. 7, The United Nations Convention on Jurisdictional Immunities of States and Property, Dec. 16, 2004, UN.

[2] See Art. 7, 8, 9, 10, 13, 14, 15, 16 and 17, The United Nations Convention on Jurisdictional Immunities of States and Property, Dec. 16, 2004, UN.

[3] See Art. 1, 2, 3, 4, 6, 7, 9, 10 and 12, European Convention on State Immunity, May 12, 1972, Basel.

[4] See Art. 1-5, International Convention for the Unification of Certain Rules Concerning the Immunity of State-owned Ships, Apr. 10, 1926, Brussels.

过个案进行处理。但由于各国债务赔付问题的不断出现，曾经出现过一些处理债务国和私人债权人之间关于债务求偿问题的一揽子协议，如美国与其他国家订立的一次性付款的"打包协议"（Lump Sum Agreements），这些协议通常成为美国外国求偿处理委员会（FCSC）处理有关案件的依据。[1]"打包协议"一般是国家之间订立的，就特定债务进行偿付的具体约定，具有法律效力。在这种双边协定涉及的债务纠纷中，债权人可向外国求偿处理委员会提出申请，而债务国则根据有关条款进行赔付，不得再主张国家豁免权。这本身并不构成司法程序中的放弃豁免，但在债务国违反协定不执行有关赔付义务后，债权人往往诉诸法院以申请强制执行，这就产生债务国在双边协定中放弃豁免的效力问题。有关法院倾向于承认债务国已在双边协议中放弃了国家豁免权，并对实体权利进行了实质性处分，那么在承认及执行有关生效裁决时，便不会再次去考虑外国国家管辖豁免的问题。在这个意义上，可以认为有关双边协定对债务国放弃债权人所在地法院的管辖豁免权产生了间接的影响。但更多的情况是，类似"打包协议"这样的双边协议，其最后效果是排除了内国法院的管辖权。如2005年莫里斯诉中华人民共和国案，莫里斯购买的中国债券属于1913年袁世凯发行的"善后大善款"，而中国与美国于1979年达成了一揽子解决私人资产的协议，其中就包含了"善后大善款"的赔付问题。美国纽约南区地方法院最终驳回起诉。虽然没有确认驳回起诉是基于该协议，但根据美国宪法规定，美国缔结的国际公约或双边协议，其效力应高于国内法。因此，有关债务纠纷应提交债务求偿处理委员会处理，从而排除了法院管辖。

---

[1] See Hans van Houtte et al., *Post-War Restoration of Property Rights under International Law*, Cambridge University Press, 2008, p. 40.

（二）通过国家单方行为做出的放弃管辖豁免

各国立法和实践的材料表明，国家除了遵守缔结的多边公约或双边协定之外，更多的是依据自身的有关主张及国内法，来做出对有关法院管辖豁免的放弃。在主权债务领域，其中较为主要的方式有：

1. 债务合同中的放弃管辖豁免条款

在近现代主权债务的发行中，债务国与债权人之间的有关债务合同或协议中通常存在关于管辖权的条款。其中约定具体法院进行管辖或放弃有关国家法院的管辖豁免等条款，属于债务国事前放弃管辖豁免的典型表现。这种情况的存在是双方实际需要的结果，一方面债权人希望提高未来争端解决机制的确定性和可预见性，因此倾向约定自身所在地或金融中心所在地法院进行管辖；另一方面，债务国为了债务的顺利发行、承销和买卖，通常会同意债权人的这种诉求，并放弃有关外国法院管辖豁免权。正如 2012 年 NML 诉 Argentina 案中，阿根廷政府在所发行债券的财政代理合同中就约定放弃了管辖豁免权。致使纽约州南区法院在审理该案时，面对阿根廷政府在诉讼中关于国家豁免权的主张不予采纳，认为阿根廷政府既然在债务发行的有关协议中已经放弃了豁免权，则不得自相矛盾地再次主张国家豁免。[1] 各国立法和实践对合同中的放弃豁免条款主要分为两种态度，一种是以上述美国的做法为代表，承认合同的有关条款具有放弃豁免的效力；另一种是以英国为代表，对合同的有关条款是否具有放弃豁免效力持否定态度。如 1951 年卡汉诉巴基斯坦联邦案中，英国上诉法院认为尽管合同有"关于本协议同意服从英国法院的管辖"的约定，但由于被告政府没

---

[1] See NML v. Argentina.

有进入司法审理程序而实际服从管辖,因此判巴基斯坦仍有权享有管辖豁免。[1]然而,英国的态度随着《国家豁免法》的施行,产生了转变。根据该法第2条第2款规定:"国家在引起诉讼的争议发生后或发生前的书面协议中,均可表示接受管辖。"即以立法的形式承认了对合同中国家放弃豁免条款的法律效力。在许多制定了单行国家豁免法的国家也都承认了类似条款的法律效力,如澳大利亚《外国国家豁免法》第10条第2款、加拿大《外国国家在加拿大法院豁免法》第4条第2款、新加坡《国家豁免法》第4条第2款、巴基斯坦《国家豁免法》第4条第2款以及南非《外国主权豁免法》第3条第2款。

2. 书面形式的单方声明

这种声明通常以书面形式出现,如信件、回函、外交照会等,属于国家明示放弃的方式之一。这种方式可以在争议发生前或发生后,由债务国自主决定。一般来说,国家会倾向于有针对性地对具体事项做出放弃豁免,因此此类声明会在争议发生后作出,这是基于放弃豁免的明确性和具体性要求。[2]但是,有的国家基于对将来发生某一类事项都放弃管辖豁免的考虑,也会在争议发生前发出有关声明。[3]国际社会对国家放弃管辖的书面声明普遍予以承认,但存在两种立法方式:第一,将该种书面声明单列一项,如《关于国家豁免的欧洲公约》第2条

---

[1] See Kahan v. Pakistan Federation.

[2] 正如英国传统上不承认事先放弃的形式而只接受进入法庭审理程序后的放弃管辖豁免,这即是英国法院考虑的原因之一。

[3] 以美国为例,在1923年3月23日,美国向外国的外交机关发出一个通函,声称对从事商业活动的美国航运委员会所经营的船舶不再提出豁免请求,这也许是国家单方面事先放弃管辖豁免的一个先例。转引自龚刃韧:《国家豁免问题的比较研究——当代国际公法、国际私法和国际经济法的一个共同课题》(第2版),北京大学出版社2005年版,第177页。

第 3 款规定，由于在双方当事人间发生争端以后，已曾做出一项明示的同意，则缔约国不得在另一缔约国法院主张豁免，该国被视为已承担了接受该法院管辖的义务。[1]第二，与其他书面协议放弃豁免的方式并列一条，如英国《国家豁免法》第 2 条规定："国家在引起诉讼的争议发生后或发生前的书面协议中，均可表示接受管辖。"即将前文所述的债务合同中的放弃管辖方式及其他书面协议并列在一条规定中，不单独列出。但是，在主权债务违约诉讼中，几乎找不到债务国在争议发生后主动发出放弃管辖豁免的书面声明的先例。

3. 起诉、应诉、介入诉讼、反诉以及上诉

起诉、应诉、介入诉讼以及反诉，属于国家对管辖豁免权的默示放弃。默示放弃意指国家没有通过书面或口头形式，而是以实际行动参与诉讼程序以表明接受有关法院的管辖。因此，国家主动提起诉讼，在被起诉后出庭应诉，因涉及某种利害关系而介入其他诉讼，以及作为被告对有关控诉提出反诉这些行为，都可视为国家以行动表示放弃管辖豁免权。正如英国《国家豁免法》第 2 条规定，只要外国已提起诉讼，或它已介入诉讼或已在诉讼中采取行动，或有关反诉是就本诉的同一法律关系或事实提出的，都视为该国自愿接受英国法院管辖。[2]类似的规定还见之于加拿大、澳大利亚、新加坡、美国等有关的国家豁免法。但是，并非国家所有参与诉讼的行为，都可视为放弃管辖豁免的行为。这是因为在参与的诉讼活动中，必须可以充分体现出国家放弃豁免的意思表示，这需要两个必要条件：第一，国家意图通过特定的诉讼程序对具体涉及的权利或财产进行处分，而将其置于有关的法院管辖之下。第二，国家有针

---

[1] See Art. 2, European Convention on State Immunity, May 12, 1972, Basel.
[2] See Art. 2, The State Immunity Act, Jul. 20, 1978, United Kingdom.

对性地就实质性问题参与了答辩、举证和质证等诉讼程序。这两个条件是相互联系的,第一条是国家放弃豁免的主观意图,第二条是国家放弃豁免的客观表现,只有两者统一起来考虑,才能构成默示放弃的效力。因此,诸如债务国仅主张豁免权而出庭申辩,但并未就实质性问题参与诉讼程序的行为;又如债务国仅因需要出庭作证、提供建议或发表声明等事由而介入诉讼的行为;再如一般与原告的请求所基于的事实或交易无本质联系的独立反诉行为,这些行为或是缺乏债务国对原诉财产或请求的放弃豁免的意图,或是没有参与实质性问题的诉讼程序,一般不被认为做出了管辖豁免的默示放弃。正如英国《国家豁免法》第2条第4款和第5款中,就法院在对外国参加诉讼活动来判定是否构成放弃豁免进行了限制,对于"仅为了主张享有豁免权,仅在诉讼如对该国提起它有权取得豁免的条件下,出面维护其财产权益,仅国家因忽视给它以豁免权的事实情况而采取的任何诉讼活动"都不得视为外国放弃了管辖豁免。[1]

关于上诉是否构成国家对管辖豁免的放弃问题,美国的国家豁免法中并无明确规定,但英国《国家豁免法》第2条第6款明确规定:"在诉讼中,自愿接受管辖,也扩大适用于上诉。"其他国家如加拿大《外国国家在加拿大法院豁免法》第4条第5款、澳大利亚《外国国家豁免法》第21条、新加坡《国家豁免法》第4条第6款都有类似的规定。

(三) 仲裁协议或仲裁条款

仲裁是区别于国际条约和国家单方面做出的放弃豁免的一种方式,它源自于债务国与债权人的合意,并非属于司法管辖的范畴。债务国与债权人在有关合同中订立的仲裁条款或专门

---

[1] See Art. 2, The State Immunity Act, Jul. 20, 1978, United Kingdom. 受英国影响的如加拿大、澳大利亚、新加坡等国家的国家豁免法都存在类似的规定。

约定的仲裁协议,其涉及放弃管辖豁免的含义有两个层面:第一层面是针对仲裁庭而言的。债务国同意将主权债务违约提交仲裁后,即视为放弃了对仲裁庭管辖豁免的要求,而仲裁庭有权基于仲裁条款取得对有关案件的裁决权。仲裁庭的这种权力已为国际社会的立法和实践所普遍承认。第二个层面是针对法院而言的。一般来说,法院可对仲裁予以监督和协助,主要包括:①强制实施仲裁协定的职能;②为进行仲裁而采取临时措施的职能;③撤销裁决的职能;④执行仲裁裁决的职能。[1]因此,在债务国和债权人将主权债务纠纷约定由特定仲裁机构管辖,同时也意味着在特定事项上可能会受到有关法院的监督和管辖。如澳大利亚《外国国家豁免法》第17条规定:"当外国国家作为协议的当事一方将协议中任何有关矛盾条款的争议提交仲裁时,该外国国家在法院有关该仲裁的履行监督管辖的程序中不享有司法豁免,包括下列程序:(a)因法院意见引发的案件;(b)对有关协议的合法性或有效性,或关于仲裁程序的问题的认定;或(c)撤销裁决。"而且"如外国国家因有关交易或事件的争议而被提交仲裁,对于协议中的任何矛盾条款,若司法程序与对根据仲裁做出的裁决的目的或执行的认可有关,则该外国国家不享有豁免。"类似的规定还有新加坡《国家豁免法》第11条、《关于国家管辖的欧洲公约》第12条以及《联合国国家及其财产管辖豁免公约》第17条。

但是,有关法院在对涉及仲裁的特定事项进行管辖时,视债务国已放弃管辖豁免权的逻辑是欠缺足够的说服力的。虽然国际社会普遍承认有关法院对仲裁具有监督和协助的职能,但

---

〔1〕 参见《国家豁免:最近的一些发展》,第71~80页。转引自龚刃韧:《国家豁免问题的比较研究——当代国际公法、国际私法和国际经济法的一个共同课题》(第2版),北京大学出版社2005年版,第191页。

并不能就此推定债务国在将争议提交仲裁时已预测到哪个法院将会对该仲裁的执行、撤销、强制措施等事项实施影响,更无法推定债务国在订立仲裁条款之初即同意将其置于特定法院的管辖,除非有明确的条款体现此种意思。因此,在许多国家如英国、美国、加拿大等的国家豁免立法中,都并未对这类事项进行规定。

二、放弃管辖豁免的效力

债务国放弃了特定法院的管辖豁免后,即意味着接受该法院的管辖,依照法院地法的规定参与诉讼,遵守法庭程序和审判结果。而对于有关法院而言,一旦债务国放弃管辖豁免权,则获得了对该案的管辖。

问题在于,债务国放弃管辖豁免后,该放弃是否可以撤回,尤其是在国家做出单方面明示放弃的情况下?《联合国国家及其财产管辖豁免公约》和《关于国家豁免的欧洲公约》对这个问题没有特别规定。而根据各国立法和实践,主要分为两种做法:第一,以美国、澳大利亚为代表的国家,在有关放弃豁免的规定中,认为放弃一旦做出,则具有不可撤回性。如美国 1605 条第 1 款第 1 项规定:"该外国已明确地或默示地放弃其豁免权。关于此项弃权,除根据弃权的条件予以撤回者外,该外国可能声称的任何撤回均属无效。"[1]第二,以英国等为代表的国家,在有关国家立法中并无规定放弃管辖豁免是否可以撤回,而是通过对特定案件的审判,表明了其自身在这个问题上的立场。如 1924 年达夫发展公司诉吉兰丹政府案以及 1951 年卡汉诉巴基

---

〔1〕 See Art. 1605, Foreign Sovereign Immunities Act, Oct. 21, 1976, United States. 澳大利亚《外国国家豁免法》第 10 条第 5 款与其类似,规定为:"该外国已明确地或默示地放弃其豁免权。关于此项弃权,除根据弃权的条件予以撤回者外,该外国可能声称的任何撤回均属无效。"

斯坦联邦案，[1]都表明了英国法院允许外国重新主张管辖豁免。这些先例即使在现在，仍然为英国法院所借鉴。因此，放弃管辖是否可以撤回，应视法院地法的具体规定而定，而法院拥有最终的裁量权。

第五节 其他可能影响到主权债务违约案件管辖权的理论和实践

除了上述主权债务违约案件的管辖权规则外，在国际法中还存在一些特定历史背景下产生的特殊理论和规则，这些规则有可能对主权债务违约案件的管辖权确定产生影响。比如拉美国家为抵御外国（尤其是欧美列强）使用外交保护或武力索债而产生"卡尔沃主义"和"德拉戈主义"，也包括一些历史久远的国际法原则，如用尽当地救济原则。这些理论或规则有的经历了发展的高峰、低谷而走向重生，有的随着历史的发展而失去了过去存在的某种依据，逐渐式微，也有的一如既往地在主权债务违约领域发挥着重要的作用。

一、"卡尔沃主义"

19世纪中期，拉美各国普遍存在主权债务危机，欧洲列强为了保护本国侨胞在拉美国家的债权，以武力逼债的情况常常发生，严重侵犯拉美各国的主权。在这种时代背景下，1868年，阿根廷外长卡洛斯·卡尔沃（Carlos Calvo）在其著作《国际法的理论与实践》一书中阐述外国侨民的法律地位时，强调外国人在拉美不应要求比他们侨居国公民更多的保护；外国人应受侨居国法律的管辖，如果受到损害或发生纠纷，必须由当地法

---

[1] See Duff Development Co v Kelantan Government and Kahan v Pakistan Federation.

院处理。[1]任何外国的外交保护或武力干涉,无论是基于保护本国债权人还是其他理由,都会对债务国的主权造成侵犯,从而形成外国侨民在债务国的特权地位。

"卡尔沃主义"的内核在于强调两重意义的平等性:一是国与国之间的平等(即主权平等);二是本国国民与外国国民之间的平等(即民权平等)。[2]据此,卡尔沃主义可以概括成四条原则:第一,国家独立自主地决定本国制度、政策和法律,并予以实施,外国不得干涉;第二,原则上外国侨民与本国公民具有平等的法律地位和待遇,不享有超出本国公民的任何特权;第三,反对外国任何形式的外交保护或武力干预,视为对本国主权的侵犯;第四,本国境内发生的所有一切投资、债务纠纷均有国内法院管辖,不得通过国际法庭、外国法院以及仲裁庭解决。[3]第一条和第二条可视为实体法方面的原则,第三条和第四条可视为程序法上的原则。在当时的历史条件中,卡尔沃主义有力地捍卫了拉美国家的经济主权,避免了国家债务遭受外国法院管辖的窘境,迅速为拉美国家所接受,纷纷将其纳入宪法或有关法律的规定以及外商投资和借贷合同中,形成"卡尔沃条款"。正如1933年秘鲁《宪法》第31条规定:"任何人的财产均排他地受秘鲁法律的管辖,同时在税收费用及限制上受该法律相关规定的约束;在财产方面,调整外国人的法律条文与本国人相同,外

---

[1] 参见李琼英:"拉丁美洲与国际法不干涉原则",载《拉丁美洲丛刊》1982年第1期,第19页。

[2] See Denise Manning-Cabrol, The Imminent Death of the Calvo Clause and the Rebirth of the Calvo Principle: Equality of Foreign and National Investors, *Law and Policy in International Business*, 1995, Vol. 26, p. 1172.

[3] 对卡尔沃主义关于平等性的两种意义区分,参见单文华:"卡尔沃主义的'死亡'与'再生'——晚近拉美国家对国际投资立法的态度转变及其对我国的启示",载《国际经济法学刊》2006年第1期,第184页。

国人在任何时候都不能有所例外或诉诸外交保护。"[1]具体合同中体现的卡尔沃条款,如墨西哥与堪萨斯北美挖掘机公司签订的合同第18条。[2]此外,"卡尔沃条款"还在诸如1948年美洲国家组织制定的《美洲和平解决争端条约》第7条、1970年安第斯条约组织制定的《外国投资法典》第50~51条,以及1974年联合国通过的《各国经济权利与义务宪章》第2条等区域性条约和世界性条约中都有体现。[3]可见,卡尔沃主义已经从拉美扩散到世界各地,为广大亚非拉的发展中国家所拥戴。

但是,在投资自由化浪潮下,20世纪90年代拉美国家大力举债以发展经济,在短短数十年间,拉美各国与发达国家签订了大量的双边投资协定,[4]也加入了诸如《克洛尼亚议定书》

---

[1] See Russell H, *Constitutions of the Americas*, Fitzgibbon (ed.) The University of Chicago Press, 1948, p.70~71, as cited in Donald Shea, *The Calvo Clause: A Problem of Inter-American And International Law And Diplomacy*, Minnesota University Press, 1956, p.24. 类似的条款还有诸如委内瑞拉1999年《宪法》第127条、厄瓜多尔1998年《宪法》第14条、墨西哥1917年《宪法》第33条等。

[2] 该条约定为:"合同双方及其雇员以及直接或间接地执行该合同的其他人,墨西哥共和国境内,在执行有关工作与展行该项合同过程中,在任何情况下必须被视为墨西哥公民,关于与合同有关的利益和交易,其不能主张,也不能拥有墨西哥共和国法律没有赋予的任何其他权利和手段,也不能享有比墨西哥国民更优惠的权利。其被剥夺了作为外国国民所享有的任何特殊权利,在与合同有关的任何事务中,在任何情况下,外国外交机构的干预都是不允许的。"转引自单文华、张生、劳志健:"'卡尔沃主义'死了吗",载《国际经济法学刊》2008年第2期,第164页。

[3] 参见单文华:"卡尔沃主义的'死亡'与'再生'——晚近拉美国家对国际投资立法的态度转变及其对我国的启示",载《国际经济法学刊》2006年第1期,第184~185页。

[4] 到90年代末,拉美国家共签订了300个双边投资协定。其中93%是90年代签订的。其中,绝大多数国家都已经批准了一些双边投资协定,例如,阿根廷批准了43个,秘鲁24个,智利2个,古巴19个,厄瓜多尔18个,委内瑞拉17个,玻利维亚15个,巴拉圭15个,乌拉圭13个,萨尔瓦多10个。此外,巴拿马9个,墨西哥3个,洪都拉斯3个,尼加拉瓜3个,伯利兹2个,哥斯达黎加2个,圭亚那2个,多米尼加共和国1个,这些国家也都业已批准一些双边投资协定。转引自单文

《布宜诺斯艾利斯议定书》《美洲自由贸易协定》（草案）、《解决投资争端的国际公约》《多边投资担保机构公约》以及《承认与执行外国仲裁裁决的纽约公约》等区域性或国际性条约。这些条约或协定中无一例外地规定缔约国发生投资、借贷的纠纷时，可直接提交国际仲裁或外国仲裁进行裁决，这是与卡尔沃主义排斥外国管辖的精神相冲突的。但为了融入世界资本和投资体系，拉美国家纷纷对其自身的投资立法进行了修订，[1]尤其是将仲裁纳入国内债务纠纷解决方式中。以至于90年代中期，卡布罗·曼宁就已撰文宣告"卡尔沃条款即将死亡"（Imminent death of Calvo Clause）。[2]

对于卡尔沃主义是否死亡的命题，学界仍有争论。但事实上，在拉美国家的立法和司法实践中，虽然仍有国家一直坚持实体法上平等的卡尔沃主义，但对于主权债务违约事项完全排除外国法院或国际仲裁的管辖权的做法已然不多。卡尔沃主义在程序上的要求，使得一切与主权债务违约有关的案件统归于国内法院的管辖，即完全排除了外国法院、国际法庭以及仲裁庭的管辖。因此，在存在卡尔沃条款的国家立法里，这种对于

（接上页）华："卡尔沃主义的'死亡'与'再生'——晚近拉美国家对国际投资立法的态度转变及其对我国的启示"，载《国际经济法学刊》2006年第1期，第187页。

〔1〕据联合国贸发会议所发布的《2005年世界投资报告》，自1991年至2004年，平均每年有64个国家对其投资立法进行了修订。在此期间各国所做的共2156项修订中，有2006项是取向于投资自由化的，占总数的93％。转引自单文华："卡尔沃主义的'死亡'与'再生'——晚近拉美国家对国际投资立法的态度转变及其对我国的启示"，载《国际经济法学刊》2006年第1期，第186页。

〔2〕不过，他认为，尽管卡尔沃条款的死亡不可避免，卡尔沃主义关于内外资平等的原则精神却可望被幸存下来。See Denise Manning-Cabrol, *The Imminent Death of the Calvo Clause and the Rebirth of the Calvo Principle: Equality of Foreign and National Investors*, Law and Policy in International Business, 1995, Vol. 26, p. 1169.

主权债务的管辖权可视为一种特殊的"专属管辖"。虽然卡尔沃条款有力地保障了债务国债务不受外国强力干预和司法干涉,维护了债务国的主权安全,但对于债权人而言,他们似乎并不愿意既承担债务违约可能存在的风险,又将未来可能出现的纠纷置于债务国法院的管辖之下。

二、"德拉戈主义"

1902年3月1日,委内瑞拉卡斯特罗政府暂时中断清理国内外债务,其中包括大量的主权债务,该行为招致德国、英国、法国以及意大利等欧洲债权国的极度不满,陆续提出了偿还债务的要求,以保证各国债权人的权益。当年12月,英德两国在美国的默许下,派出军舰封锁委内瑞拉海岸,并炮击其港口城市卡贝略,以索取债权。该事件震惊了南美各国。1902年12月29日,阿根廷外长路易斯·马里亚·德拉戈(Luis Maria Drago)为争取美国的支持,通过驻华盛顿大使馆向美国政府递交一份照会,该照会声明:"官方债务不能引起军事干预,甚至欧洲列强也不能事实上占领美洲国家的领土。"[1]并建议签订国际协定,禁止以武力逼债。德拉戈随后在《美国国际法学刊》创刊号发表了一篇论文,文中指出,使用武力强行索取主权债务并非属于正当的外交政策手段范畴,违反了国际法,是对国家主权的侵犯。[2]这即是拉美国家在反对欧洲列强以武力索债过程中形成的"德拉戈主义"。

德拉戈主义的目的是保护和平、尊严和国家的独立,反对

---

〔1〕 See L. M. Drago, *Note of Señor Minister of Foreign Relations of the Argentine Republic to the Minister of the Argentine Republic to the United States*, Buenos Aires, Dec. 29, 1902, AJIL, 1(1907), pp. 1~6.

〔2〕 See L. M. Drago, *State loans in their relation to international policy*, AJIL 1 (1907), pp. 692~726.

当时国际社会普遍存在的、以武力逼债的外国干涉行为,但不是强调国家不承担合同义务,也并非要为恶意、无序、故意和非自愿的破产提供辩护。[1]德拉戈主义得到了一些国际法学者的支持,如美国的杰赛普(Jessup)法官指出,在以较大折扣购买债券的情况下,很明显应由贷款国承担违约风险。出现违约后,贷款国使用军事力量来全额收回贷款。此种意义上,允许这种鱼与熊掌兼得的做法是不公平的。如果使用武力索取贷款是合法的,那么发行债券时就应规定这样的条款:债券反映的不是借款国的金融和政治风险,而是贷款国优越的军事力量。[2]而且,他认为,公司债券与政府债券不同,国际法中对前者有关的债券持有人的保护存在足够多的先例,而后者提出了完全不同的法律(和政治)问题,这正如德拉戈所指出的一样。[3]当然,对于德拉戈主义持有怀疑意见的学者如劳特派特则认为,不允许国家为促使他国偿付官方债务而进行干涉的规则是没有根据的,也没有获得普遍的认可。[4]

德拉戈主义出现后,虽然一直受到主要资本国家的怀疑,但得到了拉美国家的热烈欢迎。在拉美国家的支持下,于1906年泛美会议和1907年海牙和平会议中,德拉戈主义成为了一项重要的议题。最后,在第二次海牙和平会议上,各国订立了《限制武力索债公约》(Convention Respecting the Limitation of the Employment of Force for the Recovery of Contract Debts)。该公约禁

---

〔1〕 参见[奥]迈克·瓦博:《国际法视角下的主权债务违约》,郭华春译,法律出版社2013年版,第28页。

〔2〕 See Jessup, *A Modern Law of Nations*, New York: The Macmillan Company, 1948, p.115.

〔3〕 See *Barcelona Traction* (*Second Phase*), Separate Opinion of Judge Jessup, p.207.

〔4〕 See L. Oppenheim, H. Lauterpacht, *International Law: A Treatise*, Longmans, 1955, 8th ed., p.309.

止使用武力来收回合同债务,除非主权债务国拒绝或漠视仲裁。这无疑成为拉美国家与欧洲列强在武力逼债的问题上的重大胜利。但公约在禁止武力解决争端的问题上并未规定得足够彻底。实质上,公约为债权国提供了两种解决争端的方式,首先是仲裁,其次是武力。[1]在仲裁无法达成的情况下,公约并未禁止外国使用武力逼债。而且,政府间的债务不属于公约调整的范围,因此国家仍可不经仲裁而使用武力逼债。

拉美国家在过去的历史里与欧美投资者打交道有着惨痛的经历,对欧美各国支持的仲裁方式抱有高度的警惕和敌对心理,但作为各方势力的一种妥协,《限制武力索债公约》使有关主权债务违约案件的管辖权越来越多地转移到仲裁庭手中,成为仲裁庭实行管辖的重要依据。

三、用尽当地救济原则

用尽当地救济原则(Exhaustion of local remedies)是一项更为久远的国际法原则。但时至今日,该项原则仍然为国际社会广泛承认和奉行,无论发达国家还是发展中国家。这项原则产生于18世纪的各国外交实践,作为对国家外交保护的一项限制规则出现。到19世纪末20世纪初,逐渐成为各国普遍接受的国际习惯法规则。正如国际法院在1959年国际工商投资公司案的判决中指出:"在提起国际诉讼前用尽当地救济已经成为习惯国际法的一项确定规则,这条规则在实践中得到了各国的普遍遵守。在诉诸国际司法前,国际不法行为发生地国家应该有机会

---

[1] 正如1912年,美国国务院对具有向洪都拉斯贷款意图的债权人保证说,贷款合同中的仲裁条款会提供有效的救济,如果洪都拉斯政府拒绝仲裁或履行裁决,美国政府可以选择适用武力。转引自[奥]迈克·瓦博:《国际法视角下的主权债务违约》,郭华春译,法律出版社2013年版,第30页.

在其本国司法体制中通过自己的手段予以补救。"[1]

用尽当地救济原则源于国家主权原则和属地管辖原则,旨在抑制当时国际社会盛行的以外交保护干预外国侨民与东道国之间的人身财产关系的情况,将争端优先留给东道国的法律解决。其主要含义在于:当外国人在东道国因其行为遭受损失,在诉诸国际法院、母国法院以及申请外交保护前,必须用尽东道国可能存在的所有救济途径。具体包括:第一,这项救济仅限于具有普通身份的自然人、法人及其他实体,不包括具有特殊身份的外国人,如外交代表。后者代表了国家,并不适用此项规则。第二,此项救济指的是所有包括东道国司法、行政等在内的一切救济方式,而且需具有终局性。第三,损害事实与救济存在因果关系。第四,只有当诉诸当地救济无效后,受到东道国行为损害的外国人才可向其母国或其他国际实体提出求偿。[2]可见,用尽当地救济原则一方面为东道国在发生损害外国侨民权益的情况后提供了自我纠错的机会,充分尊重了东道国主权;另一方面,成为外国外交保护的先决条件,减少了外交保护的滥用。这项原则协调了国际法庭和国内法庭管辖权的绝对必要性,并保证了对国家主权的尊重。因此,所有国家都分享了一种重要的互惠利益,为国际社会普遍接受和承认。[3]如 1966 年《公民权利和政治权利公约》第 41 条第 1 款第 3 项

---

[1] 参见梁淑英:"论外交保护的条件",载《国际法律问题研究》编写组编:《国际法律问题研究》,中国政法大学出版社 1999 年版,第 257 页。

[2] 转引自邹立刚:"试论国际法上的用尽当地救济规则",载《法学研究》1994 年第 5 期,第 61 页。

[3] See Rosica (Rose) Popova, Sarei v. Rio Tinto and Exhaustion of Local Remedies Rule in the Context of the Alien Tort Claims Act: Short-Term Justice, But an What Cost?, Hamline Journal of Public Law and Policy, 2007, Vol. 28, No. 2, p. 529. 转引自张磊:"外交保护国际法律制度研究",华东政法大学 2010 年博士学位论文,第 117 页。

规定:"委员会对于提交给它的事项,应只有在它认定在这一事项上已按照普遍公认的国际法原则求助于和用尽了所有现有适用的国内补救措施之后,才加以处理。"[1]或将用尽当地救济原则作为保留条款的,如1966年《关于解决国家和他国国民之间投资争端公约》第26条规定:"除非另有规定,双方同意根据本公约交付仲裁,应视为同意排除任何其他救济方法而交付上述仲裁。缔约国可以要求以用尽该国行政或司法救济作为其同意根据本公约交付仲裁的条件。"[2]类似的规定还可见于《欧洲保障人权和基本自由公约》《联合国跨国公司行动守则(草案)》《联合国海洋法公约》和《国家责任公约草案》等国际条约和多边公约。[3]诚然,用尽当地救济原则在保护国家主权和司法制度方面有着重要的作用,但另一方面,如果出现东道国恶意延迟提供救济措施、滥用用尽当地救济原则或救济手段客观缺失等情况,显然对外国侨民的保护是极其不利的。因此,

---

[1] See Art. 41, International Covenant on Civil and Political Rights, Dec. 16, 1966, UN.

[2] See Art. 26, Convention on the Settlement of Investment Disputes Between States and Nationals of Other State, Mar. 18, 1965, Washington D. C.

[3] 如《欧洲保障人权和基本自由公约》第35条:"委员会仅在按照普遍承认的国际法原则,在国内救济已经用尽,并且在终审判决做出后的六个月内处理该种事项。"次如《联合国跨国公司行动守则(草案)》第19条:"跨国公司须尊重用尽当地救济的原则,不请求政府为了公司的利益而做出不符合第65条规定的行为。"以及第65条:"政府代表在他国营业的跨国公司所做的行为须遵守各所在国用尽当地救济的原则,而在与有关国家达成一致的情况下,则须遵守各方共同认可的处理国与国之间法律权益问题的有关规定。"再如《联合国海洋法公约》第295条:"缔约国间有关本公约的解释或适用的任何争端,仅在依照国际法的要求用尽当地补救办法后,才可提交本节规定的程序。"又如《国家责任公约草案》第22条:"如一国的行为所造成的情况不符合关于对待外国人,不论自然人或法人的待遇的国际义务规定它必须达成的结果;但该项国际义务容许该国以其后的行为达成这项结果或相同的结果,则该国只在有关外国人用尽他们所能利用的一切有效的当地补救办法,而仍未能得到该国际义务所规定的待遇,或者此为不可能,然亦未能得到相同的待遇时,才算违背该国际义务。"

在用尽当地救济原则中仍然存在一些限制和例外。[1]

用尽当地救济原则与德拉戈主义的主要区别在于，后者旨在反对外国为了替其侨民索偿债务而实施的武力干涉，但并未对争端解决方式的顺序进行区分，最后在美国的主导下转变成为以仲裁为主、武力干涉为辅的争端解决体制；而前者则明确主张国内救济优先于母国救济和国际救济，两种救济途径有明确的顺序。而用尽当地救济原则与卡尔沃主义的区别在于，前者排斥一切形式的母国救济或国际救济，主张仅以国内救济处理产生的纠纷，而且不承认国际仲裁；而后者主张国内救济具有优先的效力，是其他救济方式的前提，并不排斥国际仲裁。三者的共同点在于：都是为了保护国家主权，倾向于将有关纠纷置于东道国司法管辖之下，通过国内救济的途径去解决纠纷。

用尽当地救济原则的适用范围涵盖了东道国与外国侨民在投资、贸易、税收等方方面面的活动，当然也可适用于主权债务领域，但需满足下面三项条件：第一，外国侨民需在东道国境内参与了借贷、购买债券或补偿贸易等与主权债务有关的经济行为；第二，该侨民因此种行为遭受了实质性的财产损害，并就该损害寻求司法或行政救济；第三，有关救济并未开始或已经开始，但未至终局性决定或判决。只有满足上述三项条件，东道国才可就侨民的经济活动主张用尽当地救济原则。这种情况下，国内法院或仲裁庭具有优先管辖权。而侨民也只有在用

---

[1] 正如2006年国际法委员会二读通过的《外交保护条款草案》第15条规定了用尽当地救济原则的例外，只要出现下列情况，外国侨民无须用尽当地救济即可向母国或国际实体求偿：①不存在合理地可得到的能提供有效补救的当地救济，或当地救济不具有提供此种补救的合理可能性；②救济过程受到不当拖延，且这种不当拖延是由被指称应负责的国家造成的；③受害人与被指称应负责国家之间在发生损害之日没有相关联系；④受害人明显地被排除了寻求当地救济的可能性；⑤被指称应负责的国家放弃了用尽当地救济的要求。

尽了当地的救济可能后,方可向母国或其他国际实体起诉或请求帮助。而在国外购买东道国主权债务的该国居民,则不受此种规则的限制,应依据主权债务违约诉讼的规则处理。

第六节 小 结

在 19 世纪,绝对豁免理论得到了绝大多数国家的支持。因此在大量的司法判例中,债务国可就其主权债务违约行为主张享有国家豁免权,基本都会得到有关法院的支持。但随着大批国家由绝对豁免主义转向限制豁免主义,判断国家行为是否享有豁免权的依据从国家的主体资格变成国家行为的性质。而且,对于主权债务违约案件的诉讼,基本上都出现在采取限制豁免理论的国家,如英国、美国、德国等金融业发达的国家,这些判例对国际立法和实践产生了重要的影响。在性质标准、目的标准、合同标准、商业行为标准、混合标准等众多判断国家行为的标准中,性质标准、目的标准和混合标准是较具代表性的。根据前文关于主权债务的九点特质的论述,可以确定主权债务属于一种"特殊的商业交易行为",它一方面披着典型的商业合同外衣,另一方面又显示出强烈的主权性。限制豁免理论主张对国家商业行为进行管辖的初衷在于:国家那些具有营利性质的行为可能会与其他私人交易者形成竞争,如果国家在这种竞争行为中享有高于一般市场交易者的豁免特权,一方面造成了双方交易地位的不平等,另一方面可能使私人交易者在寻求司法救济时陷入救济不能的困境。而对于国家行使主权的行为,即使是限制豁免理论的支持者也不认为应剥夺其豁免权,毕竟主权行为与一般商业行为根本不同。主权债务中虽然有一部分是基于商业目的,为获取经济利益而发行,但也有很大部分属于为履行国家公共管理职能而发行的债务，这些债务不仅关系到国家货币、财政、金融方面的稳定与安全，也是国家经济主权的显著体现。因此，在部分行为中，主权债务违约与一般的国家商业行为具有根本的区别，不能单纯地以商业行为形式作为判断国家是否享有管辖豁免权的标准。为平衡债务国和债权人在主权债务法律关系中的地位以及救济权利，承认外国法院对主权债务违约行为依其行为性质进行初步判断的权利是必要的，但如果法院在审理过程中发现主权债务违约行为背后具有主权目的，法院则应承认债务国具有免于管辖的豁免权。而且在现实情况下，为了增加主权债务的吸引力和流动性，债务国通常会在债务合同或债券合同中作出约定争端解决机构的条款，或选择特定法院管辖或选择国际仲裁。在法院进行管辖时，应在管辖权依据和管辖放弃等方面的问题上作出具有说服力的决定，避免造成管辖权的滥用。同时，应对"卡尔沃主义""德拉戈主义"以及用尽当地救济等有关的法律原则或理念予以合理地尊重。管辖权对于主权债务违约案件而言具有重要的意义，在某种程度上决定了司法程序、法律适用以及判决结果。因此，有关法院应对此报以谨慎的态度，债权人和债务国也应在这个问题上做出合理主张，以保护自身的合法权益。

第四章
主权债务诉讼中的执行豁免

第一节 执行阶段的"绝对豁免倾向"

一、执行豁免与管辖豁免的比较

如果说管辖豁免主要指向具有法律人格的国家及其行为,那么执行豁免则主要指向国家的财产。[1]"执行豁免"可以被这么理解:债务国的国家财产在外国司法诉讼程序中可免于实施扣押、查封、扣留和执行等强制措施,除非得到债务国明示同意。根据《联合国国家及其财产管辖豁免公约》,法院诉讼中的强制措施区分为两种:判决前的强制措施和判决后的强制措施。[2]判决前的强制措施主要包括法院为了保证未来生效判决得以执行或避免财产损失而实施的查封、扣押等临时性保全措施;判决后的强制措施主要是指法院为执行判决而采取的扣押、

---

[1] 伯克茨认为管辖豁免主要涉及具有法律人格的国家,但事实上,法院管辖的依据不仅涉及国家主体资格,在限制豁免理论中,更多的是依据国家的行为,因此,此处引用伯克茨的名言稍有改动。引文参见 L. J. Bouchez, The Nature and Scope of State Immunity from Jurisdiction and Execution, *Netherlands Yearbook of International Law*, 1979, p. 3.

[2] See Art. 18 and 19, The United Nations Convention on Jurisdictional Immunities of States and Property, Dec. 16, 2004, UN.

查封、没收、执行等强制措施。

在管辖权确定阶段，法院即使对有关的国家及其行为确定了管辖权，这并不会给国家带来实质性的影响；但在执行阶段，如果法院认为有关国家财产不得免于豁免而进行处分，将会使国家遭受实质性的损失。因此，各国立法和实践中基本上都将管辖豁免和执行豁免区别对待，后者赋予了国家财产更高的保护，具有"绝对豁免倾向"。正如联合国国际法委员会认为，如果承认"平等者之间不存在统治权"，那么一国当局就更不能用执行或胁迫的方式对另一国及其财产采取强制措施了。[1]国家财产在执行程序上享有豁免权，对于债务国而言无疑是更有利的，这意味着即使因债务违约而被判决承担赔付责任后，司法执行程序仍然无法对国家违约行为具有制裁力。

根据国际立法和实践，对国家财产在执行程序中享有"绝对豁免"的理由在于：

第一，基于维护国际交往和国家间关系的考虑。内国法院对外国财产实施强制措施，是一种实质性的处分手段，会真正触及该外国的利益。这往往会引起该外国的强烈不满，造成国家双方关系的紧张，严重的话甚至会引起报复、反报复等国家反制措施。正如在1984年孔帕菲纳银行诉危地马拉银行案中，一家瑞士银行就危地马拉央行担保的本票提起了诉讼。纽约最高法院判决向 Compafina 支付110万美元。危地马拉银行存放在纽约银行的资产都被扣押。该央行要求撤销扣押指令。其中，纽约联邦储蓄银行主席提交书面陈述：如果像危地马拉银行这样的央行担心他们在美国的资产会因私人诉讼而被扣押，那么他们可能会从美国撤回美元资产，从而破坏美元和国际货币体

---

[1] 参见联合国文件，A/46/10，1991年中文版，第145页。

系的稳定。最后,法院确认央行资产免于判决前扣押,接受危地马拉银行的请求而撤销扣押指令。[1]又如湖广铁路债券案中,杰克逊等原告请求法院扣押中国政府在美国的资产,中国政府做出了强烈的反应并声称保留采取反制措施的权利,引起了美国政府的重视。法院最后的判决是原告败诉,这无疑避免了一场可能发生的外交纷争。[2]

第二,对于强制措施对象的判断标准偏向于"目的标准"。在限制豁免理论中,法院对于哪些财产可以采取强制措施,哪些财产不可以采取强制措施,其中一种基本的分类方法即判断有关财产是否用于商业用途。这与管辖豁免中对国家行为的区分标准不同,前者关注的是商业用途,而后者关注的是商业性质。执行程序中,如果有关财产曾用于、正用于或将用于商业目的或意图,都可能被视为执行程序的对象。如果说管辖豁免中对商业行为的判断标准类似于"性质标准"的话,那么在执行豁免中对商业财产的判断标准则类似于"目的标准"。如英国法院在阿尔科姆案中指出,除非财产由国家明确指定为商业用途,对一外国国家的财产,在判决前或判决后均不得强制执行。[3]事实上,在这一问题上,大部分的国家都采取了与英国相近或相同的方式,如澳大利亚《外国国家豁免法》第 32 条、加拿大《外国国家在加拿大法院豁免法》第 11 条第 1 款第 2 项、美国《外国主权豁免法》第 1610 条以及《联合国国家及其财产管辖豁免公约》第 19 条等。

第三,法院对存疑案件的处理方式具有"绝对豁免倾向"。

---

[1] See Compañia v. Guatemala. 转引自 [奥] 迈克·瓦博:《国际法视角下的主权债务违约》,郭华春译,法律出版社 2013 年版,第 101 页。

[2] 参见湖广铁路债券案。

[3] 参见 [英] 乔治斯·R. 德劳莫:"主权豁免与公债",张文庆译,载《环球法律评论》1991 年第 2 期,第 61 页。

本文第三章第二节曾经提到,在法院关于管辖豁免规则的司法实践中,实际存在着"是否享有豁免,存疑则不予豁免"(in debio contra immunitatem)这样一种司法规则。但与之相反,在执行阶段,法院采取的是"是否享有豁免,存疑则应予豁免"(in dubio pro immunitatem)的司法规则[1],这也被称为在执行领域实行的"绝对豁免理论"。法院对于豁免存疑案件,一律不予受理,直接驳回起诉。事实上,法院对于国家财产的执行问题抱以谨慎的态度是合乎情理的,这可以在很大程度上避免因执行错误而导致对国家财产造成实质性损害。

第二次世界大战以前,除极个别国家外,大多数欧美国家的法院都在执行豁免中坚持绝对豁免主义的立场,因此债权人几乎很少将债务违约纠纷起诉到法院。但随着战后大量的欧美国家转向限制豁免立场后,在执行豁免方面也出现了限制主义的倾向。[2]在有关国家财产用途的判断、判决前执行程序和判决后执行程序的区别,以及执行措施开始涉及过去绝对免于执行的国家特定种类的财产等问题上,有关国家的立法和司法实践出现了绝对豁免倾向开始动摇的迹象。

这种趋势可以理解为:在主权债务法律关系中,随着有些国家在执行程序中向限制豁免立场转变,债权人不仅可以向有关法院提起诉讼,而且可以预见有关债务国财产的执行结果,将司法救济落到实处。尽管各国在执行程序中的态度和做法还存在较大的差别,但无疑为债权人通过诉讼获得实实在在的效益提供了可能性。而对于债务国而言,在某种程度上,这种趋

---

[1] See Dr. Pierre F. Walter, Esq., *Sovereign Immunity Litigation in the United States and Canada*, Sirius-c Media Galaxy LLC, 2010, p.334.

[2] 参见龚刃韧:《国家豁免问题的比较研究——当代国际公法、国际私法和国际经济法的一个共同课题》(第2版),北京大学出版社2005年版,第279页。

势的转变越来越使其无法逃避外国法院的"制裁"。但值得注意的是,正如英国学者福克斯所认为的,各国之所以承认执行豁免与管辖豁免的区别,或者说承认执行豁免比管辖豁免更具有"绝对性质",与其说是根据国际法或法律原则,不如说是基于更为实际的理由。[1]因此,债务国在面临本国财产无法免于外国法院执行的情况下,往往会遵循"从实际出发"的解决问题准则或向法院地国提供"实际的"反对理由作为应对之策。

二、财产执行的强制措施

法院在执行程序中的强制措施,主要涉及两类:判决前的执行措施和判决后的执行措施。前者包括各种判决前作出的临时性、中间性的命令、裁定、决定等,如英美法国家的禁令和特定履行令,也称财产保全措施;后者主要指具有终决性的财产执行命令。由于财产保全措施涉及诸多考虑,如管辖权的确定以及判决前执行的必要性等,属于更为敏感的问题。因此,相对而言,大多数的国家会对财产保全措施比判决后执行措施抱以更谨慎的态度,赋予债务国更高程度的豁免权。

(一)财产保全措施

对债权人来说,如果法院地国对有关债务国的财产采取保全措施,可以大大提高债权人通过诉讼方式来实现债权救济的有效性。财产保全措施会对有关国家财产构成实质性的处分,如占有、扣押、查封等方式。如果债务国在世界各地的财产同时处于被执行的可能状态之下,即使判决尚未生效,对该国而言也是一种巨大的压力和损害。这种诉讼风险被有实力的债权

---

[1] 参见"强制执行管辖,外国国家财产和外交豁免",载《国际法和比较法季刊》1985年英文版第34卷,第123页。转引自龚刃韧:《国家豁免问题的比较研究——当代国际公法、国际私法和国际经济法的一个共同课题》(第2版),北京大学出版社2005年版,第272页。

人所利用,如敢于冒险的秃鹫基金。

然而,在主权债务违约诉讼最为多见的国家,如美国、英国等普通法系国家,却普遍采取对财产保全措施和判决后执行措施区别对待的做法,对于判决前的债务国财产给予更严格的保护。如美国《外国主权豁免法》第1610条第3款规定,在判决书正式做成或做出缺席判决之前,不允许对有关国家财产执行财产保全措施。[1]美国众议院司法委员会对该条规定做出了较为经典的解释:首先,除非外国国家财产偶然地存在于法院管辖内,否则财产保全没有任何意义;其次,为取得管辖权而扣押外国国家财产会引起美国和有关外国关系之间的严重摩擦;最后,按该条规定,外国用于商业用途的财产已被允许执行,因而审判之前取得管辖权的扣押措施便显得没有必要。[2]可见,美国法律坚持债务国有关的国家财产在法院做出判决前免于执行程序。如英国、加拿大、新加坡、巴基斯坦等国也在立法上将判决前的保全措施和判决后的执行措施分开规定,禁止对国家财产实施保全措施。在司法实践中,也出现了大量这样的案例,如1984年孔帕菲纳银行诉危地马拉银行案中,即使危地马拉银行在发行的本票中明确规定"放弃阻止对其要求的任何权利和豁免",但美国纽约南部地区法院认为该条款不太明确以至不能构成对审判前免于扣押的放弃,最后使危地马拉银行的财

---

〔1〕 See Art. 1608 and 1610, Foreign Sovereign Immunities Act, Oct. 21, 1976, United States.

〔2〕 参见《国际法律资料》(第15卷),1976年英文版,第1412页。转引自龚刃韧:《国家豁免问题的比较研究——当代国际公法、国际私法和国际经济法的一个共同课题》(第2版),北京大学出版社2005年版,第298页。

产免于执行。[1]可见，美国法院在司法实践中对保全措施的条款倾向于严格解释。另外，在美国和英国，对于中央银行的资产，无论是财产保全还是判决后的执行，该财产都得免于执行，两国对中央银行的财产给予了极高的保护。

有些国家不区分判决前和判决后执行程序，一般认为财产保全措施和判决后的执行措施一样，在有关财产具有商业用途的情况下不得免于法院的强制措施。这些国家主要是欧洲大陆法系国家，包括德国、比利时、瑞士、奥地利和法国等国家。如德国联邦宪法法院在1983年伊朗国家石油公司销售石油收入案中作出了一个具有重要影响力的判决，认为在国际法上不仅不禁止法院地国基于终审判决对外国财产采取强制执行措施，而且也不存在禁止法院地国为了保护债权人利益而在诉讼程序中对外国财产采取临时扣押措施的一般规则。[2]在这些国家，不乏国际金融中心地所在，如巴黎、法兰克福和苏黎世等，而且世界上有许多其他国家因为历史上深受上述欧洲国家的影响，立法上存在类似的制度，使得有关判决更容易得到这些国家的接受和承认。债权人在这些国家法院请求财产保全措施往往会得到更多机会。

（二）判决后的财产强制措施

在法院作出判决后，有关债务国的财产能否执行，直接关系到债务偿还的实现与否。因此，判决后的财产强制措施是整个司法诉讼中最具现实意义的内容。在限制豁免理论的影响下，

---

[1] 参见《国际法律资料》（第23卷）1984年版，第782页。转引自龚刃韧：《国家豁免问题的比较研究——当代国际公法、国际私法和国际经济法的一个共同课题》（第2版），北京大学出版社2005年版，第300页。

[2] 参见《国际法判例汇编》（第65卷），第215页。转引自龚刃韧：《国家豁免问题的比较研究——当代国际公法、国际私法和国际经济法的一个共同课题》（第2版），北京大学出版社2005年版，第302页。

有些国家通过立法和司法实践，将可执行财产大致区分为商业用途和非商业用途。[1]如1938年索格芬股份有限公司诉南斯拉夫案中，原告持有塞尔维亚王国于1937年发行的主权债券，但因债券到期而没有返还本息，于是起诉至瑞士法院并获得了连续三个冻结南斯拉夫在瑞士有关银行所存资金的命令，以及没收被告财产的命令。作为一个对应的判例，在林肯国际投资公司诉尼加拉瓜案中，该案债权人请求美国法院扣押尼加拉瓜美洲大陆航空公司在纽约的税收，但第三巡回上诉法院认为，税收属于国家专属行为，私人无法从事该种行为，该税收财产属于非商业财产，因此不能依据美国法律予以执行。[2]可见，用于商业用途的国家财产不得免于执行程序，而不具备商业用途的国家财产仍可享有执行豁免。在美国、英国、澳大利亚、加拿大、新加坡等国家的有关立法中也反映出这种立场，这基本上成为采取限制豁免理论国家的通行做法。

相比于过去债权人只能通过仲裁或母国帮助来要求债务国赔付债务的情况，法院将有关财产纳入执行程序的范围，为债权人提供了改变的可能。债权人开始可以从诉讼中寻求具有现实意义的救济，尽管法院在执行外国财产时总是面临巨大的压力，并抱以极为谨慎的态度。而且，从最近的一些判例情况看，随着限制豁免理论在世界范围内的不断传播，这种改变越来越有力。如NML在多个国家提起了针对阿根廷政府的一系列主权债务违约诉讼，2012年10月加纳法院不仅判决阿根廷政府偿还3.7亿美元的违约债务，而且对阿根廷"自由号"军事教学护卫舰实施了扣押。而在美国，NML的诉讼请求也得到纽约法院的支

---

[1] 将有关国家财产区分为商业用途和非商业用途，仅是国家立法和司法实践中的区分方式之一，其他的方式和标准本章下一节有详细论述。

[2] See LNC Investments, Inc. v. Republic of Nicaragua.

持。2013年8月，纽约第二巡回法院驳回阿根廷上诉，维持纽约联邦法院对阿根廷政府作出的全额偿还13.3亿美元的违约债务的判决，并有可能冻结阿根廷政府在美国的有关银行账户。姑且不论NML的主权债务违约诉讼是属于"善意"还是"恶意"，但在这些具有法律效力的规则和判例中，似乎可以看到债务国与债权人之间的实力对比在司法制度的干预下产生了一些改变。

三、执行豁免的放弃

一国对于管辖豁免的放弃，并不当然意味着对执行豁免的放弃。正如英国《国家豁免法》第13条第3款对此做出了较为经典的表述：仅表示接受法院管辖的条款，不得认为包括对执行程序的同意。[1]且如上文所述，执行豁免与管辖豁免如此不同，各国立法和司法中更倾向于赋予外国执行豁免权以更高的保护，对有关国家放弃执行豁免的意思表示进行更严格的解释。因此，债务国若需在主权债务违约案件中放弃有关财产的执行豁免，必须做出专门的放弃表示。

(一) 明示放弃和默示放弃

债务国可以选择放弃国家豁免权，这是国际社会普遍接受的规则，在执行豁免领域也不例外。明示放弃和默示放弃是执行豁免中两种基本的放弃方式。对此，各国的立法和司法实践主要存在两种立场：

第一，只承认明示放弃的立场。明示放弃包括国际协定、仲裁协议或书面合同、在法院发表的声明或当事方发生争端后

---

[1] See Art. 13, The State Immunity Act, Jul. 20, 1978, United Kingdom. 这类规定也见于其他国家如新加坡。美国立法中虽未明确表示外国对管辖豁免和执行豁免的放弃必须分开表示。但在管辖豁免和执行豁免的两条独立的条款中分别对放弃豁免进行了规定，因此，从立法意图上看，美国也认为两者分属独立的内容。否则，美国仅需将两者合并于一条进行规定即可。这种做法也见之于加拿大、澳大利亚等国。

提出的书面函件等多种方式。[1]以《关于国家豁免的欧洲公约》为例，该公约第23条明确规定："不得对缔约国在另一缔约国领土内的财产采取任何执行措施或保全措施，但个别案件，经缔约国以书面明示同意时，在其同意的范围内，不在此限。"[2]英国、澳大利亚、新加坡、南非、巴基斯坦等国家的有关立法也采取此种立场。在司法实践中，也出现了许多有关的案例，如1982年利比拉银行有限公司诉哥斯达黎加国家银行案中，该公司向哥斯达黎加国家银行（由哥斯达黎加政府完全拥有）发放了一批贷款，并据此签发了本票，规定："借方据此不可撤销地、无条件地放弃了任何豁免权利，包括管辖、判决和执行在内的法律程序的豁免。"后因哥斯达黎加政府实行汇兑限制，银行未能偿还贷款，贷方申请纽约法院扣押了银行的有关财产。纽约法院认为，有关条款"清楚明确地放弃所有法律程序中豁免要求的意向"，而且"该国家银行肯定没有打算保留任何法律程序中的豁免权"，最后发布了扣押令。[3]很明显，对债权人而言，最好的方式莫过于在借贷合同中订立明确的放弃执行豁免条款，这种明示放弃条款大大减少了法院在查证双方意图以及适用模糊的豁免规则等问题上所产生的麻烦。

第二，同时承认明示放弃和默示放弃的立场，这种立场为美国和加拿大的立法所采用。根据美国《外国主权豁免法》第

---

〔1〕 参见《联合国国家及其财产管辖豁免公约》第18条和第19条规定，有关国家可以下列明示方式同意采取强制措施，例如查封和扣押措施：①国际协定；②仲裁协议或书面合同；或③在法院发表的声明或当事方发生争端后提出的书面函件等多种方式。

〔2〕 See Art. 23, European Convention on State Immunity, May12, 1972, Basel.

〔3〕 参见"利比拉银行有限公司诉哥斯达黎加国家银行案"，转引自［英］乔治斯·R. 德劳莫："主权豁免与公债"，张文庆译，载《环球法律评论》1991年第2期，第62页。

1610 条第 1 款第 1 项规定,该外国在辅助执行的扣押问题上或执行问题上已明确或默示放弃其豁免权的,不得免于法院执行程序。[1]又如加拿大《外国国家在加拿大法院豁免法》第 11 条第 1 款第 1 项规定,国家已明示或默示放弃扣押、执行、扣留、留置、查封或没收的豁免者,不得免于加拿大法院的扣押与执行。[2]这些国家虽然承认默示放弃的效力,但仅限于用于商业用途的外国财产。对于中央银行这样特定种类的财产,美国、英国和加拿大的立法中均明确规定,除非国家做出明示放弃,否则不得执行中央银行或其他类似的金融机构(或货币当局,或财政机构)的有关财产。值得注意的是,同意交付仲裁不仅通常被看成默示地放弃管辖豁免,而且也被视为默示地放弃了执行豁免。[3]

(二)放弃的撤回

国家已做出的执行豁免的放弃是否可以撤回,各国尚未存在统一的做法。有的国家明文规定已放弃执行豁免的国家做出的任何撤回均属无效。如美国《外国主权豁免法》第 1610 条第 1 款第 1 项明确规定:"该外国在辅助执行的扣押问题上或执行问题上已明确地或默示放弃其豁免权。关于此项弃权,除非按照放弃的条款规定可以撤回者外,该外国可能声称的任何撤回均属无效。"其他国家如加拿大和澳大利亚均采此种做法。有的国家则未对放弃的撤回进行明确规定,如英国和新加坡有关国家豁免的立法。但依据联合国国际法委员会的意见:"一旦外国国家明示或给予行为默示地给予同意,在此后诉讼的任何阶段

---

[1] See Art. 1610, Foreign Sovereign Immunities Act, Oct. 21, 1976, United States.
[2] See Art. 11, The State Immunity Act of Canada, July. 15, 1982 (2012).
[3] 参见 [英] 乔治斯·R. 德劳莫:"主权豁免与公债",张文庆译,载《环球法律评论》1991 年第 2 期,第 62 页。

都不能撤回。"[1]这种意见在这些国家的司法实践似乎产生了一定程度的影响。

由于各国对撤回放弃效力的认识并不完全一致，因此对于债权人而言，在主权债务合同的放弃豁免条款中尽可能地做出明确的约定，会更有力地消除债务国撤回放弃的可能。而对于债务国而言，不约定这种放弃豁免的条款可以最大限度地保护执行豁免权，但在必须订立此类条款的情况下，模糊化处理也许会是更好的选择。因为各国法院在解释此类条款时，都会倾向于做出严格的解释。

第二节 主权债务违约中涉及的国家财产

一、国家财产的界定

国家财产是一个宽泛的概念，大至领土领海领空，小至笔墨纸砚，凡是国家所有、占有以及其他可以主张权力的资产和权利，都可视为国家财产。但在主权债务违约法律关系中，涉及国家豁免问题的国家财产与上述国家财产的范围就不太一样了。这部分国家财产的范围，需结合三个因素进行考虑：第一，地点因素。这些国家财产应位于债务国国境之外，存在被外国法院执行的可能性。外国法院的管辖权有严格的地域限制，其效力不能延伸至本国境外，因此债务国境内的财产并不具有被外国法院执行的可能性。第二，主体因素。这些国家财产应由国家以及能代表国家的主体以国家名义直接拥有。什么是国家？在本文第二章"主权债务违约中的国家豁免主体问题"中有所论述。但值得注意的是，有权发行国家债务的国家主体与承担

---

[1] 参见联合国文件，A/38/10，1983年英文版，第55页。

赔偿责任的国家主体是不相同的，前者范围更窄。正如国家元首、外交机关等不具有经济或金融职能的国家机关以及其他可代表国家行事的主体并不具有发行债务的能力，但在国家实施债务违约行为时，国家所有境外的资产都有可能被考虑在法院执行的范围之中。因此，笔者认同《联合国国家及其财产管辖豁免公约》中对"国家"范围的界定，即包括："（1）国家及其政府的各种机关；（2）有权行使主权权利并以该身份行事的联邦国家的组成单位或国家政治区分单位；（3）国家机构、部门或其他实体，但须他们有权行使并且实际在行使国家的主权权力；（4）以国家代表身份行事的国家代表。"[1]而国家财产，则指由这些国家代表以及以国家身份行使主权的实体所拥有的财产。第三，权利状态。这部分的国家财产应由上述可代表国家的实体直接拥有，而非占有、控制以及其他可以主张权利的状态。国家为实现其职能可以创设多种社会实体，如各种基金、信托、银行等社会法人和企业法人，如果这些实体与国家存在隶属关系，不具有独立的法人资格，其拥有的财产可以视为国家财产。但如果这些实体与国家并无隶属关系，而且具备独立的法人资格，相关财产一般不能视为国家财产。[2]

二、可执行国家财产的分类

根据各国的立法与司法实践，对于国家财产中哪些部分可能适用于法院执行的态度和做法各有差异，主要涉及下述几种

---

[1] See Art. 2, The United Nations Convention on Jurisdictional Immunities of States and Property, Dec. 16, 2004, UN.

[2] 梁淑英在《浅析国家豁免的几个问题》一文中指出："在各国的实践中，绝大多数国家都把国有企业和国家本身相区分，一般都认为国有企业不是国家豁免的主体，不能将它与国家或政府相提并论，除非其他被授权行使国家主权权利，原则上不应享有管辖豁免。"参见梁淑英："浅析国家豁免的几个问题"，载《政法论丛》2000年第2期，第110页。

分类的标准：

(一) 商业用途或非商业用途

这是各国用于区分可执行财产种类的最主要分类标准，这与限制豁免理论的发展息息相关。在采用限制豁免理论的国家里，虽然承认国家豁免是一项基本原则，但对于国家用于商业用途的财产，是法院执行豁免的重要例外。对于外国用于公共目的、具有主权性质的财产，各国基本都承认该国享有执行豁免权，除非该国明示放弃；而对于国家用于非主权目的的，尤其用于商业用途的财产，则不得免于法院执行。在国际立法中，《联合国国家及其财产管辖豁免公约》即采取了这种标准，如第19条规定把"已经证明该财产被该国具体用于或意图用于政府非商业用途以外的目的"的国家财产排除在有关法院执行豁免之外。[1] 在各国立法中，英国《国家豁免法》第13条第4款规定，英国法院可对正用于或拟用于商业目的的外国国家财产采取任何程序，除了《关于国家豁免的欧洲公约》的缔约国外。[2] 类似的规定还能见之于澳大利亚《外国国家豁免法》第32条、加拿大《外国国家在加拿大法院豁免法》第11条第1款第2项以及美国《外国主权豁免法》第1610条等。而在司法实践中，也出现了诸多相关案例。正如在国家用于商业用途的财产是否属于可执行范围问题上具有里程碑意义的2006年康州商业银行诉刚果共和国案中，美国第五巡回法院特别强调了依据

---

[1] See Art. 19, The United Nations Convention on Jurisdictional Immunities of States and Property, Dec. 16, 2004, UN.

[2] See Art. 13, The State Immunity Act, Jul. 20, 1978, United Kingdom. 至于例外情况的规定是基于《关于国家豁免的欧洲公约》第23条规定："不得对缔约国在另一缔约国领土内的财产采取任何执行措施或保全措施，但个别案件，经缔约国以书面明示同意时，在其同意的范围内，不在此限。"因此，对于该公约缔约国财产涉及的执行豁免问题，英国应遵守公约的规定。

美国《外国主权豁免法》第1610条第1款对"用于商业活动"用语的解释，即在美国境内的外国用于商业用途的财产不得享受执行豁免。法院还援引了国会的有关解释："有关财产应根据其用途，而非性质进行认定。"[1]该法院最后支持了债权人要求扣押债务国财产的请求。

尽管采取限制豁免理论的国家对于商业用途的国家财产视为执行豁免的例外，但具体规定上，仍存在不同的做法。在商业用途的时间界定上，对于正在使用的商业用途的国家财产是否不得免于法院执行，各国普遍持肯定的态度。但对于"曾经用于"或"将要用于"商业用途的国家财产，各国的做法则不尽相同。对于前者，有的国家认为"曾经用于"商业用途的国家财产可作为法院执行的对象，如美国等。美国《外国主权豁免法》第1610条第1款第2项明确规定，国家"现在用于"或"过去用于"商业用途的财产不得享受执行豁免。在2004年沃克国际控股有限公司诉刚果共和国案中，原告债权人依据《外国主权豁免法》第1610条第1款第2项申请法院执行刚果政府位于美国的财产，认为该财产曾经用于商业用途不得免于法院执行。但第二巡回法院及第九巡回法院认为原告没有证据证明债务国的有关财产曾经用于商业用途，因此驳回了其执行请求。[2]对于后者，有的国家认为"将要用于"商业用途可以作为考虑国家财产是否可以执行的一个因素，如英国加拿大、新

---

[1] See Connecticut Bank of Commerce v. Republic of Congo, as cited from Jonathan I. Blackman, Rahul Mukhi, The Evolution of Modern Sovereign Debt Litigation: Vultures, Alter Egos, and other Legal Fauna, *Law and Contemporary Problems*, 2010, Vol. 73, p. 58.

[2] See Walker International Holdings Ltd. v. Republic of Congo.

加坡、法国等。[1]相反，也有国家的司法实践中反对以"将要用于"商业用途作为判断国家财产免于执行豁免的依据。在1983年"伊朗国家石油公司销售石油收入案"中，联邦德国宪法法院就拒绝根据外国国家财产的"预定用途"决定执行豁免问题。[2]而另外一些国家，则对商业用途的时间没有做特别规定，仅一般性规定用于商业用途的国家财产不得享有执行豁免，如澳大利亚《外国国家豁免法》。[3]

在商业用途的地点联系上，在仅有的几个专门的国家豁免立法中，除美国立法规定被执行的具有商业用途的国家财产需在美国领土内以外，都没有就该事项进行专门规定。美国《外国主权豁免法》第1610条第1款规定："外国在美国的财产用来在美国进行商业活动的，不得就本法生效以后联邦法院或者州法院所作的判决而在辅助执行的扣押问题上或者在执行问题上享受豁免。"[4]在2012年奥勒留资本合伙公司诉阿根廷案中，原告债权人请求美国法院执行位于阿根廷境内的阿根廷社会保障基金的资金，法院以该外国财产不在美国境内为理由之一驳回了原告的请求。[5]值得注意的是，在2004年《联合国国家及其财产管辖豁免公约》中，联合国国际法委员会也将"处于法院地国领土内"作为法院在判决后对用于或意图用于政府非商

---

〔1〕 See Art. 13（4）, The State Immunity Act, Jul. 20, 1978, United Kingdom; Art. 11（1）（b）, Sovereign Immunity Act, Jun. 3, 1982, Canada; And Art. 15（4）, State Immunity Act, Oct. 12, 1979, Singapore.

〔2〕 参见《国际法判例汇编》（第65卷），第215页。转引自龚刃韧：《国家豁免问题的比较研究——当代国际公法、国际私法和国际经济法的一个共同课题》（第2版），北京大学出版社2005年版，第283页。

〔3〕 See Art. 32, Foreign State Immunity Act, Dec. 16, 1985, Australia.

〔4〕 See Art. 1610, Foreign Sovereign Immunities Act, Oct. 21, 1976, United States.

〔5〕 See Aurelius Capital Partners, LP v. Republic of Argentina.

业用途以外的国家财产实施强制措施的条件之一。[1]

随着主权债务违约案件的增多,如何适宜地处理执行豁免问题无疑具有重要的意义。将国家财产在执行程序中以商业用途和非商业用途的标准来划分对待,是限制豁免理论在执行领域的延伸。这种延伸是否恰当,似乎值得商榷。毕竟执行程序会真正处分有关国家财产,稍有不慎,容易引起国家间关系的紧张,严重的话甚至会引起涉案国家的反报行为。所以历来各国在执行程序中对待国家财产的态度都偏向"绝对豁免",正如《关于国家豁免的欧洲公约》的做法,完全不对国家财产进行区分,而一律规定缔约国不得执行其他缔约国的国家财产,除非该国书面明示放弃豁免。[2]关于商业用途在时间和地点的具体规定是否恰当,仍存在一些争议。首先,对于前者,如果国家财产"曾用于"和"正用于"商业用途,这是相对容易判断的。问题在于,仅依据"曾用于"商业用途就对其视为现在或以后都将用于商业用途,在逻辑上等同于"一朝为娼妓则永远为娼妓",这种逻辑欠缺足够的说服力。而"将用于"或"拟用于"商业用途的国家财产在判断上就更不好处理了。对于一个将要实施而尚未实施的行为或意图,如何证明其目的才算充分?举证责任由谁承担?证据规则如何确定?这些问题都没有一条具有足够说服力的准则。其次,将涉及执行程序的国家财产限制在法院地所在国领土范围之内,是较为合理的一个观念。这代表了法院对国家财产控制和执行在态度上的克制,可以避免无限扩大法院管辖权,也是法律效力的属地原则在这一领域的反映,这一观念已为《联合国国家及其财产管辖豁免公约》

---

[1] See Art. 19, The United Nations Convention on Jurisdictional Immunities of States and Property, Dec. 16, 2004, UN.

[2] See Art. 23, European Convention on State Immunity, May 12, 1972, Basel.

所采纳。然而除了美国,大多数国家在立法上并未将这种联系转化为法律。

(二) 领土联系

除了上述美国法律规定具有商业用途的国家财产需要同时考虑领土因素以外,领土联系在一些国家可以作为一项独立的判断标准。这主要体现在两个方面:第一,在司法实践中将领土联系适用于所有可能涉及执行豁免的外国国家财产,如瑞士;第二,在一些特殊种类的国家财产中适用领土联系,如英国、加拿大以及澳大利亚等国家。

瑞士在主权债务违约的问题上坚持不区分管辖豁免和执行豁免,强调案件事由和财产与瑞士的领土联系。瑞士将主权债务违约视为商业行为而不享有豁免权,但瑞士法院仅对与其有某种地域联系的债务行为(如债券发行地或偿还地在瑞士)进行管辖。如果没有这种联系,法院就会拒绝受理案件,也不允许对外国国家财产实施执行措施。[1]

而对如不动产这样特定种类的国家财产的执行,各国法律普遍要求与法院地国存在领土联系。如加拿大《外国国家在加拿大法院豁免法》第 12 条第 1 款第 3 项规定,外国国家位于加拿大的财产,应豁免于扣押与执行,在对物之诉中应豁免于扣留、留置、查封或没收,但执行判决所确认的权利是涉及位于加拿大的不动产的除外。[2]类似的规定见之于美国《外国主权豁免法》第 1610 条第 4 款第 2 项、新加坡《国家豁免法》第 8 条第 1 款第 1 项。而英国和澳大利亚的国家豁免立法则没有对不动产的领土联系进行规定。

---

[1] 参见 [英] 乔治斯·R. 德劳莫:"主权豁免与公债",张文庆译,载《环球法律评论》1991 年第 2 期,第 60 页。

[2] See Art. 11, The State Immunity Act of Canada, July. 15, 1982 (2012).

领土联系一直是法院在确定管辖权和实施执行程序时考虑的一个重要因素。实际上，领土联系对两者产生的影响是不同的，对前者是显性的，对后者则是隐性的。在法院管辖中，一国对于亟须本国司法管辖或与本国利益有重大影响的行为或财产设定领土联系，形成专属性的管辖；而对于本国需要保护的境外发生的行为或财产，则可淡化领土联系，从而扩大内国法院的管辖权。因此，在法院确定管辖权方面，对领土联系进行明确规定是有必要的。而在法院实施执行程序时，基于司法效力的严格的属地原则，法院仅能对本国领土内的行为或财产实施强制措施，包括执行财产程序，因此对具体的法律行为或财产则无专门规定领土联系的必要。因此，将领土联系加入到司法管辖和执行中，是国家对司法制度的自我约束。

（三）与诉求有关

对于可能被执行的财产与诉讼请求所基于的国家行为性质或对象是否有关系，各国持有不同的态度。有些国家对此抱以肯定的态度，如美国、法国、意大利等国家。美国《外国主权豁免法》第1610条第1款第2项规定："该财产用于或者过去用于诉讼要求所基于的商业活动。"[1]该法将可执行的国家财产与诉讼所涉及的商业活动联系起来，如果没有这种联系，则法院不得实施执行程序。正如1985年索纳特拉赫公司诉米热恩案中，法国最高法院认为外国国家的财产在已被用于诉讼要求所根据的私法性质活动时，作为例外可受查封或扣押。[2]但在其他国家，如英国、德国、新加坡等没有类似的规定。

---

〔1〕 See Art. 1610, Foreign Sovereign Immunities Act, Oct. 21, 1976, United States.
〔2〕 参见《国际法判例汇编》（第77卷），第525页。转引自龚刃韧：《国家豁免问题的比较研究——当代国际公法、国际私法和国际经济法的一个共同课题》（第2版），北京大学出版社2005年版，第288页。

另外，在英美法系国家里，有的国家在对物诉讼中将可执行财产与诉讼标的物联系起来。尤其是在对船舶提起的执行程序中。如英国《国家豁免法》第10条规定："国家在对属于该国家所有的船舶提起的对物之诉中不享有豁免权。"[1]即对物诉讼中，国家及其财产既不享有管辖豁免权，也不享有执行豁免权。又如澳大利亚《外国国家豁免法》第32条第2款规定："外国国家在涉及船舶或货物的诉讼中不享有执行豁免权。"[2]而值得注意的是，深受英国立法影响的新加坡和加拿大，在这方面规定稍有不同。新加坡《国家豁免法》第15条第2款和第4款规定：在对物之诉中，外国国家财产不得被扣押、留置或拍卖，但正用于或拟用于商业目的的财产除外。[3]类似规定也见之于加拿大《外国国家在加拿大法院豁免法》第11条第2款[4]。可见，英国和澳大利亚直接规定了对物诉讼中国家财产不得免于法院执行，但新加坡和加拿大原则上对于对物诉讼的标的物赋予了执行豁免权，仅在与商业用途联系起来时，才不得免于法院执行。

在主权债务违约案件中，法院执行程序的目的在于及时、有效地扣押、留置以及处分债务国的国家财产，以作补偿债权人遭受的损失之用。但不能忘记的是，司法公正原则要求法院在执行有关财产时需要均衡考虑债权人和债务国双方的权益。将国家财产的执行与诉讼请求所基于的行为性质或对象联系起来，为这种均衡提供了一个不错的思路。仅因债务国的某些违约行为，而将法院地国领土范围内所有的该国财产全部纳入执

---

[1] See Art. 10, The State Immunity Act, Jul. 20, 1978, United Kingdom.

[2] See Art. 32, Foreign State Immunity Act, Dec. 16, 1985, Australia.

[3] See Art. 15, State Immunity Act, Oct. 12, 1979, Singapore.

[4] 该条款规定，在对物之诉中，外国国家位于加拿大并用于或拟用于商业活动的财产，不得豁免于扣留、留置、查封或没收。

行程序的范围,这种类似于连带责任的处理方法是值得商榷的。毕竟债务违约行为是特定的、具有针对性的,债权的相对性应体现在具体的债务关系中。而将与之无关的其他国家财产牵连进来,是否对在这些国家财产上同样享有债权的其他人存在不公之嫌?因此,将与该行为性质或诉求对象有关的国家财产作为法院执行的对象,符合债务关系中双方当事人对可能遭受损失和获得利益的预期,也体现了法院在主权债务违约案件中的克制态度。固然,债务国在违约时一般已全部或部分丧失还债能力,这种情况下与主权债务发行或违约相关的国家财产还能存在多少价值,答案一般是让人失望的。债权人往往也是基于这样的原因,才会请求法院执行债务国的其他财产。如何更合理地保护债权人利益的实现,仍需依赖于法官对正义和公平原则的理解。

三、特定种类的国家财产

(一) 银行账户

在当代,除了具有重大价值的不动产之外,最能体现外国国家资产的一般就是该国开设的各种银行账户。根据外国在内国开设的银行账户,主要包括外交机构的银行账户和其他实体的普通银行账户。

对于外交机构的银行账户。根据《联合国国家及其财产管辖豁免公约》第21条第1款第1项规定:"该国外交代表机构、领事机构、特别使团、驻国际组织代表团、派往国际组织的机关或国际会议的代表团履行公务所用或意图所用的财产,包括任何银行账户款项。"[1]不应被视为一国具体用于或意图用于政

---

[1] See Art. 21, The United Nations Convention on Jurisdictional Immunities of States and Property, Dec. 16, 2004, UN.

府非商业用途以外的财产,而免于有关法院的执行程序。可见,该公约给予了外交机构的银行账户以极高的保护,这一点也符合世界大多数国家的司法实践。正如1989年本纳马尔诉阿尔及利亚大使馆案中,意大利最高法院明确指出,根据国际习惯法,外国使馆的银行账户享有绝对的执行扣押豁免,对这种财产的全部还是部分用于主权目的的查证,都将构成对外国外交使团职务的不适当的干预。[1]虽然现在出现了少数几个判例对外交机关银行账户做分类区分,甚至允许法院对外国使馆的银行账户采取强制措施,[2]但国际社会普遍的做法仍是给予外交机关银行账户免于法院执行的特权。

对于其他实体的普通银行账户。这些实体包括国家机关,国家机构和部门,联邦国家组成单位或国家政治区分单位,以及其他诸如国家社会保障基金、养老基金以及国有公司等国家分支机构或代理实体。首先,需要对上述账户进行一个划分,即哪部分属于国家财产,哪部分不属于国家财产。这一划分的主要意义在于,非国家财产不属于法院执行程序的考虑范畴。一般来说,国家机关属于国家的组成部分,其开设的账户理当属于国家财产;国家机构和部门以及其他分支机构或代理实体,只有得到国家授权并行使国家权力的情况下才能视为国家,有关的银行账户也才能视为国家财产,如大部分的中央银行[3]、国家设立的各种基金会、信托公司、投资公司以及国有公司都属于这一类;联邦国家组成单位或国家政治区分单位,如果具

---

〔1〕 参见《美国国际法学报》1990年第84卷,第573页。转引自龚刃韧:《国家豁免问题的比较研究——当代国际公法、国际私法和国际经济法的一个共同课题》(第2版),北京大学出版社2005年版,第291页。

〔2〕 参见1980年伯奇航运公司诉坦桑尼亚大使馆案。

〔3〕 关于中央银行的管辖豁免和执行豁免问题已在上文第二章第二节进行了详细探讨。

有独立的法人地位,并能单独地承担诉讼和法律责任,其资产应视为独立于国家财产,尤其不因用于偿还中央政府所发行的主权债务而遭受有关法院的执行程序。[1]反之,则应视为国家财产,纳入法院可能执行的考虑范围。对于认定为国家财产的银行账户,国际立法和各国实践存在三种不同的做法:第一种,对于具有多种用途的银行账户。如荷兰、英国等国家的法院认为,只要部分用于商业用途就可作为强制措施的对象。但美国、德国等国家的法院则认为,除非明确指定用于商业目的,外国国家的银行账户资金不得作为强制措施的对象。[2]第二种,对于未指定具体用途的银行账号。如奥地利、法国等国家的法院认为即使银行账户没有确定具体用途,法院也不得对其实施任何强制执行程序。但瑞士、德国等国家的法院则认为,没有具体用途的资金与用于私法或商业活动的资金一视同仁,不得免

---

[1] 正如在1983年第一国家城市银行诉古巴出口商业银行案(First National City Bank v. Banco Para El Comercio Exterior De Cuba)中,美国最高法院在判决中认为,国家的分支机构以及其他政治区分单位,应视为享有独立的法律地位,其财产不能视为国家财产予以强制执行。事实上,各国对于国家机构、部门、联邦国家组成单位或国家政治区分单位以及其他国家分支机构或代理实体的态度上是有所不同的,这在美国、英国、加拿大的国家立法以及《关于国家豁免的欧洲公约》的有关规定可以体现。但一般的态度是,即使这些机构被授权并行使国家主权行为,但只要是该财产用于商业用途的话,即不得免于法院执行程序。

[2] 前者如荷兰阿姆斯特丹地方法院在1978年摩洛哥王国诉德特拉彭博格案的判决,英国上诉法院在1983年阿尔科姆有限公司诉哥伦比亚案的判决以及美国联邦哥伦比亚地区法院在1980年伯奇航运公司诉坦桑尼亚大使馆案的判决;后者如美国联邦纽约南部地区法院在1986年利比亚东部木材公司诉利比亚共和国政府案的判决、联邦德国波恩地方法院在1987年果菜园污染案的判决等。转引自龚刃韧:《国家豁免问题的比较研究——当代国际公法、国际私法和国际经济法的一个共同课题》(第2版),北京大学出版社2005年版,第286页。

于执行豁免。[1]第三种,对于指定了具体用途的银行账户。对于这种账户,各国一般依据其用途区分为主权用途和商业用途,前者享有执行豁免,后者则不得享有执行豁免。而对于"已经拨出或专门指定该财产用于清偿诉讼标的的请求"的银行账户,不得免于法院执行,《联合国国家及其财产管辖豁免公约》第19条第2款对此予以规定。[2]

各国银行账户的资金与其他种类的资产在本质上同属于国家财产,因此在法院执行程序中基本采取相同的做法,除了少数机关的银行账户需要给予特殊保护。但由于银行账户的易于执行性,因此往往成为主权债务违约诉讼中请求执行的对象,从而成为主权债务诉讼中争论的焦点。有关法院做出的许多具有影响力的判例,无疑为解决这些争议提供了一些思路。

(二) 国家信用

与其他关于国家豁免的案件不同,在主权债务违约案件中,国家信用扮演着十分重要的角色。一方面,国家信用是对主权债务发行的重要保证。在某种程度上,国家信用决定了债务发行的数量、质量以及信誉。另一方面,在发生主权债务违约后,国家信用受到损害首当其冲。国家信用下滑严重的话,常常成为国家发生债务危机的导火索。

国家信用作为国家资产的重要组成部分,一直以来没有被

---

[1] 前者如奥地利最高法院在1958年诺伊施泰因诉印度尼西亚共和国案的判决、法国最高法院在1971年克莱热诉北欧商业银行案的判决;后者如瑞士联邦法院在1960年阿拉伯联合共和国诉×夫人案、联邦德国斯图加特地方法院在1971年西班牙领事馆银行账户案。转引自龚刃韧:《国家豁免问题的比较研究——当代国际公法、国际私法和国际经济法的一个共同课题》(第2版),北京大学出版社2005年版,第287页。

[2] See Art. 19, The United Nations Convention on Jurisdictional Immunities of States and Property, Dec. 16, 2004, UN.

各国法院考虑作为执行程序的对象，这是由其特点决定的。国家信用属于国家无形资产，与一般的有形资产不同，并不具备实体化的物质形态，无法对其进行控制和处分；而且，国家信用与一般的无形资产也不同，后者可通过载体或资料来证明其价值，而国家信用无法通过此种手段来体现。然而，这并不意味着国家信用是一种司法程序"无法触碰"的领域。事实上，法院和仲裁庭在主权债务违约案件中做出的判决或裁决，都会对债务国的国家信用产生不同程度的影响，这会促使涉案国家不得不关注相应的判决结果。而随着主权信用评级机构的日益发展和成熟，他们在最近几次重大主权债务危机中发挥的巨大影响，似乎为国家信用转化为具有可控性和可处分性的国家财产提供了一种可能和臆想。第一，国家主权信用的指标化。以国际三大主权评级机构为例，穆迪将长期主权信用从 AAA 到 C 分为 21 级，短期主权信用分为四级。标普将长期主权信用分为 6 级，短期为 21 级，惠誉的分级方法和标普类似。可见，对国家主权信用的量化处理使得对国家信用的处分具备一定的可操作性。第二，主权信用评级机构做出的评级决定对主权债务违约的走势具有明显的影响力。以迪拜主权危机和欧债危机为例，三大机构对有关国家的主权信用降级决定往往导致该国信用下跌，从而引起债市动荡，外资抽离，使得债务国还债压力倍增，最后引发大面积的债务危机。可见，国家信用已不再是过去那种无法量化、无法控制和"不可触碰"的国家财产，但这种资产是否可以成为法院执行程序的对象，在法院与这些指标化的评级决定之间建立起具有执行力度的制度联系之前，还只是作为一种可能性的想象。

在建立这种具有执行力度的制度联系之前，有一些困难是无法忽视的：第一，主权评级机构的权威性无法保障。现有的较为权威的国际性三大评级机构——穆迪、惠誉和标普都是以私人主体资格出现,其所做出的决定并不具有国际法上的效力。而政府间国际组织的权力源自于国家公权力的让渡,其所做出的官方决定具有法律效力,这是其他组织所欠缺的。而这种国际法上的效力,正是国际司法协助的基础。第二,对于现有的国际主权评级机构的评级标准,各国对其合理性一直存在质疑。如果评级标准没有公认的合理性依据,这会直接动摇评级决定合法性的根基。第三,评级机构的中立性问题。评级机构的中立性会影响评级标准和评级决定的公正,如果不能排除评级机构与其他关系方的特殊联系,或许很难形成世界各国对该评级机构的普遍认可。第四,法院对国家信用的处罚标准问题。如何确定债权人遭受损失与国家信用之间的联系程度,对任何国家的司法制度而言都是一个挑战。对国家信用进行处罚是具有破坏性的,而且往往超出一国法院的可控范围,尤其是在没有相应的补救措施的情况下。这种处罚更多是一种威慑力,以促使债务国偿还所负之债务。

(三)其他国家财产

在国际立法和实践中,会将一些需要特别进行保护的财产进行专门地规定,使之免于法院的执行程序。除了上文提到的外交机关和中央银行的相关财产外,主要还有用于军事目的的财产、文化遗产、国家档案、科学、文化及历史展品等。正如《联合国国家及其财产管辖豁免公约》第21条规定:"一国的以下各类财产尤其不应被视为第19条c项所指被一国具体用于或意图用于政府非商业用途以外目的的财产:a.该国外交代表机构、领事机构、特别使团、驻国际组织代表团、派往国际组织的机关或国际会议的代表团履行公务所用或意图所用的财产,包括任何银行账户款项;b.属于军事性质,或用于或意图用于军事目的的财产;c. 该国中央银行或其他货币当局的财产;d. 构成该国文化遗产的一部分或该国档案的一部分,且非供出售或意图出售的财产;e. 构成具有科学、文化或历史价值的物品展览的一部分,且非供出售或意图出售的财产。"上述财产可免于有关法院的执行程序,无论该执行程序属于判决前还是判决后,除非上述财产所有国通过:①国际协定;②仲裁协议或书面合同;③在法院发表的声明或在当事方发生争端后提出的书面函件;或④该国已经拨出或专门指定该财产用于清偿该诉讼标的的请求做出的明示同意法院执行。[1]在国家立法和实践层面,各国基本认可对于上述特定种类的国家财产给予比一般国家财产更高的保护,只是在具体财产的对待上,存在一些程度上的差异。

上述国家财产或是只能为国家实现其主权目的服务,或是一般情况难以区分其属于商业用途或非商业用途,最后将其归于国家主权用途,或是出于现实需要的考虑而被赋予了免于法院执行的豁免权,这种做法是具有现实合理性的,也普遍为各国立法和实践所支持。

第三节 外国法院判决和国际仲裁裁决的承认与执行

债权人将债务国的债务违约行为提交法院审判或仲裁裁决,如果得到了该法院或仲裁庭的有利判决或裁决,但该判决在法院地国的执行尚未满足债权人的需要或仲裁裁决没有得到有效执行的情况下,债权人会寻求其他法院的救济,这就会产生法院判决和仲裁裁决的承认与执行问题。基于多种原因的考虑,

---

[1] See Art. 18, 19 and 21, The United Nations Convention on Jurisdictional Immunities of States and Property, Dec. 16, 2004, UN.

债权人将已生效判决或裁决提交有关法院承认与执行的情况经常会出现。

一、对外国法院判决的承认与执行

根据国际社会的立法实践来看,各国对于涉及国家豁免问题的法院判决和仲裁裁决一般是依据普通民商事诉讼程序规则进行处理,主要适用的法律包括国内立法、双边协定以及国际公约。其中,具有较大影响力的国际公约包括:1969年《布鲁塞尔关于民商事案件管辖权及判决执行的公约》、1988年《卢加诺关于法院对民、商事管辖权和判决执行的公约》以及1979年《美洲国家间关于外国判决和仲裁裁决的域外有效性公约》(The Montevideo Inter-American Convention on Extraterritorial Validity of Foreign Judgments and Arbitral Awards),这三个地区性公约主要在欧洲和美洲适用。在国际条约方面,国际私法协会制定了1971年《民商事案件外国判决的承认与执行公约》(The Hague Convention on the Recognition and Enforcement of Foreign Judgments in Civil and Commercial Matters)和2005年《选择法院协议公约》,前者仅有荷兰、葡萄牙和塞浦路斯少数几个国家参加,而后者至今尚未生效,仅有墨西哥批准加入该公约。[1]可见,在世界范围内,尚未形成一种统一规则,各国在关于法院

---

[1] 根据该公约规定,仅需两个国家批准即可生效,但至今只有墨西哥批准加入,因此公约尚未生效。但公约经过13年的反复讨论,吸取多方的意见,所制定出来的规则具有很高的适用性和操作性,已经越来越为各国所重视。欧盟和美国已经签署该公约,而且有关部门和社会团体体现出极大的热情推动政府积极批准公约,已有了较大的进展。乌克兰司法部也组织了由学术团体、教研机构以及律师组成的公共顾问组织,确立了加入公约的进程。乌拉圭、俄罗斯、土耳其、塞尔维亚也明确表示出了成为公约缔约国的巨大意愿。印度、澳大利亚、德国、加拿大等其他国家也在近期的有关判例中吸取了公约的一些规则和条款。See Hague Conference on Private International Law: Ongoing Work on International Litigation, March, 2013, p.3~5.

判决和仲裁裁决的承认与执行规则上仍存在较大争议。但上述条约或公约的部分规则和理念，已为部分国家的国家豁免法所吸收，债权人在申请外国法院对有关判决或裁决承认与执行时，法院可以依据有关法律直接予以适用。

（一）应对外国法院判决予以承认与执行的情况

对于外国法院的判决，内国法院可依两个因素来决定是否予以承认与执行：

第一，法院具有合法的管辖权。根据《关于国家管辖的欧洲公约》第20条第1款第1项规定，依照该法第1条至第13条的规定，该国不得主张司法豁免者，缔约国应给另一缔约国法院做出的判决以效力。[1]第1条至第13条规定的关于管辖豁免例外的事项，如商业交易、雇用合同、有关不动产等。而且，该公约第25条第3款第1项同时规定，经做出原判决的法庭地国家和另一缔约国参加的协议条款承认其管辖权时，缔约国仍应赋予该判决法律效力并执行。[2]可见，在上述两种情况下，法院可认定做出该判决的缔约国法院对有关诉讼具有合法的管辖权，可对该判决予以承认和执行。而且，在公约25条第3款第2项还规定，如外国法院与另一外国之间无协议条款，但根据国际私法规则可使该外国法院获得管辖权时，该法院所作的判决应视为具备合法的管辖权。但这一规则不适用于合同所发生的问题。[3]本条规则不适用基于主权债务违约诉讼产生的法院判决，债权人可以前两项规则确定的管辖权为基础，请求有关法院承认和执行有关判决。

根据英国《国家豁免法》第13条规定，判决涉及的财产属

---

[1] See Art. 20, European Convention on State Immunity, May 12, 1972, Basel.
[2] See Id., Art. 25.
[3] See Id.

于正用于或拟用于商业目的的财产,以及该判决中外国的书面同意放弃豁免(这种同意并不只是对管辖权的放弃,而是放弃所有司法救济程序的豁免权),英国法院可对这两种法院判决予以承认与执行。[1]第二种情况因为存在国家的书面同意放弃豁免,其证据是显然的。对于第一种情况,英国法院仅需判断在该判决中是否存在商业行为或用于商业用途的财产即可,而英国法允许法院对外国判决进行实质性审查。[2]正如在 NML 诉 Argentina 案中,NML 在美国纽约法院取得了有利判决后,申请英国法院予以执行。英国最高法院在判决中指出,阿根廷政府在纽约发行债券属于商业交易,而且,阿根廷在债券合同中明确放弃了国家豁免权,并同意基于该债券的最终判决可以在任何其他法院予以执行。因此,最高法院对该判决予以承认并执行。[3]可见,债权人在购买债务国发行的债券或签订其他债务合同时,不仅会约定债务国放弃管辖豁免权和执行豁免权,还会约定放弃基于该债务行为形成的所有司法救济方式主张国家豁免的权利。虽然从未出现过国家针对法院承认与执行外国法院的判决时主张国家豁免权的情况,但是明确的放弃条款无疑会让有关法院在决定是否承认与执行外国判决时更加容易。

第二,该判决是生效的终局判决。《关于国家豁免的欧洲公约》第 20 条第 1 款第 2 项规定:"该判决为缺席判决而不得或不再得予以废弃,或该判决为不得,或不得再进行上诉,或依其他通常程序请求复审或予以撤销者。"[4]根据大多数国家的国

---

[1] See Art. 13, The State Immunity Act, Jul. 20, 1978, United Kingdom.
[2] 正如《关于国家豁免的欧洲公约》第 21 条第 2 款中规定,允许缔约国法院基于是否承认与执行外国法院判决的考虑,而对该判决的实质性问题进行审查。英国 1920 年《执行法院判决法令》第二部分也有类似规定。
[3] See NML Capital Ltd v. Argentina, 2011, C. L. C. Vol, 2, p. 373.
[4] See Art. 20, European Convention on State Immunity, May. 12, 1972, Basel.

家豁免法，法院可对被诉国做出缺席判决，但须符合严格的限制条件。无论是普通判决还是缺席判决，只有作为终局判决才有可能为法院承认与执行。又如英国《国家豁免法》第 13 条第 4 款第 2 项规定，对于不属于商业目的的船舶以外的判决，而所涉财产又是正用于或拟用于商业目的的财产，英国法院可对那些不得上诉或不能再上诉的判决，或属不可驳回的缺席判决进行承认与执行。[1]由于英国是 1926 年《关于统一国有船舶豁免的若干规则的公约》的缔约国，与船舶有关的诉讼，都适用该公约，因此将有关判决排除在《国家豁免法》的调整范围。值得注意的是，上述英国法中对终局判决的规定，仅适用于《关于国家豁免的欧洲公约》其他缔约国法院做出的判决。可见，英国对于涉及缔约国财产的判决，不仅要求该国家财产正用于或拟用于商业用途，还要求该判决必须是一个终局判决，体现出一种更为谨慎的限制态度。尚未生效或仍有其他诉讼救济手段的判决，法院对其进行承认与执行，无形中会损害原诉当事人上诉、再审以及行使其他司法救济手段的权利，并使得司法判决效力处于一个不确定的状态，并不利于维护国际司法秩序的稳定。因此，在多数国家看来，只有那些不能再被提请法律补救的争辩时，或者不再存在正常司法救济时（no longer subject to ordinary judicial remedy），才是一个终局的判决，法院才能以其作为承认和判决的对象。[2]

（二）应对外国法院判决不予以承认与执行的情况

根据《关于国家豁免的欧洲公约》第 20 条第 2 款和第 3

---

[1] See Art. 10, 13 and 18, The State Immunity Act, Jul. 20, 1978, United Kingdom.

[2] 参见杜新丽：《国际民事诉讼与商事仲裁》，中国政法大学出版社 2009 年版，第 133 页。

款，公约列出了多种可能影响法院给予外国判决效力的情况：①违反该国的公共政策；②违反程序公正，未依法送达，或一方当事人未有适当机会以充分陈述其案情；③同一事由已另有诉讼；④存在相反判决；或⑤特定案件的管辖权瑕疵或法律适用瑕疵者。[1]英国《国家豁免法》第18条和第19条深受《关于国家豁免的欧洲公约》的影响，几乎照搬该公约的规定。可见，上述国家豁免法中关于拒绝外国判决的承认与执行的规定与一般的国际立法和司法实践相吻合，实质上是国际法中普遍承认的拒绝外国判决效力的基本理由在国家豁免领域的具体化体现。在其他国家的国家豁免立法中没有具体规定的情况下，可以适用民事诉讼法、国际私法或其他国际法规则。对于债务国来说，相比较其他程序上的瑕疵，公共秩序也许是一个较为灵活的抗辩主张。债务国如果要在判决的承认与执行过程中寻找对其有利的立足点，应深入了解受理法院对公共政策的特定理解。以英国为例，英国学者戚希尔提出的"特殊政策"（近似于"公共政策"）概念，认为："（1）与英国基本的公平正义观点不相容；（2）与英国的道德观念相抵触；（3）损害了英国的利益以及同外国的友好关系；（4）某一外国法侵犯了英国关于人和行动自由的观念。"[2]除了（1）（2）（4）项外，第（3）项也许是债务国基于公共政策抗辩的不错理由，如果英国法院认为承认和执行了有关判决会对英国与债务国之间造成不良的关系，这将成为影响法

---

[1] See Art. 20, European Convention on State Immunity, May. 12, 1972, Basel. 另外，"特定案件的管辖权瑕疵或法律适用瑕疵者"是指依据该条第3款规定，对于该判决涉及由于继承、赠与或取得无主物而发生的关于动产或不动产的权利，而判决地法院若准用了被诉国奉行的司法管辖权的规定即不得享有管辖权，或未依照被诉国国际私法规则适用应适用的法律而适用了其他法律，从而导致结果不同的判决时的情况下，缔结国无须给予该判决以法律效力。

[2] See Cheshire, North, Private International Law, 1992, 12th ed., pp. 131~133.

院最终裁决的重要因素。还有,"国际公共政策"的概念也许也会帮助债务国争取到有关法院的同情,尤其是承认和执行有关判决会对债务国造成重大负担,从而影响其国民基本人权的保障。[1]当然,在绝大多数情况下,各国法院总会谨慎适用公共政策规则,体现得更多的是一种保守的态度。

二、对国际仲裁裁决的承认与执行

由于国际仲裁一经做出,当事人不得再向法院提起诉讼或请求其他机构改变其裁决,因此,当债务国不履行偿还义务时,债权人唯得请求法院对仲裁裁决予以承认与执行。各国法律普遍都对外国仲裁裁决的效力予以承认,除非存在法定理由予以拒绝。这些条款大量见之于各国国内法、双边友好航海通商协定和各种国际公约[2]中。其中以1958年《承认与执行外国仲裁裁决的纽约公约》(即《纽约公约》,The New York Convention on the Recognition and Enforcement of Foreign Arbitral Awards)最有影响,至今已有约150个缔约国,基本上成为在世界范围内公认的承认与执行外国仲裁裁决的规则。《纽约公约》不仅在缔约国之间具有法律效力,而对于少数尚未加入公约的非缔约国来说,也对他们的立法和司法实践产生了巨大的影响。因此,对于债权人来说,通过仲裁方式获得的裁决,在国际社会中具有很高的执行力。可见,虽然债权人更加偏好提起司法诉讼来解决主权债务违约纠纷,但仲裁仍有其不可取代的统一性执行优势。

---

[1] 这里的"国际公共秩序"是依据瑞士法学家布鲁歇提出的两分法,主要涉及国际法中具有强制适用效力的规则和原则,如国际人权法、人道法和反战争法等。

[2] 在国际仲裁领域,具有较大影响力的多边公约有:1928年《布斯塔曼特法典》(The Bustamante Code)、1975年《美洲国家间国际商事仲裁的公约》(Inter-American Convention on International Commercial Arbitration)以及1961年《欧洲商事仲裁协议》(European Convention on International Commercial Arbitration)。

由于《纽约公约》高度统一了国际商事仲裁的承认与执行规则，各国的国家豁免立法基本上没有就该方面进行另外规定，有关事项皆可直接适用《纽约公约》的有关规则。《纽约公约》承认了国际仲裁裁决的法律效力，同时也穷尽地列举了法院可以拒绝承认和执行外国裁决的理由。第一，程序方面理由。包括：①仲裁无效的情况，如当事人没有行为能力、依据准据法该项仲裁协议无效、未指明适用法律，以及依裁决地法律仲裁无效；②程序瑕疵，包括当事人未能指派仲裁员、未得到仲裁程序通知或未能申辩；③仲裁事项超出或不属于仲裁协议约定的范围；④仲裁庭组成与协议不符或无效；⑤仲裁裁决尚未生效或被撤销或停止执行。第二，实体方面理由。包括：①争议事项不能以仲裁解决；②违反公共政策。[1]除了上述的情况以外，《纽约公约》规定法院不得对该仲裁裁决不予承认和执行，这种"穷尽式"的规定大大增强了仲裁协议的执行度，在很大程度上提升了当事人将纠纷付诸仲裁的兴趣。正如1950年希腊建筑铁路案中，希腊政府与比利时一家公司签订了一份铁路建筑合同，但希腊政府没有按时履行义务，比利时公司依据合同中的仲裁条款提交仲裁，仲裁庭裁定希腊政府赔偿700万美元。后因希腊政府拒绝支付，比利时政府在该公司的请求下，将争端提交常设国际法院。常设国际法院判决该仲裁裁决为终局裁决，具有法律约束力。后比利时公司通过本国法院获得了对希腊政府在比利时的资金实施临时扣押命令，而希腊政府要求撤销上述扣押命令。布鲁塞尔法院在判决中认为，国家豁免原则不应妨碍有关外国国家对经济方面的法院判决或仲裁裁决的执

---

[1] See Art. 5, The New York Convention on the Recognition and Enforcement of Foreign Arbitral Awards, Jun. 10, 1958, New York.

行,据此驳回了希腊政府的要求。[1]

在主权债务违约仲裁中,除了公共政策以外,[2]可能存在的对仲裁裁决的承认与执行的最大限制就在于:世界上有很多国家认为主权债务关系到社会民生、公共利益,而政府合同具有不可仲裁性。在这种情况下,使得向法院起诉成为债权人唯一的选择。[3]对于特定事项的不可仲裁性,由各国国内法决定。因此,当一国国内法中将特定事项排除仲裁方式后,该仲裁裁决就失去了合法性基础。正如2004年12月30日,巴西政府批准了第11079号联邦法令,该法令规定基于公私合作合同(即涉及公共主体,包括政府)的纠纷除了提起国内诉讼,只能提交国内仲裁处理,而不得提交国际仲裁。[4]又如1999年委内瑞拉《宪法》第151条规定,涉及公共利益的合同中,除非该合同的原因不能适用,否则可认为(即使未在合同明确表示)基于该合同产生的任何疑问和纠纷,都得依法由国家法院进行管辖,不得以任何理由寻求外国救济。[5]类似条款还可见于阿根廷、秘鲁等许多国家的有关国内立法中。不难发现,这些条款多多少少带有"卡尔沃主义"的色彩。在这些国家中,主权债务属于典型的国家合同,涉及重大的公共利益,基于主权债务所产生的纠纷当然由国内法调整,一般由国内法院进行管辖,由于排除了国际仲裁的可能,应归类为不可仲裁事项。这种情

---

[1] See UN State Immunity Materials, p. 344. 转引自张露藜:"国家豁免专论",中国政法大学2005年博士学位论文,第175页。

[2] 原因与上述法院判决的承认与执行部分内容近似。

[3] See Georges R. Delaume, *Three Perspectives on Sovereign Immunity*, The American Journal of International Law, 1977, Vol 71, No. 3, p. 418.

[4] 参见单文华、张生、劳志健:"'卡尔沃主义'死了吗",载《国际经济法学刊》2008年第2期,第184页。

[5] See Art. 151, Constitution of the Bolivarian Republic of Venezuela of 1999.

况对于债务国来说，形成了强大的保护墙，而对于债权人来说，则意味着难以抗拒的困难。因此，为避免这种不利的局面，债权人常常会选择在主权债务合同中要求债务国明确约定对此类国家合同不得施以有损可仲裁性的限制，或把不可仲裁的政府合同仅限于国内交易，或约定此类纠纷适用仲裁方式解决。既然做出了书面承诺，如果债务国在仲裁过程中主张出现自相矛盾的情况，法院显然是不会倾向于采纳的。

第四节 小 结

在各国立法和司法实践中，对执行程序中的国家及其财产豁免权问题并未存在统一的做法。但一般认为，执行程序中的国家豁免与管辖权中的国家豁免是相互独立的，放弃了管辖豁免并不意味着放弃执行豁免。而且，在执行程序中，国际立法乃至各国立法都倾向赋予国家及其财产的豁免权予更高的保护，具有一定的"绝对豁免"倾向。这种倾向体现在：第一，对于国家财产予以执行豁免的特权，尤其是一些特殊的资产，如银行账户、中央银行的财产、外交使馆的财产等具有无条件地执行豁免权。第二，对于判断国家财产是否享有豁免权的标准不再是财产的性质，而是财产的用途，接近于"目的标准"。第三，放弃执行豁免的方式比放弃管辖豁免的方式要求更为严格。甚至在一些国家法律中规定，中央银行的财产即使做出了放弃执行豁免的意思表示，也无碍于国家财产实质上享有执行豁免。由于法院执行程序涉及对国家财产的直接处分，可能严重地损害债务国利益，从而引发国家之间的紧张关系，所以各国法院都对执行程序的适用进行严格控制。而且，各国对不同的执行程序也会区别对待。对于判决后的财产执行程序，有的国家并不会对用于商业用途的债务国财产予以豁免；但对于判决前的财产执行程序，大多数的国家会严格禁用。可见，各国在程序规则中的"绝对豁免"倾向更多是基于现实需要而非理论推演。对于何种财产不得享有执行豁免的问题，主要存在三种判断标准：商业用途、领土联系和诉求关系。在上述三种标准中，商业用途是各国在立法和司法中适用最为普遍的标准。然而，不同标准的适用界限并非泾渭分明，有的法院对具体案件进行审理时，三种标准在不同程度上都可作为法院地与案件联系的因素进行考量。国家信用是主权债务违约案件中具有特别地位的国家财产，长期以来由于其不可执行性而未纳入法院强制程序的考虑范围。但随着主权评级机构对国家信用的指标化，对国家信用的执行成为一个可以进行继续研究的问题。由于至今仍未出现一个具有普遍法律约束力的国际公约，使得在对主权债务违约案件的外国判决的承认与执行问题上更多地依赖于各国国内法的有关法律规则。而关于主权债务违约的仲裁裁决的承认与执行问题则因为《纽约公约》而得到较好的解决。司法程序规则中存在的"绝对豁免"倾向一直以来对债务国及其财产提供了较好的保护，但随着限制豁免理论对程序规则的影响，也许债权人可以在程序规则中获得越来越多的支持。

第五章
主权债务重组程序中的国家豁免问题

第一节　主权债务重组程序对国家豁免权的影响

主权债务重组是指债务国发生债务违约或债务危机后,债务国经过与债权人谈判协商,对有关债务进行重新安排。[1]这种对债务重新安排的目的在于减少债务国的债务负担,使其恢复支付能力,最终达到保障债权人利益最大化的目标。在司法诉讼成为债务违约的救济方式之前,主权债务重组方式就已出现,并作为解决债务纠纷的重要方法。即使在司法诉讼方式出现后,债务重组程序仍然是不可或缺的。依据主体资格的不同,主权债务重组程序主要可分为两种方式:第一种是以官方债权人与债务国之间形成的债务重组模式;第二种是私人债权人与债务国之间形成的债务重组模式。20世纪80年代以前,主权债务主要以国家之间的官方借贷为主,私人参与的比重并不大,这一时期的主权债务大多是援助性质的,而且条件优惠。在经过长期的探索和实践之后,逐渐形成了官方债权人与债务国的各种债务重组安排规则,其中以"巴黎俱乐部"(The Paris Club)

---

〔1〕　债务重新安排的途径通常包括债务减免、债务延期或债务置换等方式。

为代表，形成了一套系统、相对固定且行之有效的债务重组安排。[1]而在20世纪80年代以后，随着国家融资途径的增加以及金融市场的开放，私人债权人逐渐成为主权借贷的主要力量。主权债务中的私人债务比例迅速增加并超过了过去的官方借贷。在私人债权人中，除了国际商业银行信贷，还包括企业和个人投资者，这一时期的主权债务的市场因素变得更加突出。在这一过程里，也逐渐形成了私人债权人与债务国之间对债务重新安排的一些规则，其中较有影响力的是"伦敦俱乐部"（The London Club）。该俱乐部为国际上大量的国际商业银行贷款提供了债务安排的平台，在参照了巴黎俱乐部的操作流程的基础上，也形成了颇具特色的规则体系。[2]值得注意的是，在最近数十

---

〔1〕 "巴黎俱乐部"是一个官方债权人的非正式组织，通常由法国财政部的高级官员担任主席，下设一个秘书处，该秘书处由15名成员组成，全部来自于法国财政部。俱乐部每年开会10至11次，除了就具体案件进行债务安排外，还会对国际社会的债务形势或有关事项进行专题研究和讨论。据统计，自其产生以来，俱乐部已经先后达成了401项协议，涉及83个债务国。自1983年以来，协议所涵盖的总债务金额约为5000多亿美元。俱乐部的第一次活动是1956年阿根廷邀请有关国家债权人临时在法国巴黎进行了会晤，就面临的债务危机以及重新确定已到期的官方支持出口信贷的还款日期进行协商，从此形成有关事项都在巴黎开会，"巴黎俱乐部"因此得名。

〔2〕 "伦敦俱乐部"主要处理国际商业银行与债务国之间的债务安排，是一个非正式的国际论坛，在组织形式上比巴黎俱乐部更没有固定形式，没有常设的主席和秘书处，甚至会议地点也不在伦敦。而且，伦敦俱乐部也没有一套正式的成文规则，一般是依个案来设定一个银行顾问委员会，由拥有最大贷款额的银行代表担任主席，组织处理债务重组。伦敦俱乐部始于1976年扎伊尔的债务重组事件，有关银行代表在伦敦召开会议寻求解决的方案。经过长期的实践，伦敦俱乐部在处理债务重组方案时还是形成了一些习惯的做法和基本的规则，值得参考。伦敦俱乐部和巴黎俱乐部是并行的两个论坛，在处理主权债务重组方面虽然各具特色，但也有密切的联系。如二者都要求债务国在进行重组之前须得到IMF的"认可签章"，以保证债务国确有通过债务重组程序来恢复经济、提高支付能力的意愿和决心；又如都提倡可比性原则，要求债权人之间的平等待遇；再如二者在操作流程上大致相同等等。

年的时间里,随着主权债券二级市场的兴起,越来越多的私人投资者参与到主权借贷法律关系中,考虑到证券的高度流动性,以及债权人的分散性和不可知性,"债券互换"(Bond Exchange)作为一种新的债务重组工具也得到了国际社会的认可。[1]除了上述具有代表性的债务重组规则外,还存在大量根据不同债务违约情况而做出的各式债务重组安排。从根本上说,这些程序或安排并非司法程序,对债务国并无法定或约定的管辖权,也并不像诉讼或仲裁一样具有强制执行力。因此,债务重组程序对债务国国家及其财产的豁免权并不具有直接的影响。但这些重组程序中的一些具体的规则或条款,事实上会间接影响国家豁免权的实现,而这正是本部分要讨论的内容。

一、对债务重组条款的解构

(一)退出修改条款(The Clause of Exit Amendments)

在主权债务重组谈判和协商中,不合作债权人一直是债务重组协议达成和解并执行的巨大障碍。部分不合作债权人在某种程度上是基于这样的考虑:第一,债务重新安排后,债务往往被延期或减免,债权人的权益必然受损,而如果不接受债务

---

[1] 债券互换是指债务国向债务持有人发出债券互换要约,通过发行新的债券取代旧的债券的行为。债券互换是参照了国内法中公司债券互换的方法运用到主权债务领域中,其实现方式包括:如在主权债务发生暂时性流动危机时,通过具有延长支付时限的新债券交换旧债券,本息不变,以争取时间缓解危机;又如在支付能力存在严重困难的情况下,通过发行降低债务净现值的新债券来交换旧债券,达到实质性减免债务的目的,等等。由于巴黎俱乐部和伦敦俱乐部主要解决国家债权人和国际商业银行的主权债务重组,企业和私人很难参与进来,一方面是由于企业和私人的不确定性,贷款额小以及更为分散,无法进行组织化的谈判和协商,另一方面是由于二级市场的兴起,所有人在债券市场中都可以买卖债券,高度的流通性和较高的换手率很难在特定的时间内找到确定的债权人。因此,在企业和私人这一领域一直缺乏一种较为有效的债务重组方式。债券互换要约由国家提出,有关债权人可以选择接受和不接受,通过一系列的制度安排保证债券互换的有效进行。

重组安排，通过法院诉讼的途径仍有可能获得全额支付。第二，对于在二级市场以低价购入债券的债权人而言，其购买动机中本身就包含了"以小搏大"的投机意图，这种不合作意向就更加强烈。[1]第三，不合作债权人为少数时，债务国有可能与他们单独谈判并赔付，以求促进整体重组安排完成。这种情况，反而会给这些债权人以不合作的动力。第四，有些主权债券中的"加速条款"无意中可能会使不合作债权人获得为加速旧债券到期和提起法律诉讼所必要的表决权。[2]无论不合作债权人的动机如何，他们的存在会对债务重组产生负面影响，造成对其他接受重组的债权人的不公平对待。为了解决这种不合作问题，一般主权债券中都会约定"退出修改条款"。这种条款是指在债券互换时，债券持有人接受债务人发出的交换要约，放弃原先持有的债券，接受新发行的债券，并同意对原先债券的某些条款进行修改。[3]退出修改条款赋予债权人在放弃旧债券时对一些重要的保护性条款进行修改的权利，这些修改可以使得旧债券条款变得很不利，甚至具有损害性，这就刺激了债券持有人接受新债券，从而减少或消除潜在的不合作者。[4]在许多

---

[1] 正如 NML 诉 Argentina 案中的秃鹫基金。

[2] 在有些主权债券中规定，债务人违约后，经过占债券本金的 25% 的债券持有人同意，可以加速债券到期和提起诉讼。这是为了防止保护不同期限债券的持有人可以在债务国违约时获得相对公平的赔付，使债权人获得平等的对待。但这些条款往往会造成这样一种后果：即在债券互换前，由于愿意与债务人合作的债权人的存在，少数不合作的债权人很难达到 25% 的比例，但经过债券互换后，接受新债券的债权人不计入旧债券的表决程序之内，使得不合作债权人的比例很容易达到 25%，从而加速旧债券到期并提起诉讼。

[3] 参见张虹：《主权债务重组法律问题研究》，中国人民大学出版社 2007 年版，第 92 页。

[4] See John C. Coffee, Jr., William A. Kleim, *Bondholder Coercion: The Problem of Constrained Choice in Debt Tender Offers and Recapitalizations*, University of Chicago Law Review, 1991, Vol. 58, p. 1216.

主权债券中都存在这样的退出修改条款，债务国可在发出债券互换要约后，请求多数债权人同意在放弃旧债券时，修改诸如债券面值、到期时间、发行货币、准据法条款、加速条款以及管辖豁免条款等，使旧债券对剩余债权人的吸引力下降，迫使潜在的不合作者放弃不合作行为。对这些条款的修改，一般来说需要得到特定多数债权人同意方得修改。[1]正如墨西哥在2003年2月发行的受纽约法支配的主权债券，其中规定了对准据法、管辖权和放弃管辖的保留事项，对这些事项的修改须符合75%的表决比例要求，该比例与英国法债券的通行实践相一致。因此，这些条款一旦修改，实际上是永久性的，除非债务国再次同意。

目前，债务国为了提高发行债券的流通性和接受度，一般会在主权债券中加入放弃国家豁免的条款，或是放弃债券发行地、承销地或交易地的法院管辖豁免，或是放弃对国家及其财产的执行豁免，或者两者皆有。在债券互换时，多数债权人对国家豁免条款进行修改，如使债务国重新享有豁免，或使债务国法院获得管辖权，或删除有关条款，都会导致实质上减弱剩余债权人通过诉讼手段获取支付的能力，从而达到消除潜在的不合作债权人的效果。正如2003年4月，乌拉圭在其债券互换中使用了退出修改条款。其中涉及对债券中放弃豁免权条款的修改。根据其债券互换方案，当且仅当它适用于应付给乌拉圭新债券的支付款项时，收回原先的弃权（即享有豁免）。这个修改的目的是重新使这些支付款项（就它们在美国支付的范围内）享有豁免，不为某个决定不参加交换的债权人所扣押。对这些

---

[1] See José García-Hamilton Jr., Rodrigo Olivares-Caminal, Octavio M. Zenarruza, *the Required Threshold to Restructuring Sovereign Debt*, Loyola of Los Angeles International and Comparative Law Review, 2005, Vol. 27, pp. 269~270.

条款的修改，大大降低了原先债券的流动性，也削弱了原先债券的持有人执行债务支付的能力，这些都促进了乌拉圭债券互换的成功。[1]这种退出修改条款只能由债务国提出请求，由多数债权人据此做出相应的同意方能行使并生效。因此，在债务国已经放弃豁免的情况下，这种条款更不会对豁免权造成任何损抑的影响，反而往往是恢复国家豁免的一种方式。这种条款一般适用于由传统纽约州支配的主权债务中；英国法支配的主权债券存在类似性质的多数修改条款，并不要求债权人在退出时才能做出修改；而受德国法支配的主权债券则规定，任何债券的修改都必须获得全体债权人的一致同意，[2]这就导致了对管辖权的修改在这种债券中几乎不可能出现。

（二）交叉违约条款（Cross-defaulting Clause）

在主权债务合同中，通常存在交叉违约条款，该条款赋予了债权人这样的权利：当债务国的其他主权债务存在预期违约的情况时，会实质性地影响到债务国对这些债务的履行，则债权人可认为债务国构成了对本债务的违约。这种条款是源于对债权人的保护而设置，一方面使债权人在察觉到债务国可能因其他违约情况而实质影响其支付能力之前，即可采取措施减少损失，如不履行合同、起诉等；另一方面使得债务国运用"加速条款"宣告本债务到期，[3]以取得与其他债权人在债务国提

---

[1] 参见张虹：《主权债务重组法律问题研究》，中国人民大学出版社2007年版，第96页。

[2] 参见张虹：《主权债务重组法律问题研究》，中国人民大学出版社2007年版，第96~97页。

[3] "加速条款"是指债权人在债务国发生违约事件时宣布未到期的债券余额加速到期并应立即偿还。当债务国发生债务违约或债务危机时，其偿债能力已经无法支付所有债务，如果债权人等到债务到期，那么很可能出现债务国不能足额偿付或根本不能支付债务的后果。而债务国在债务重整程序中所重新安排的债务全部为到期债务，加速条款使债权人可以宣布债务到期而直接参与有关重整程序，所

出的债务重组程序里相平等的地位。加速条款对于债权人的保护而言无疑具有重要的意义，但相对地也会给债务国带来巨大的压力，因为这种加速条款往往导致了债务国的所有债券全部到期并要求支付，会让债务人本就匮乏的资金状况雪上加霜。而且，正如美国学者巴莱特所述，债权人在债务国单方面延期支付债务后在美国法院起诉所可能发生的预期后果很有可能激活债务人的实际上所有的其他贷款协议中都包含的交叉违约条款，从而引发一连串的诉讼，阻碍债务偿还或重新谈判的协调努力。[1]这最终并不利于债务重组协议的达成，对大部分接受债务重组协议的债权人而言不是最好的结果。因此，在主权债务合同的其他条款中，以及各国国内法的有关规定中，都对交叉违约条款的适用进行了一些限定，主要包括：第一，对引发交叉违约事由的限定。即债权人不能因为所有貌似违约的行为就断定债务国出现了违约的事实。在主权债务发行中，如银行承兑、某种情况下的延付债务、宽限期内的延付以及其他轻微违反合同约定事项等情况，债务国并未出现实质性违约，这些情况不能作为适用交叉违约条款的理由。第二，关于债务主体的判断。当债务国的组成机构、分支机构、政治区分单位、联邦成员、得到授权的其他部门、组织或实体或个人出现债务违约时，是否都可视为债务国违约？这个问题在国际上存在争

（接上页）以这一条款对于债权人而言有着重要的意义，可以保护债权人与其他债权人在债务国偿付债务时处于平等的地位。另外，只有债务到期的情况下，债权人才可以进一步采取法律上的救济方法，如提出诉讼，以实现自己的债券。而交叉违约条款要落到实处，也须使得债务到期才能进入重整程序或诉讼程序，因此，加速条款与交叉违约条款常常一并规定。

[1] See Barry C. Barnett, Sergio J. Galvis, Ghislain Gouraige, Jr., *On Third World Debt*, Harvard International Law Journal, 1984, Vol. 25, No. 1, p. 113.

论。[1]但也许引入这样一种标准，可能更符合现实情况：从名义和实际联系两个方面对违约行为做出判断，即对于可能影响债务国偿债能力的其他主体的违约行为，首先看是否是以债务国名义订立的契约，如果不是，则不能适用交叉违约条款；如果是，则进一步看该主体与债务国的实质联系是否密切，能否影响到债务国对本债务的履行。对于并不会实质性损害债务国履行债务能力的其他违约行为，不能适用交叉违约条款。第三，宽限期对交叉违约条款的"冻结"作用。即借款人到期未支付，不应立即宣告违约并加速到期，而应给予一段时间令其补救，一般为15至30天，宽限期满后才可宣告加速到期。[2]第四，实质性审查。即依据合同条款中对违约行为的定性条件作为判断标准，如具体金额、具体行为、具体后果等。如果其他债务的违约行为未达到一定标准（实质性损害），则不能适用交叉违约条款。这些限制条款旨在对债权人和债务国的权利达成平衡，减少交叉违约条款的滥用对债务国履行债务形成阻碍和负担。

---

〔1〕 有的观点认为正如公司债券中对交叉违约条款的适用一样，违约人的范围不仅包括直接借款人，还包括借款人的子公司和贷款担保人。因此，与债务国关系密切的其他上述主体发生违约行为时，自然会牵连到债务国并削弱其按时偿还债务的能力，符合交叉违约条款的订立初衷；也有的观点认为交叉违约条款不适用于公司的子公司或担保人，因为这样大大扩张了违约人的范畴，使得债权人可以在极大的范围内使用交叉违约条款，对合同的稳定性和执行性造成严重的破坏，这也适用于主权债务合同；也有的观点认为，原则上不将子公司、担保人纳入违约人的范畴，但具备一定条件下可适用交叉违约条款。如担保人在其他业务上的欠款须达到借款人在贷款协议中构成违约欠款的数倍以上，如子公司的股份有半数以上为母公司拥有，这种情况下子公司若出现根本违约甚至破产的情况，才能认定母公司也失去了偿债能力。这种说法肯定了子公司、担保人和债务人之间的关系，但对债务人与子公司和担保人之间的关系的紧密度进行了量化，防止交叉违约条款的滥用。这种理论同样适用于主权债务法律关系。

〔2〕 一般认为，对基于破产清算以及不可能挽救的交叉违约，不适用宽限期。参见金明："国际贷款协议中的交叉违约条款"，载《比较法研究》1994年第Z1期，第358页。

适用交叉违约条款的一个直接后果，即债权人在债务到期后可向有关法院提起诉讼，以期获得有利判决并予以执行。正如上述可能产生的"多米诺骨牌效应"，竞相诉讼会使债务国疲于奔命，极大地消耗债务国用于债务重组的精力和时间。而且，更为重要的是，债务国在特定主权债务合同中的国家豁免放弃是具有针对性和预期的，即该放弃仅存在于该主权合同违约所引发的诉讼程序中。但交叉违约条款的适用将迫使债务国提前卷入诉讼程序，这似乎并不符合国家豁免放弃的自愿性和具体性要求，是否会动摇国家豁免放弃的合理性基础？这个问题想必会引发一些争议。正如分期付款中的贷款人，如果将贷款分为30年偿还，并与借款人约定在30年后如不能按时支付贷款，则借款人有权对其进行起诉并强制执行其资产（假如贷款人如国家般享有管辖及执行豁免权）。显然贷款人经过30年的发展，其经济能力有可能大幅增长，届时该笔贷款也在其偿债能力之内，即使放弃了豁免权，也不至于对贷款人造成过大的负担，这也是贷款人在借贷计划中的合理预期。但是，假如30年后的贷款偿付要求提前到5年、10年或20年，贷款人具有很大可能无法偿付该笔贷款。因此，这种合同情势的根本改变，可能造成对合同具体条款效力的冲击。但通过进一步研究可以发现，这种改变并不足以否定国家放弃豁免条款的有效性。其中最根本的一个原因是加速条款本身就体现了债务国自愿接受合同情势变化而导致提早履行合同的意思表示，当然也包括承担合同履行不能后的违约责任。放弃豁免条款作为合同的组成部分，理应视为债务国对债权人做出整体合同承诺的其中之一，而这种承诺是与加速条款相联系的。但是，基于交叉违约条款可能导致大量的诉讼和执行措施提前到来而对国家偿债能力造成负担的现实考虑，仍应赋予债务国一定的保护，才能保持债务关系中双方利益的平衡。这些限制体现在：第一，债务国可在合同当中约定诸如适用条款事由、债务主体的范围、实质性审查，以及宽限期等限制性条款，缩小交叉违约条款的适用范围；第二，各国法院在放弃豁免条款的适用上偏向于从严解释，正如美国司法实践中的做法一样，有利于根据实际情况决定是否赋予债务国国家豁免的权利，当然这并不影响债务国自身对于豁免权的主张。

（三）发起条款（Initiation Clause）

发起条款是指主权债券中规定的，在债务人宣布重组意图后，到债权人选出债权人代表人以前，中止一切支付和执行行动的条款。[1]该类条款具备集体行动条款的本质特征,[2]主要是为了防止不合作债权人在特定期间对债务国提起诉讼而影响债务重组。少数债权人在债务重组过程中表现的不合作会阻碍多数债权人和债务国的谈判进程，而对债务国提起诉讼甚至强制执行有关财产，会使债务国本来已经出现问题的偿债能力受到更严重的打击，甚至会引发大规模的诉讼而对债务国形成沉重的负担。正如 1996 年 Elliott Associates v. Banco de la Nacion and the Republic of Peru 案中，艾略特合伙公司以 1140 万美元购买了秘鲁政府担保的面值 2070 万美元的银行贷款。在秘鲁政府

---

[1] 一般认为，对基于破产清算以及不可能挽救的交叉违约，不适用宽限期。参见金明："国际贷款协议中的交叉违约条款"，载《比较法研究》1994 年第 Z1 期，第 213 页。

[2] 集体行动条款是主权债务合同中的重要条款，要求债权人形成一致行动的秩序，它使得合同的多数债权人可以限制少数债权人削弱债务重组的能力，使重组程序具有一定的有序性和可预见性。集体行动条款主要可分为多数修改条款和多数执行条款，前者是指多数债权人可修改合同主要条款，并使之对所有债权人具有约束力；后者是指多数债权人经合意可限制少数债权人行使债权的权利。两者的目的都在于保证债务重组免受少数债权人的阻碍或破坏，使债务重组顺利进行，从根本上保障债权人和债务国的利益。

提出以布雷迪债券互换要约后,艾略特合伙公司拒绝了债券互换,向纽约法院提起诉讼,请求秘鲁政府按债券面值全额支付,最后该请求得到法院支持,判决秘鲁政府支付债券本息5570万美元。随后,艾略特合伙公司向比利时法院申请禁令,禁止债权人对重组后新发行的布雷迪债券进行支付,除非它与其他债权人同时进行按比例支付。秘鲁政府为了避免对新的债券违约,只得与艾略特合伙公司和解,足额清偿其债权。[1]在该案中,艾略特合伙公司在美国赢得了诉讼并在比利时将判决执行,秘鲁政府足额支付债务的结果是严重损害了秘鲁政府的偿还能力,最后导致其他债权人无法得到应得的债权。可见,在债务重组期间针对债务国的诉讼和执行措施比一般的不合作行为更具杀伤力。

针对该问题,美国财政部副部长泰勒建议在主权债券中加入"发起条款",规定在债务国表示债务重组的意图后至债权人选出代表前的这段时间里,债务国将暂停支付或延期支付有关债务,债权人也不得起诉债务国以迫使其偿还债务。[2]可见,发起条款为债务国申请债务重组提供了一个宽限期。在这个宽限期里,所有关于债务起诉或执行的债权人权利被冻结起来,使得债务国得以启动债务重组谈判和达成债务重组协议。由于限制了有关债权人起诉和执行的权利,从另一个角度来说,这相当于变相地"赋予"了债务国一定期限的国家豁免权。这种

---

[1] See Elliott Associates v. Banco de la Nacion and the Republic of Peru, 194 F. 3d. 363 (2nd Cir. 1999); Court of Appeals of Belgium, LP Elliott Associates, Petitioner, General Docket No. 2000/QR/92, September 26, 2000. 转引自张虹:《主权债务重组法律问题研究》,中国人民大学出版社2007年版,第113页。

[2] See John Taylor, *Sovereign Debt Restructuring: A U. S. Perspective*, remark at the Conference "Sovereign Debt Workouts: Hopes and Hazards?" Institute for International Economics, Washington, D. C., Apr. 2, 2002.

赋予主要体现在三个方面：第一，主权债券中通常包含了债务国放弃豁免的条款，而在宽限期内，债权人不得依据这些条款采取起诉和执行措施的限制使得国家实质上免于有关法院的管辖和执行。可以说，债务国在特定时期内因发起条款而重新获得了国家豁免权。第二，发起条款一旦被触发，就具有排斥有关债权人正在进行的起诉和执行行为，债务国以此作为对抗有关审判或执行措施的依据进行抗辩，可视为对国家豁免权的一种救济条款。第三，退出修改条款由债务国提出，但须经债权人同意方能启动。但与此不同的是，发起条款仅需债务国表达债务重组意愿即可启动。这无疑赋予了债务国更大的权利来决定是否接受有关法院管辖或执行，使得债务国获得了再次"主张"国家豁免的权利。正因如此，也有人认为，发起条款可能对债权人在违约后执行债券的合同权利产生不适当的限制，从而会对整个新兴市场的债务产生不利影响。[1]而对于少数债权人而言，如果坚持要通过诉讼或执行来要求债务国支付债务，那么尽量在债务国发表重组意图前提起诉讼或执行程序，无疑是规避发起条款的较好方式。

值得注意的是，发起条款尚未成为主权债券中的常设条款，而且只是作为解决特定问题时才会进行约定。但对发起条款善加运用，对债权人和债务国而言，都具有重要的意义。

二、债务重组协议的效力

债务重组程序的目的在于通过对债务国现有的到期债务进行重新安排，最终达成债务国和债权人之间相互认可的协议，以保证在违约或危机出现时各方的利益得以最大限度的实现。根据债务种类的不同，债务重组协议也存在三种不同的形式：

---

[1] See IMF, *The Design and Effectiveness of Collective Action Clause*, Jun. 6, 2002, p. 17.

第一，以巴黎俱乐部为代表的债务重组程序中，经过协商会议，债权人会签署一项"统一备忘录"，该备忘录规定了关于债务重组的一般性条款，然后债务国与每一个债权国分别进行谈判，据此签署双边协议。[1]因此，"统一备忘录"属于指导性文件，真正具有法律效力的是各国之间的双边协议。第二，以伦敦俱乐部为代表的国际商业银行与债务国签订协议中，基本沿用了巴黎俱乐部的操作流程，为债权人和债务国提供一个谈判平台，由债务国与国际商业银行各自进行协商并签署协定以及重新安排偿债期，而不实行全面的一揽子解决方案。[2]第三，在债券互换过程中，债务国与私人债权人达成的有关条款记载在新债券中，形成新的协议。该协议对债权人具有约束力，旧债券中的有关条款因此失效。在上述三种债务重组协议中，第一种在巴黎俱乐部指导下订立的双边协议为政府间契约，由国际公法调整并具有国际协议的效力。根据各国国际法与国内法的关系，进行转化或并入，具有法律效力和强制执行力。第二种和第三种属于债务国与私人债权人之间的契约，具有法律承认的契约效力。在债务国不予履行的情况下，债权人可依据有关违约情事诉诸法院，法院可以其作为审判的依据。

对于债务国与私人债权人之间订立的债务重组协议，其法律效力可分为两个方面进行理解：第一，对契约双方的效力。这一效力是契约中最基本的效力，双方当事人基于"有约必守原则"应按契约条款享有权利和履行义务，并在违约事项发生时可以寻求相应的救济。第二，对非契约当事人的效力。这主

---

[1] 参见张虹：《主权债务重组法律问题研究》，中国人民大学出版社2007年版，第69页。

[2] 参见甄炳禧：《债务：第三世界的桎梏》，世界知识出版社1991年版，第144页。

要是基于债务重组程序的特殊性，为了保证债务重组程序的顺利进行，避免受到少数不合作债权人的不合理阻碍，无论是通过伦敦俱乐部还是债券互换方式达成的债务重组协议，都会存在一些对少数不合作债权人具有约束力的条款，即使他们并非特定协议的缔约方。这些条款除了上述的退出修改条款、发起条款，还有诸如资金分享条款[1]、平等地位条款[2]以及非歧视条款[3]等。当债务重组协议外的有关债权人违反这些条款的规定时，协议当事人可据此寻求司法救济并要求他们履行条款义务。可见，这些条款有效地把有关债权人联系起来并集体行动，保障了债务偿还的平等性和公平性，同时也产生了协议外的法律约束力。

问题在于，这些条款无论效力及于协议中的债权人还是协议外的债权人，债务国作为协议的当事人，必然受该协议的法律效力所约束。当有关债权人依据债务重组协议主张债务国的违约责任时，债务国是否可以享有国家豁免权？这一问题应分两种情况区别对待：对于通过伦敦俱乐部达成的债务重组协议，可视为与原债务合同相独立的另一契约，两者并无必然的牵连关系。在债重组协议达成的情况下，债务国的国家豁免权应由债务重组协议有关条款决定。原债务合同与债务重组协议相互独立，债权人不能想当然地将国家在原债务合同中对豁免权

---

[1] 资金分享条款是指任一国际商业银行债权人获得债务人的支付款项（包括通过诉讼所得的偿付），应在所有参与的债权人中按比例分配，保证债务人进行支付时没有债权人会受到歧视。参见刘丰名：《国际金融法》，中国政法大学出版社2007年版，第146页。

[2] 平等地位条款是指债权人与同一债务国的其他所有债权人处于平等地位，享有平等的支付权利和相同的担保权利，从而确保没有哪个债权人会比其他债权人获得一种优先受偿的权利。参见张虹：《主权债务重组法律问题研究》，中国人民大学出版社2007年版，第82页。

[3] 非歧视条款是指债务国不得在不同债权人之间提供不同程度优惠的待遇。

的放弃延续到新的债务重组协议当中,除非原债务合同有相关规定。[1]而在债务重组协议不能达成或债务国对达成后的债务重组协议违约的情况下,根据各国的司法实践看来,有关国家的法律并不妨碍债权人依据原债务合同对该债务国提起诉讼,这种情况下,债务国仍受原债务合同中放弃豁免条款的约束。对于债权人经由债券互换而持有的新债券,旧债券已失去法律效力,债权人仅能依据新债券的有关条款提起司法诉讼,债务国的国家豁免权也受新债券约束。一般来说,新债券中仍会存在债务国放弃豁免权的条款,因为新债券的发行已经让债权人遭受了超过旧债券约定的损失,债务国如在新债券中享有豁免权,显然会大大降低新债券的吸引力,并不容易为债权人所接受。

债务国与私人债权人达成的债务重组协议本身属于一种契约,具有契约效力,但并不具备与法院判决或仲裁裁决一样的强制执行力,仅可作为法院审判和执行的重要依据。而债务国关于国家豁免权的享有和放弃,应依据债务重组协议中的有关条款进行判断。

第二节 "国家破产规则"中的国家豁免问题

主权债务重组通常由债务国和债权人进行谈判协商,更多地是从经济角度对债务进行重新安排,属于解决债务纠纷的经

---

[1] 如原债务合同中有这样的规定:债务国在出现违约情事后,放弃所有救济程序中的国家豁免权,包括债务重组程序及其救济。

济方式。[1]随着国际社会对主权债务问题的关注,债务重组模式领域出现了一种类似于国家破产法律制度的构想,该构想是将国内法上的破产理论引入国际法从而对主权债务进行重组的司法化构建。但正如前文所述,国家与一般国内法上的公司不同,国家并不会真正走向破产,因为主权违约或主权危机虽然源于债务国无法或拒绝偿还债务,但国家永远不会彻底地失去还债能力,国家在最坏的情况下还可以通过增税、发行新债或变卖资产甚至包括资源、土地等资料进行还债。因此,只要国家实体仍然存在,国家就不至于破产。"国家破产法律制度"旨在通过类似破产重组程序将国家债务进行重新安排,将债务违约或债务危机对债务国信用、财产和债权人权利的损害减至最小。[2]这样一种法律安排显然需要具有司法效力,否则将与一般的债务重组程序没有什么区别。主权债务重组司法化的优点在于:第一,强制性。国家破产程序的强制性体现在可以采取与法院类似的司法强制程序,如债权人登记、文书送达、对债务国实施债务调整的监控、财产保全、禁止破产重组期间债权人对债务国提起诉讼,以及对重整协议的强制执行等,这些程

---

[1] 固然,在官方借贷,甚至是国际组织或商业银行借贷中常常会涉及政治因素的考虑,例如在商业银行不愿意降低对债务本息的回收率时,有关国家或国际组织会为了避免债务国负担过重,错过债务重组的最佳机会而最后导致完全失去支付能力,或基于避免债务国经济危机而导致政治动荡,最后殃及本国或国际社会,会主动向商业银行施压,要求其接受债务国的债务安排,实现有效重组。但这并不因此使债务重组成为一种政治游戏。原因有二:第一,债务重组的所有安排都属于经济政策,无论是债务国对本国经济恢复的经济措施、偿还本息的安排方式、债券减免或互换的途径等;第二,债务违约所产生的责任属于经济责任,更准确地说是合同违约责任,因此债务重组是基于对违约责任的重新安排。因此,主权债务重组归根结底是属于一种经济安排、经济方式。

[2] 正如亚当·斯密在1776年《国富论》中所说:"当一个国家需要宣布破产时,就如同一个个人需要宣布破产时一样,一个公平、光明正大和公开承认的破产不论对债务人的名誉和对债权人的利益都将是一个损失最小的措施。"

序可以保证有关的债务安排得到有效实现。第二，权威性。通过国际普遍认可的破产法律制度进行债务重整，有利于得到债权人和债务国的认可和参与，并使最后达成的债务安排容易被各国承认与执行。第三，统一性。可以确保债务重组所涉及的债权人和债务国在一个统一的框架和规则里统一行动，从而解决债务问题。[1]统一行动对所有债权人具有约束力，有利于限制不合作债权人的阻碍行为，也有利于债权人地位更加平等、债权实现更加公平。第四，时效性。普通的债务重组谈判时间太长，这是与不同种类的债权人分别谈判而长期拖延的结果。加之谈判结果的不确定，这不仅损害了债务人的权益，也拖延了其经济再生过程。[2]而在国家破产法律程序中，要求债务安排流程具有较强的时效性，这种时效性的要求在很大程度上可以减少可能的拖延情况，从而保护债务国的权益。

正是由于国家破产法律的上述优点，许多学者认为这是解决主权债务重组问题相对理想的方式，其中以 IMF 提出的"主权债务重组机制"（Sovereign Debt Restructuring Mechanism, SDRM）最具代表性，其体现的司法化倾向使得主权债务重组程序或许在未来具备成为一种准司法程序或司法程序的可能。

---

〔1〕 正如巴莱特在《论第三世界债务》中对国家破产体制的设想，认为该机构的权力包括：①召集债务国和其他商业银行债权人强制性地进入谈判；②命令债务重新谈判程序的开始，并主持这些程序；③中止债权人单方面的诉讼；④决定债务重新谈判的公平条款，并规定这些条款的上限；⑤禁止各方当事人进行其他重新谈判行动；⑥允许债权人银行对拒不接受重新谈判的条款的债务人提起诉讼，以作为一种制裁；⑦要求债务人采纳内部调整措施作为重新谈判的一个条件等。这些统一行动的规范化显然是其他债务重组程序所难以达到的。See Barry C. Barnett, Sergio J. Galvis, Ghislain Gouraige, Jr., *On Third World Debt*, Harvard International Law Journal, 1984, Vol. 25, No. 1, pp. 44~115.

〔2〕 See Christopher G. Oechsli, Procedural Guidelines for Renegotiating LDC Debts: An Analogy to Chapter 11 of the U. S. Bankruptcy Reform Act, *Virginia Journal of International Law*, 1981, Vol. 21, No. 2, p. 329.

而在主权债务重组司法程序中,国家豁免权将是债务国不可避免地需要考虑的重要问题。

一、IMF 创立 SDRM 的必要性

对于国家破产法律制度,有许多学者提出过他们的设想或建议。如克里斯托夫(Christopher Oechsli)建议模仿美国破产法第 11 章,为解决债权人相互之间的合作来建立一种正式的主权债务重组程序。这种程序可由债权人或债务人发起,由债权人委员会主导,并存在一个独立的监督官(可以是 IMF 这样的国际组织),形成一个多方的谈判框架。[1]又如巴特莱(Barry C. Barnett)提出建立一个"超国家机构",该机构在行政和决策方面都独立于 IMF,主要职责在于协调债权人和债务人的谈判,防止债权人竞相诉讼,而且债务国享有提起债务重新谈判程序的排他性权利。[2]再如本杰明·科恩(Benjamin J. Cohen)设想的构建一个"国际债务重组机构",应具有全新的独立性,不依附任何其他实体。该机构主要履行促进者、调节者和控制者的职责,甚至在谈判僵持时强迫达成协议,以便压制贷款人中任何参与的搭便车的诱惑。[3]再如萨克斯(Sachs)认为,IMF 在面对债务危机时存在明显的低效问题,应该放弃它的贷款职能,而承担起国际破产法院的职能,这样可以更加成功地解决这些无效率问题。[4]上述这些程序或机制多是学者们的设计和构想,

---

[1] 参见张虹:《主权债务重组法律问题研究》,中国人民大学出版社 2007 年版,第 126~128 页。

[2] 参见张虹:《主权债务重组法律问题研究》,中国人民大学出版社 2007 年版,第 128~129 页。

[3] 参见张虹:《主权债务重组法律问题研究》,中国人民大学出版社 2007 年版,第 129~130 页。

[4] 参见张虹:《主权债务重组法律问题研究》,中国人民大学出版社 2007 年版,第 132 页。

并不具有广泛的代表性,而且欠缺足够的操作性,但这些想法成为进一步探寻国家破产程序构建的重要素材。2001年11月,IMF新任第一副总裁安妮·克鲁格(Anne Krueger)在全美经济学家年会上发表了演讲,并提出主权债务解决争端机构(The Sovereign Debt Dispute Resolution Forum,SDDRF)的新构想,这一构想旨在建立一个独立于IMF的SDRM,为债务国和债权人就不可持续债务的重组达成迅速的合作协议,在不干涉债务国主权的基础上,强调债务重组的时效性和透明度,实现公正公平地解决债务争端,并赋予债务重组协议以强制执行力。与前述的构想相比,SDRM提供了一个全面、明确、有力的债务重组司法化体系,并得到了官方部门的广泛支持,这使得它成为该领域中的主流构想。

由IMF创立SDRM这样一种国家破产法律体系是有其必要性的:第一,IMF在处理主权债务重组中扮演着重要的角色。无论是巴黎俱乐部还是伦敦俱乐部的实践都显示,他们接受债务国提出债务重组申请的先决条件,就是得到债务国与IMF达成一项由IMF的借款安排来支持的经济改革计划。在诸多国际组织中,也只有IMF具备如此的职能以及专业技术能力为主权债务重组提供巨大的支持和保证。第二,IMF强大的影响力。IMF至今已有188个缔约国,[1]其在国际经济、货币、债务方面的影响力无与伦比,由IMF创立SDRM无疑更容易得到国际社会的认可。第三,IMF决议的有效性。如果国际社会为SDRM订立一项专门的国际公约,恐怕会因为各国的巨大争议而无法达成一致。而在IMF现有的框架下解决就简便得多,根据《IMF协定》规定,一项修改经3/5的且持有总投票权85%的成员国

---

[1] 载http://www.imf.org/external/about/members.htm. 访问日期:2014年2月12日。

同意，就对所有的成员国具有法律效力，这与一般国际组织的绝对多数同意规则相比，阻力减少了许多。[1]而且，该修改一旦通过，将在各国产生法律效力。第四，IMF 的专属职权。IMF 依据其职能对成员国在经济、金融、货币领域具有直接的管束力，可以要求成员国做出具体的经济政策、工具或行为以适应债务重整的要求，这是其他国际组织所缺乏的。正如 IMF 宪章第 8 条第 2 款 b 项赋予了其批准外汇限制的权利，可作为承认支付延期的法律依据。[2]因此，依托于 IMF 组织一个独立的机构进行债务重整，IMF 这种强而有力的职能和权力更容易被利用起来；第五，SDDRF 决议的效力保障。根据《主权债务重组机制草案》（Proposed Features of a Sovereign Debt Restructuring Mechanism，简称《SDRM 草案》），SDDRF 具有类似于国际破产法院的职能，[3]运用司法程序对债务重组进行管理和监督，不仅对有关争端具有排他的管辖权，而且其产生的决议如同国际法院的判决一般，在缔约国内可以直接承认与执行。

正是依托 IMF 在经济、金融、货币、债务等领域的强势地位和强大职能，才可能产生一个具有准司法效力乃至司法效力的债务重组争端解决机构。进入准司法程序或司法程序后，国家豁免权问题会直接浮现出来。下面将依据《SDRM 草案》和

---

〔1〕 IMF 的投票制度与许多国际组织投票制度不同，许多国际组织采取一国一票的制度，但 IMF 按照国家对其贡献决定其投票权。在 IMF 中，欧美发达国家的投票权占大半，其中美国一国投票权约达 17%。因此，只要主要国家同意通过修改，其阻力就不会太大。

〔2〕 See Art. 8, Agreement of the international monetary fund, Jul. 22, 1944, Washington D. C.

〔3〕 当然，在某些方面，争端解决论坛仍不可能具有所有国内法院所具有的职能和权力，如 SDDRF 不能具有进行司法性传唤的权力，这与其自身的特点有关，即使在国内法院在审理主权债务违约案件中，送达、传唤、执行等方面仍有诸多限制。

《关于主权债务重组机制设计的更多考虑》(The Design of the Sovereign Debt Restructuring Mechanism—Further Considerations，简称《SDRM 设计考虑》) 关于 SDRM 最重要的两份文件对该问题展开论述。

二、破产规则中的管辖豁免

一般来说，国内法院对于国家破产案件持回避的态度。一方面，因为国家破产程序涉及国家所有资源的重整，甚至是国家主权的处分，这些内容应由国际公法调整，超出了国际民商事诉讼程序的领域；另一方面，对于一个特定的内国法院而言，国家破产案件也超出了其职能以及现实能力的范围，即使强行做出审判也无法产生实质性的影响。正如在 1990 年奥特曼诉苏里南共和国案中，爱尔兰最高法院在判决中指出，它无权宣布外国国家的破产。因为国家破产是指在破产申请的前提下对债务人所有的资产进行合法的占有……宣布破产的实质和结果使得法院在关系到国家权力时无法采取此类措施。承认此类管辖权将意味着在破产程序中，托管人在公共官员的监督下可以接管和清算外国的资产，而根据国际法，这无疑将构成对外国国家主权的侵犯。[1]但是，基于 IMF 这样的国际组织成立的具有司法效力的机构，似乎较少受上述顾虑的限制。缔约国参加 IMF 公约，意味着将其自身的权力和资产置于该公约的管理之下，尤其在同意设立 SDDRF 后，缔约国应承担履行 SDDRF 决议的义务，包括债务重组和国家破产有关的内容。

根据《SDRM 草案》的规定，SDRM 对主权债务重整中的有关纠纷具有专属的管辖权，并具有排他效力。这一专属管辖权

---

[1] See NYIL, 1992, p.447. 转引自张露藜："国家豁免专论"，中国政法大学 2005 年博士学位论文，第 107 页和第 179 页。

主要体现在两个方面：第一，管辖范围。根据《SDRM 草案》第 71 条规定："对于债务国和债权人参加本协定并授权 SDDRF 对其有关事项进行管辖的事项，SDDRF 的管辖权具有强制性。"第二，管辖时间。根据 IMF 通过的《SDRM 草案附件》第 14 条 b 款第 2 项规定："SDDRF 对产生于重组期间的所有争端享有专属的管辖权。"[1] 除此之外，《SDRM 草案》列举了该管辖权的例外：①由缔约国国内法调整的争端；②专属于缔约国内国法院管辖的争端；③涉及优先债权人利益的，如未得到债务国特别同意的与担保人有关的争端，除非该争端超出该优先权的价值；④涉及国际组织的争端。[2] 涉及上述事项的争端，不属于 SDRM 管辖的范围。

对于 SDRM 管辖范围内的争端，债务国是否享有管辖豁免权，《SDRM 草案》及有关文件并未做出直接规定。但基于以下理由，可以认为债务国不得免于 SDRM 的管辖：第一，债务国一旦签署并批准参与 SDRM，即意味着认可关于主权债务重组事项的国际管辖体系，属于明示放弃管辖豁免方式，理应承担有关的国际法义务，该种效力与一般的国际协定无异。第二，根据 SDRM 有关文件规定，主权债务重组程序只能由债务国单方提出并启动。因此，债权人无权启动该程序，而债务国的启动请求等同于主动起诉，可视为默示放弃管辖豁免的方式。第三，

---

[1] See Art. 14, Proposed Features of a Sovereign Debt Restructuring Mechanism, Prepared by the Legal and Policy Development and Review Departments, Feb. 12, 2003, IMF.

[2] See Art. 3 (b), Proposed Features of a Sovereign Debt Restructuring Mechanism, Prepared by the Legal and Policy Development and Review Departments, Feb. 12, 2003, IMF. And Art. 16, The Design of the Sovereign Debt Restructuring Mechanism—Further Considerations, Prepared by the Legal and Policy Development and Review Departments, Nov. 27, 2002, IMF.

关于程序终止的规定。根据《SDRM 设计考虑》第 222 条规定："为符合国家主权原则,债务国可在程序开始后的任何时间终止程序。"[1]继而第 226 条规定："一旦 SDRM 程序终止,SDDRF 对于重组程序的管辖权也同时终止"。因此,在债务国认为确有必要时,可通过终止 SDRM 程序来终止该法院的管辖权。可见,SDRM 在明示放弃和默示放弃方面都赋予了债务国主动权,即债务国只要不参与该协议或即使参与了该协议但不主动提出请求,SDRM 都不会主动对有关主权债务重组争端进行管辖,甚至在重组程序启动后,债务国仍有权终止 SDDRF 的管辖,这体现了 SDRM 在确立管辖权方面的谨慎态度。这种态度在 SDRM 创立初期就存在,由于 IMF 担心 SDRM 的出现对涉及债务重组争端享有排他的管辖权,而且该决定可能对缔约国国内法院具有约束力,会因此形成对债务国或其他法院地国主权的干预或侵犯,因此,IMF 在《SDRM 草案》中审慎地规定了程序启动的限制条件。从这种意义上来看,SDRM 虽然赋予了 SDDRF 以专属的、强制性的管辖权,但也预先赋予了债务国决定是否接受这种管辖的充分的自由。

另外,如上所述,SDDRF 对重组期间的债务争端具有排他的管辖效力,还会产生一个显著的效果:即重组程序一旦开始,所有对重组债务有关的诉讼都将停止。而且,《SDRM 草案》第 37 条规定,SDDRF 可因债务国申请,且经核实有效的债权人或其代表批准,发布一项决定暂停由某个特定的受影响债权人提起的特定执行程序,如果该项程序可能阻碍 SDRM 的重组程序。[2]这

---

[1] See Art. 222, The Design of the Sovereign Debt Restructuring Mechanism—Further Considerations, Prepared by the Legal and Policy Development and Review Departments, Nov. 27, 2002, IMF.

[2] See Art. 35, Proposed Features of a Sovereign Debt Restructuring Mechanism, Prepared by the Legal and Policy Development and Review Departments, Feb. 12, 2003, IMF.

些规定可以阻止不合作债权人的个别诉讼,对债务国而言最重要的是可以避免可能陷入由不合作债权人带来的竞相诉讼困境。从另一个角度来说,即使债务国在原债务合同中与债权人约定了放弃豁免条款,但在债务重组期间,上述规定使得债务国仍可免于有关内国法院的管辖。

三、破产规则中的执行豁免

在 SDDRF 的破产程序中,建立了两个颇具特色的规则:

第一,"债权人批准中止"规则(Creditor-Approved Stays)。由于过去的债务重组程序中,都无法有效解决不合作债权人提起诉讼导致对债务重组的不合理阻碍问题,IMF 在一开始考虑建立 SDRM 规则时就期望能引入一种"破产冻结机制",即在破产程序启动后,处于危机之中的一国政府的海内外资产会自动冻结,任何与重组债务有关的诉讼和执行程序都不得进行。[1] 但在最后形成的草案中,这种自动生效的冻结规则被 IMF 放弃,因为冻结债务国所有的债务并不见得会将债务国引致一个有利的后果。比如对于具有优先权的担保债权、银行债权、国际组织的债权等,债务国对这些债务继续偿付会起到维护经济稳定或是维持国家信用的良好效果。[2] 而且,自动冻结规则有可能过份倾向于保护债务国,容易鼓励债务国违约。所以,最后在《SDRM 协定》中规定:"经发起国申请,并经持有效债权的未偿本金金额达 75% 以上的债权人批准,可以暂时中止受影响债权人对债务国或其财产提起的所有执行程序,中止的期限依债

---

[1] See Anne Krueger, *International Financial Architecture for 2002: New Approach to Sovereign Debt Restructuring*, Speech at the American Enterprise Institute, Nov. 26, 2001.

[2] 比如说,在银行持有大额主权债务的情况下,债务国违约很可能引发存款挤兑,造成大量资本外流,导致经济动荡。又比如说,债务国对具有优先权的担保债权进行偿付,可以避免债务国对具有重大意义的国家资产丧失所有权等。

务国的申请和债权人的批准而定。"[1]决定所涉债务不仅包括债务重组过程中所有可能被执行的债务,还包括所有重组之前债权人已获得判决但未在重组决定做出之前得到执行的债务。而且该中止决定一旦做出,可以约束与重组债券相关的所有债权人,即使是那一部分并不赞同该决定的不合作者。这一规则较好地协调了债权人和债务国之间的权利平衡,一方面债务国有权提出中止申请,另一方面须得大部分债权人的同意,在双方合意的情况下保护了重组财产,并减少了重组进程可能产生的其他阻碍。在这一规则下,债务国可以援引有关决定作为对抗外国法院执行措施的法定理由,从而获得执行豁免,虽然只是暂时性的,但仍起到了保护债务国财产的效果。而在决定做出的一段时间内,有关债权人则失去了申请内国法院执行的权利。

第二,"财产混同"规则(The Hotchpot Rule)。该规则是针对在重组程序开始后重组决定做出前,一部分不合作债权人期望通过诉讼获取比其他债权人更多利益的行为,旨在抵消这种行为造成的不公平后果。根据《SDRM 草案》第 32 条规定,如果某些债权人通过债务重组决定做出前的诉讼行为获得了清偿,其价值应对其在债务重组协议中的剩余债权的价值做出相应的扣减,以确保抵消所有的执行权益。[2]在这一规则下,部分不合作债权人容易失去通过起诉获得债权的动力。但事实上,当诉讼所获得的价值大于参加重组程序所可能得到的偿付价值时,这一规则就显得没有如此有效了,比如对于那些通过二级市场或其他方式以低价获得主权债务的债权人,特别是一开始就希

---

[1] See Art. 7, Proposed Features of a Sovereign Debt Restructuring Mechanism, Prepared by the Legal and Policy Development and Review Departments, Feb. 12, 2003, IMF.

[2] See Id., Art. 32.

望通过诉讼和执行程序获取暴利的不良债权人。当然，为了对这种行为进行限制，上述《SDRM 协定》第 37 条关于"针对性执行中止的决定"条款（A Targeted Stay on Enforcement）同样可以适用。可见，在某种意义上，"财产混同"条款可以起到防止债权人对主权债务合同中债务国放弃执行豁免条款的滥用。

毫无疑问地，《SDRM 协定》赋予了 SDDRF 在某些程序上具有强制性决定的权利，使得 SDDRF 在某些方面具有如同普通的破产法院近似的职能，比如拥有管辖权、管理登记程序、适用准据法、举办公开听证，甚至可以做出具有法律效力的决议。但事实上，SDDRF 仍非一个正式的司法机构，它更多地体现在为债权人和债务国搭建一个谈判的平台，制定内部规则和管理债务重组程序，而在执行措施方面，它缺少了一些行使重要司法强制行为的权力。例如，SDDRF 的权力是债权人和债务国赋予的，它无权改变经过多数债权人表决同意的重组决定。但在国内破产法中，法院对于公司破产债务重组协议具有否决权，只要它认为这个计划并不可行。[1] 又如 SDDRF 不像国内法院一样可以对债务国或债权人行使司法性传唤、强制送达等强制程序的权力。再如，虽然 IMF 具有要求缔约国进行金融调整、批准外汇限制的权力，可以作为 SDDRF 强制债务国履行决议的支持，[2] 但对于债权人这种措施显然并不适用。而且，IMF 框架下这种支持 SDDRF 强制执行的手段并不多。这些因素都决定了 SDDRF 缺少足够有效的强制措施，这是 SDDRF 与普通破产法院的主要区别之一。SDDRF 在强制措施方面的弱化，IMF 提出

---

[1] 参见张虹：《主权债务重组法律问题研究》，中国人民大学出版社 2007 年版，第 181 页。

[2] See Art. 49, Proposed Features of a Sovereign Debt Restructuring Mechanism, Prepared by the Legal and Policy Development and Review Departments, Feb. 12, 2003, IMF.

SDRM 框架时是经过慎重考虑的。执行国家财产是一个艰难而敏感的问题，各国在批准《SDRM 协定》时必然会考虑 SDDRF 拥有过于强大的执行权是否会对本国法律造成冲击，或对本国主权造成损害，这种顾虑和分歧很难使各国在此问题上达成一致。因此，《SDRM 协定》避免了直接规定 SDDRF 在强制措施上的权力，而是将权力留给债务国和债权人，规定重组期间产生的程序性问题，由债权人和债务国通过 SDDRF 制定规则自行解决。值得注意的是，《SDRM 设计考虑》第 126 条明确规定："债权人提起法律程序的能力以及针对国家的执行程序不应与普遍的国家程序规则相冲突，包括国家豁免法。"[1] 根据各国司法实践对执行豁免的"绝对豁免化"倾向，可以推定在 SDRM 程序中，债务国的执行豁免权应得到尊重。于此相呼应的是，《SDRM 设计考虑》第 15 条规定，债务国中央政府有权决定是否同意将不属于国内破产规则调整的中央银行、地方政府或其他公共实体的债务纳入 SDRM 框架下进行重组。[2] 意即对于中央银行、地方政府或其他公共实体的债务及其资产是否由 SDRM 管辖或执行，不受 SDRM 强行调整，除非得到债务国中央政府同意。一般来说，债务国并不倾向于将中央银行的债务及财产放弃执行豁免，这已为许多国家的立法和实践所体现。

另一个重要的问题是关于 SDDRF 决议的效力。根据 SDRM 的设想，SDDRF 决议具有与法院判决一样的法律效力，不仅对 IMF 的所有缔约国具有法律约束力，而且在任何缔约国法院都不得怀疑和审查。SDRM 是在 IMF 的框架下建立的，根据《IMF

---

[1] See Art. 126, The Design of the Sovereign Debt Restructuring Mechanism—Further Considerations, Prepared by the Legal and Policy Development and Review Departments, Nov. 27, 2002, IMF.

[2] See Id., Art. 15.

协定》第31条第2款规定："凡签字于本协定的各国政府，不仅代表其本身，而且也代表其一切殖民地，海外领土，所有在其保护、统治下的领土及其所有托管地接受本协定。"[1]因此，缔约国有义务将SDDRF的债务重组决议适用于各国国内法，并使该决议在其境内具有充分的法律效力。而且，只要在SDDRF做出决议过程中得到了持有合格债权的大多数债权人表决通过，该决议不仅对于同意的债权人生效，对于反对的债权人同样生效。因此，在SDRM框架下，债务重组协议的执行力得到了很好的解决，这是普通国内破产法院所无法比拟的。

第三节 小 结

主权债务重组程序旨在对发生了债务违约或债务危机的债务国的主权债务进行重新安排，以恢复债务国的经济能力，最终偿付债务。传统的形式是将债务国和债权人聚集在一起进行商业谈判，如巴黎俱乐部和伦敦俱乐部，而债券互换的出现也提供了一种新的债务重组方式。无论采取何种方式，债务重组程序中的主题都是债务国和债权人围绕各自的权益进行博弈。一方面，债权人为防止债务国利用重组程序过多地减免债务或逃避债务而制定了许多限制条件；另一方面，债务国为防止债权人滥用债权或诉讼救济，避免重组程序或不合作债权人的诉讼行动损害国家利益，也会提出诸多的制衡要求。因此，在债务重组程序中，对债务国和债权人之间的利益平衡是构建重组规则的根本考虑。债务重组程序本身属于一种经济安排，与国家及其财产豁免权并无直接的联系，但其中关于债务安排的具

---

[1] See Art.31, Agreement of the international monetary fund, Jul. 22, 1944, Washington D. C.

体条款，会影响国家及其财产豁免权的实现，如退出同意条款、交叉违约条款和发起条款等。这些条款运用得当，对于债务国来说，可以避免竞相诉讼的困境，甚至可以获得"再次豁免"的机会。而对于债权人来说，则可以保护债权人之间的平等地位，抑制少数债权人的不合作行为对重组程序带来的不良影响，甚至提前获得债务重组的权利。债务重组程序结束后，债务重组协议一般会得到双方当事人的善意履行。由于债务重组协议独立于原债务合同，对于债务国违反债务重组协议的行为，理论上来说债务国享有主张国家豁免的权利。但债权人更多地会选择按照原债务合同对债务国提起诉讼。SDRM 作为 IMF 提出的类似"国家破产规则"的创想，赋予了债务重组程序的准司法效力，使其具有了司法化程序的一些优点：判决的权威性和执行力、程序的强制性以及重组的时效性。在 SDRM 规则下，国家及其财产豁免成为程序中需要解决的重要问题。SDDRF 对缔约国的债务重组纠纷具有专属的管辖权，缔约国不得在程序中主张管辖豁免，但在执行程序中并未反对债务国的执行豁免权。SDRM 在起诉、程序终止等规则中赋予了债务国主动权，同时也规定了在重大事项上应尊重多数债权人的选择权，体现了对债务国和债权人权利的平衡。SDRM 虽然只是一个创想，但无疑为债务重组程序提供了一个崭新的思路。

结 论
ONCLUSION

国家豁免原则是一项公认的国际法原则，它赋予了国家及其财产享有免于外国法院对其进行管辖和执行的特权。[1]但在绝对豁免理论和限制豁免理论的博弈中，国家行为和财产在何种情况下享有何种程度的豁免权仍然存在不小的争议，这导致了在某些领域尚未形成一种普遍承认和适用的法律规则。主权债务违约行为具有的"二元性"，集中体现了绝对豁免理论和限制豁免理论在各自的价值取向、对行为性质的判断以及适用法律方面的根本分歧，使得各国在外国主体资格的认定、管辖权规则、执行程序、外国法院判决和仲裁裁决的承认与执行乃至各国在对待《SDRM协定》的态度和做法上，都存在不小的差异。因此，即使在国际社会普遍承认国家豁免原则的情况下，也很难在主权债务违约问题上形成一套统一化的国家豁免规则。

但是，在主权债务违约的国家豁免问题上，各国对于一些具体问题的态度和做法体现出某种程度的一致性。例如在对待国家债务继承方面，普遍赞同恶债不予继承的基本规则，继承债务国不受外国法院对恶债继承案件的管辖和执行；[2]又如在

---

[1] 尽管出现过以劳特派特为代表的国际法学者所主张的"废除豁免论"，似乎从根本上否认了国家豁免原则的合法依据，但实际上并未为各国的立法和司法实践所接受，这也从反面体现了国际社会在国家豁免原则问题上的普遍立场。

[2] 这一点在《关于国家对国家财产、档案和债务的继承的维也纳公约》有着明确的规定，而且也为各国的司法实践所遵循。

国家主体资格的认定方面,各国普遍认为中央政府及其机关具有代表国家的资格,有权行使主权权力的地方行政单位和联邦成员也可被视为一定程度的主权实体,而对于得到授权的其他实体,在其行使主权权力时也可视为具有主权者资格而享有国家豁免权。这些内容已为《联合国国家及其财产管辖豁免公约》承认并规定;又如各国对于外国中央银行和有关财政机构,一般认为它们在主权债务法律关系中具有重要的地位和作用,对其进行管辖和执行规定时更为慎重和克制;[1]又如在放弃豁免方面,各国几乎一致主张放弃豁免应具有自愿性、明确性和具体性,而且放弃管辖豁免、执行豁免以及其他任何内容的豁免都彼此具有独立性。甚至在执行领域,还有的国家对放弃撤回进行严格的规定;又如执行豁免方面,各国普遍倾向于在法院执行有关国家财产时,抱以更为克制的态度,使得执行程序显示出"绝对豁免化"的倾向。其中,判决前的保全措施与判决后的强制执行措施相比,更少地为外国法院所采用;又如关于可执行国家财产的判断标准,采取限制豁免理论的国家一般适用商业用途标准,即对于非商业用途以外的国家财产不得免于外国法院的执行措施;又如在外国法院判决和国际仲裁裁决的承认与执行方面,各国基本上沿袭国际通行的做法,以相同或近似的依据作为是否承认与执行的理由。尤其是在国际仲裁领域,由于《纽约公约》得到国际社会的普遍适用和执行,在很大程度上统一了国际仲裁裁决的承认与执行规则;又如在债务重组领域,由于集体行动条款的普遍适用以及债务重组模式的规范化,债权人与债务国之间签订的债务协议中的一些重要条款,如退出修改条款、交叉违约条款和发起条款等,都对国家

---

[1] 正如前文所述,像英国、美国等金融中心所在国,一般会对中央银行和有关财政机构给予更高的保护,在对其进行管辖和豁免时规定更为严格的限制条件。

豁免权产生了某种程度的影响。特别在 SDRM 形成的法律框架下，与国家豁免相关的问题得到了较为统一的规定。

正是通过对各国在立法和司法上关于主权债务违约的国家豁免规则的适用条件、动机、结果和趋势的反复考证与推敲，可以发现各国规则的共同点和特殊性，有助于更加准确、全面地理解这种规则，最终更好地保护债务国和债权人在主权债务法律关系中的合法权益。在国际社会尚未形成统一的主权债务违约的国家豁免规则之前，本书意图进行这样一种尝试：在对主权债务违约的国家豁免制度进行全面、系统的论证基础上，经过理论推演和实证分析，最终形成解决该问题的一种规则、一种思维和一种方法。

这种规则、思维和方法主要体现在以下三点：

一、国家主权与私人权益形成的良性平衡

从形而上的角度来说，在主权债务法律关系中存在着一对最基本的矛盾，即国家主权和私人权益。两者的冲突贯穿于主权债务违约的国家豁免问题的方方面面。在主权债务法律关系中，对国家主权的保护主要体现在赋予了债务国免受外国法院管辖和执行的特权，对私人权益的保护主要体现在将债务国视为一般的商业交易者，私人与国家具有平等的法律地位，私人可以通过司法诉讼途径寻求救济，甚至可以执行债务国的有关财产。两者的冲突主要通过两个方面表现：第一，主权价值和私权价值的博弈；第二，债务国和债权人的博弈。

（一）主权价值和私权价值的博弈

在主权和私权价值取向上的偏向性，成为绝对豁免理论和限制豁免理论的根本区别所在。在某种程度上说，绝对豁免理论的立足点是对国家主权的保护，而限制豁免理论的立足点是对私人权益的保护。两种理论在价值取向上虽各有侧重，但值

得注意的是两者并非一元化的价值观。绝对豁免理论认为,债务国虽然基于国家主权原则享有国家豁免权,但并不意味着在国际民商事交往中国家可以凭借豁免权而逃避法律义务,国家责任并不因此而消除。尤其是在债权人诉诸更为强大的母国进行外交、经济或武力保护时,债务国仍需依据国家责任承担违约的后果。而且,即使绝对豁免理论是以"行为主体"作为判断债务国及其财产是否享有豁免权的依据,但这也是有限制的。并非所有与国家有关的实体都可以代表国家,如无权行使主权的地方行政单位和联邦成员、没有得到授权或得到授权但并未行使主权权力的其他社会实体,这些实体做出的行为不能认定为国家行为而享有豁免权。[1]而在限制豁免理论中,虽然主张国家行为可区分为主权行为和非主权行为,认为后者不应享有国家豁免权。但绝大多数国家仍然认同国家享有豁免权是一项基本的国际法原则,只是对一些特别事项进行例外限制。而且这种限制多数是集中在管辖权的规定上,对于债务国财产的执行程序上也一直倾向于给予债务国更大的尊重和更严格的保护。可见,绝对豁免理论和限制豁免理论在价值取向上具有倾向性的同时,并不彻底否定私人权益或国家主权的价值,只是保护程度的不同。如前文所述,限制豁免理论由于其更为合理的内核,以及更符合国际民商事交往的发展趋势,获得了越来越多国家的支持。毫无疑问,限制豁免理论在对私人权益的保护上比绝对豁免理论走得更远,也更为彻底。限制豁免理论对司法程序的影响也逐渐变得更为拓展和深入。但限制豁免理论在保护私人权益的同时,也兼顾债务国主权权益,寻找两者之间平

---

[1] 特别是国有企业的法律地位问题,国际社会普遍认为国有企业与国家是相互独立的,无论是法律地位还是财产。即使是采取绝对豁免理论的国家也将国有企业和国家区别对待。

衡的合理刻度。比如说限制豁免理论中出现了纯粹的商业性质标准，但对一些特殊事项也主张适用目的标准；比如说一些采取限制豁免的国家，在对债务国的商业财产不予豁免的同时，也主张对一些特别重要的国家财产，如中央银行或财政机构的财产予以豁免；又比如说即使债务国对某种行为或财产做出放弃豁免的表示，但有关国家法院也会为了保护债务国财产的安全和稳定，倾向对该放弃做出严格的解释以解除其效力。

主权价值和私权价值的冲突体现了两种理论的不同主张，但过于偏向哪方，都极易造成损害性的后果。如过于偏向主权价值，债务国容易借此逃避责任；而过于偏向私权价值，则容易造成私人权利的滥用。为两者寻找一个平衡的刻度，将两者和谐统一于主权债务法律关系中，才是最有效和最优的解决方法。

(二) 债务国与债权人的博弈

如果说主权价值和私权价值是主权债务法律关系中国家豁免规则的两种基本价值取向，那么债务国和债权人则分别是其现实载体，承载着两种价值取向在整个国家豁免规则中的具化体现。债务国和债权人之间现实权益的冲突和统一，往往成为各国在处理主权债务违约案件中适用国家豁免规则的重要考虑因素。

关于债务国与债权人的法律地位。根据国家主权原则，国家之间的关系被认为是一种相互独立、平等的关系，因此一国不能对具有同等主权地位的外国进行管辖以及执行其财产。这使得债务国与债权人在债务关系中处于一个不平等的地位，债权人无法起诉债务国和执行其财产。然而，这种不平等的地位在现实上并不利于主权债务法律关系的稳定和发展，主要体现在：第一，债务国享有的国家豁免权会导致这样一种后果：即债务国可以作为原告提起诉讼，但却可以避免成为债权人提起的诉讼中的被告而逃避司法程序，这显然对于债权人而言是极不公平的。[1]第二，当债务国的地位过于强势，债权人通过投资主权债务而获取利益的风险会大大地增加，一旦发生债务国违约的情况可能无法保障通过司法途径要求债务国偿还本息，这种顾虑无疑会极大地降低债权人的投资热情。债务国也会因此减少债务发行的规模，甚至会失去债务发行的机会。当事人之间平等的观念，主张国家与私人进行商业交易时，双方享有平等的法律地位，私人交易者可以依据国家的商业行为向有关法院起诉寻求救济。但值得注意的是，一个国家的司法制度具有极强的属地性，即国家司法权力仅在本国内产生效力。将外国强行纳入本国司法效力之内，颇有侵犯该外国主权之嫌。而且，国家的法律地位也不是国内法可以规定的，而应以有关的国际法为准。因此，在世界范围内，大多数的国际法院或法庭只接受国家作为诉讼当事人的纠纷，而不允许个人对国家进行起诉，除极少数的法院外，如欧洲人权法院。债务国和债权人之间的法律地位是处理主权债务违约纠纷的一个重要问题，直接涉及债权人是否有资格对债务国进行起诉。在大部分采取限制豁免理论的国家中，法院更多地将债务国和债权人视为享有平等的法律地位，这种做法是较为恰当的。这是由于债务国通过与债权人签订债务合同来发行主权债务，可视为主动以市场交易者身份去寻求外国投资，遵守市场的平等交易规则，应与债权人享有平等的地位。因为这种行为是债务国的主动选择的

---

〔1〕 正如美国学者杰瑟普在"哈佛研究草案"第 11 条的评注中指出："如果国家在诉讼中只能作为原告起诉但却不能作为被告被诉，那对于私人或法人当事人一方来讲是极不公正的。"参见《美国国际法杂志》（增刊），1932 年第 26 卷，第 598 页。转引自龚刃韧：《国家豁免问题的比较研究——当代国际公法、国际私法和国际经济法的一个共同课题》（第 2 版），北京大学出版社 2005 年版，第 317 页。

结果，而且债务发行具有可替代性，即债务国如果不希望进入私法规则进行交易，完全可以通过发行与政府或国际组织之间的债务来实现筹集资金的目的，这种方式可归属于国际公法范畴，必然不会进入一般的内国诉讼程序，也不会涉及国家及其财产的豁免问题。而债权人履行了借款的义务，理应享有相应的司法救济权利，至少国际法应为其提供一个救济的机会。而且在现代大多数的主权债务合同中，基本上都会通过债务国和债权人合意约定争端解决条款（无论是诉讼还是仲裁），这在很大程度上确认了双方当事人法律地位的平等性。

关于诉讼中的债权人与债务国的对价能力。对价（Consideration）是英美合同法中的法律概念，此处所指的"对价能力"是指在主权债务法律关系中，债务国与债权人相互之间争取、保护其合法利益的能力。在大部分的情况下，债务国在主权债务法律关系中的对价能力要明显优于债权人。这是由于国家自身的实力和主权债务的特点所造成的。首先，债务国作为一个国家实体，无论是政治、经济、军事等软实力和硬实力都与债权人不处于同一个比较级。债务国凭借主权者的地位，以国家名义举债，并以国家财富作为担保，获得了比一般债务更安全、稳定的投资优势，更容易获得投资者的青睐。债务国也因其强大的实力获得了在发出债务要约、债务谈判时更大的优势。其中最为典型的即为债务协议一般都是债务国单方面提出的格式合同，绝大部分的条款由债务国规定。其次，在债务违约发生或可能发生时，债务国拥有一般债务人所不具有的政策或手段来主动"减免"其债务。主权债务与国家的财政政策、货币政策和外汇政策等密切相关，债务国可以通过运用上述工具达到实质上减少债务的效果。比如美国作为世界上最大的债务国，由于美元是世界硬通货，具有极强的流动性，美国政府可以通过"量化宽松"的货币政策,大量发行美元,造成美元贬值,那么以美元作为计债单位的主权债务会随着美元的贬值而贬值,造成实质上对主权债务的减免。[1]这种主权债务的隐形违约较之一般的违约行为,更难为债权人所察觉,债权人因此诉诸司法救济的困难也更大。再次,即使在债权人向法院提起诉讼后,债务国仍可依据国家豁免原则主张豁免权,甚至以国家之间关系的稳定与和谐作为筹码要求该国放弃对具体案件的审理,这种能力也不是债权人所具备的。[2]在过去很长一段时间里,债务国强大的实力使得债权人在与其博弈的过程中处于下风,最后常常不得不借助其母国的帮助追偿债务。随着越来越多的国家,尤其是金融发达国家如英国、美国、德国等国在主权债务违约问题上采取的限制豁免立场,使得针对主权债务违约行为的诉讼成为可能。司法诉讼程序凭借其自身的强制性、可执行性和时效性提高了债权人的对价能力,以至于在外国法院接受主权债务违约诉讼以后,相关的国际仲裁数量急剧减少,原有的重要地位几乎为司法诉讼所取代。[3]司法诉讼程序对债权人的对价能力的影响主要体现在:第一,债权人有权起诉债务国。根据限制豁免理论,债务国发行主权债务的行为一般可视为商业行为,其签订的债务合同属于典型的商业合同,债务国因此

---

〔1〕 参见郭华春:"主权债务债权人的'对价'能力机制分析——基于诉讼角度的观察",载《法商研究》2012年第3期,第146页。

〔2〕 按照司法独立理念,法院在审理具体案件时不应受其他机构、组织或实体的影响。但涉及外国国家的案件中,一国政府很有可能考虑到如果法院对该案进行审理并判决,会造成两国之间的紧张关系甚至导致国家关系的实质性损害,一般会在某种程度上对法院施加影响,促使有关法院放弃对该案的审理。

〔3〕 在过去很长一段时间里,国际仲裁一直是解决主权债务违约纠纷的主要方式,但在诉讼方式出现后,债权人和债务国就很少选择国际仲裁。当然,在BIT和ICSID领域,仍有学者认为可以作为一种有效解决主权债务违约纠纷的争端解决机制,但问题在于主权债务是否符合"投资"事宜,在实践中还存在不小的争议。

不得免于外国法院的管辖。债权人可以自主地选择是参与债务重组还是国际仲裁,甚至是直接向法院提起诉讼。债务国在外国受诉无疑会对其产生巨大的压力,尤其是在出现大规模诉讼的情况下。第二,司法强制措施为债权人收回债权提供了保障。限制豁免理论在一些国家的司法制度中已经扩散到程序规则当中,其中最为明显的是有的国家法院可以对债务国用于非主权用途以外的国家财产予以执行。对有关国家财产的查封、扣押、没收等强制措施为债权人的债权履行提供了实质性的保障,而且对债务国具有强大的震慑作用,以促使其为避免国家财产遭受损失而按时或加快偿付债务。第三,债权人通过诉讼途径可提高其在债务重组中的地位和谈判筹码。债务国在一个特定的主权债务法律关系中,面对的往往不止一个债权人,而是数个债权人。在债务重组程序中,虽然大多数债权人愿意参与重组谈判,但有少数债权人会期望通过诉讼以获得全额赔偿。[1]有些债务国在诉讼压力下,往往会私下与这些债权人达成一种比大多数债权人更为优惠的债务偿还安排,这无形中就提高了债权人对债务国在债务重组中的对价能力。可见,这种对债务国和债权人之间对价能力的平衡处理,体现在主权债务违约的国家豁免规则的诸多方面。

关于不合作债权人的限制。在主权债务重整程序中,主要是债务国与大多数债权人之间的博弈过程,但少数不合作债权人可能会打断、阻碍重组程序的顺利进行,他们通过提高要价,不接受债务安排或者径行向有关法院起诉,期望获得自身所期

---

[1] 债务重组谈判的结果往往是达成对债务国所负债务进行减免,而少数债权人则不愿意接受这种债务减免,更愿意通过诉讼获得全额债权,尤其是在主权债务二级市场兴起后,有些债权人专门低价购入主权债券并提起诉讼,甚至成为一种新兴的诉讼产业。

望的债权回报。诚然，少数不合作债权人可以通过诉讼途径增强自身的对价能力，即使是专门通过诉讼以博取暴利的行为，只要在法律框架中进行也无可厚非。对于不合作债权人个体而言，这是属于受到法律保护的权利。但是，从宏观的角度来看，债务重组程序的意义在于债务国与债权人通过协商、沟通和谈判，甚至类似 SDDRF 这样的司法化程序，对债务进行重新安排，帮助债权人最大化地实现债权，同时也帮助债务国及时恢复经济增长能力以偿付债务。如果少数债权人坚持反对债务重组的一般安排，甚至搅乱或破坏债务重组程序，使债务国与债权人之间无法达成债务重组协议，这对债务重组无疑是致命的。因此，债务重组程序中，多数债权人与少数不合作债权人之间，债务国与不合作债权人之间的博弈甚至对抗处处可见。在债务合同中，债务国与债权人会约定像退出修改条款、交叉违约条款、发起条款、资金风险条款、平等地位条款、非歧视条款等集体行动条款，主要就用于大多数合作债权人对少数不合作债权人影响或阻碍债务重组进行限制。这些条款通过修改债务合同条款，以及限制违约后债权人执行债权的能力，将所有债权人都以共同的标准或准则参与到债务重组过程中。这些条款客观上起到了阻止少数不合作债权人滥用司法救济的作用，对债务国在可能潜在或已经发生的债务诉讼中主张的国家豁免权会有直接或间接的影响。而在 SDDRF 框架下，许多制度和规则都是为限制少数债权人的不合作行为设置的。比如 SDDRF 对主权债务违约案件具有排他管辖权，这意味着一旦债务国向 SDDRF 申请启动重组程序，那么有关缔约国的法院将不得对有关债务纠纷进行管辖，这就限制了不合作债权人通过向法院起诉来阻碍重组程序的进行；又如 SDDRF 规定了一种特殊的暂停程序，即当某些债权人提起特定的执行程序可能影响到债务重组程序时，可由债务国提起，多数合格债权人决定暂停该程序的实施。[1]这使得少数债权人无法通过私自对债务国财产申请执行程序来获得债权。又如"财产混同"规则也容易使得不合作债权人失去通过诉讼获取额外收益的动力。事实上，了解了大多数债权人和债务国对少数债权人不合作行为的限制的动机，许多条款设置的意义也就一目了然。如何在不侵犯少数不合作债权人的合法权利的前提下，减少不合作行为对债务重组的阻碍作用，是构建债务重组制度和规则的重要问题。

国家主权和私人利益是构成主权债务法律关系的两个基本价值因素，两者之间的冲突存在于国家豁免制度的方方面面。但国际社会和各国在构建和适用与主权债务有关的国家豁免规则时，更多的是站在协调两者之间冲突的立场，以达至两者衡平为目标。对于法院地国而言，一方面考虑为债权人提供救济的机会或保护与本国相关的经济利益，对主权债务违约行为进行管辖和审判，甚至执行有关国家财产；但另一方面，也要考虑到国家之间的平等关系，既是出于对外国主权的尊重，也是为了避免产生国家之间的紧张、对立或报复关系，也会在司法程序的制定和实施中保持一种相对克制的态度和做法。对于债务关系的当事方而言，双方在现实情况中也愿意通过放弃自身的一些利益诉求以求债权的实现和债务的履行。债务国如果过于保护自身的权益，无限度地主张享有主权者的资格和豁免，那么将没有债权人愿意购买其发行的主权债务。最终债务国通过举债发展经济或实现其他管理职能的目的将会落空。所以债务国常常为了吸引更多的投资者购买其债务，打消债权人的投

---

[1] SeeArt. 35, Proposed Features of a Sovereign Debt Restructuring Mechanism, Prepared by the Legal and Policy Development and Review Departments, Feb. 12, 2003, IMF.

资顾虑，甚至愿意主动在债务合同中放弃国家豁免。债权人在大多数情况下属于较为弱势的一方，应获得多种救济途径的帮助。但如果只是为了保护债权人的债权，最后损害了债务国的偿债能力乃至阻断了经济恢复的进程，那么债权人的债权也会因债务国彻底失去偿债能力而化为乌有。因此，债权人甚至愿意通过减免债务国债务的重组安排，避免债务国经济状况的持续恶化而出现债务违约或债务危机。而且，主权债务的最终承担者是债务国的所有公民，债务违约或债务危机无疑会对他们的权益造成巨大的损害，只是为了保护个别外国债权人的债权而损害债务国全体公民的合法权益，这种做法似乎也是不甚公平的。因此，无论是债务国与债权人之间做出的自我约束，还是有关法院适用的具有强制性的国家豁免规则，在很多情况下都可以发现这种对于实现国家主权和私人权益之间良性平衡的考虑。尤其从立法者的角度来看，国家主权和私人权益的良性平衡是主权债务法律关系存在、稳定和发展的重要条件。

二、转换性视角的运用

在国际社会的现实交往中，一个国家可以通过发行主权债务而成为债务国，同时该国公司、居民以及其他社会实体也会购买外国主权债务，而使该国同时成为债权国，所以该国往往同时具有债务国和债权国的双重身份。这是由于：第一，随着国家经济职能的强化和对主权债务观念的转变，很多国家将主权债务作为发展经济的重要手段，这里面不仅包含资本主义发达国家，也包括希望实现跨越式发展的新兴国家。因此，绝大多数的国家或多或少都会存在一定的主权债权债务问题，只是数量的多少不同而已。第二，全球化趋势背景下国际自由市场的形成，为私人债权人购买外国主权债务提供了可能和便利。在20世纪70年代以前的很长一段时间，主权债务的持有者基本上都是主权国家和国际组织。[1]但随着国际金融市场的开放和发展,国际商业银行、跨国公司、个人投资者等私人债权人逐渐成为主权债务市场的主力购买者。尤其是主权债券二级市场的兴起,私人债权人在主权债务市场的活跃程度远远超出了过去任何一个时代,私人借贷比例大幅超过了官方借贷比例。这使得一个国家债务国身份和债权国身份交织在一起的情况并不少见。以日本为例,在2011年底,日本主权债务总额约为12.8万亿美元,成为仅次于美国的世界第二大债务国。同期日本持有对外纯资产约为3.2万亿美元,蝉联世界第一大债权国。[2]可见,一国在主权债务问题上的国家豁免立场,不仅会影响到该国作为债务国的法律地位和权利,也会影响到本国债权人的法律地位和权利。因此,一个国家在确定国家豁免立场或采取特定法律规则时,必须具有双向性思维,即使用转换性视角去看待主权债务违约的国家豁免问题。

在立法层面上,一国的国家豁免法对主权债务法律关系的调整作用可分为两个方面:一个方面是用来主张债务国在外国法院审理具体案件时的法律地位和权利的基本依据;另一个方面是本国法院对外国主权债务行为进行管辖,以及对有关国家财产实施执行措施的权力来源。这两个作用应统一在一个立场中,即当一国采取绝对豁免理论时,主张债务国在主权债务法律关系中享有国家豁免权,那么该国法院同时也不得对本国债权人针对外国政府提出诉讼的案件进行管辖;反之亦然。如果

---

[1] 正如张虹在《主权债务重组法律问题研究》一书中指出:"在70年代以前,流向发展中国家的主要资金来源是国际官方融资,包括来自国际金融机构和以美国为首的发达国家政府的贷款。"参见张虹:《主权债务重组法律问题研究》,中国人民大学出版社2007年版,27页。

[2] 该统计数据来自于日本财务省网站:http://www.mof.go.jp/english/index.htm,2014年3月1日访问。

一方面主张该国在主权债务法律关系中享有国家豁免权，另一方面对外国发行主权债务的行为进行管辖，这显然是一种双重标准，是有失公平的。因此，国家在制定与主权债务有关的国家豁免法律时，需要同时兼顾国家作为债务国以及本国债权人的法律地位和权利。

进一步地说，随着国家豁免理论的不断发展和分化，目前国际社会上基本形成了绝对豁免理论与限制豁免理论并立的局面。最初在 19 世纪，大部分的国家都采取了绝对豁免理论，使得各国在立法和司法上关于国家豁免问题的规定具有较为统一的立场，即各国均认为国家行为及其财产享有绝对的国家豁免权。但进入 20 世纪以后，尤其是第二次世界大战以后，随着越来越多的以英美等代表的发达国家转向限制豁免理论，各国在主权债务问题上的国家豁免立场逐渐出现差异。其结果是一部分国家仍然主张外国法院不得对主权债务行为进行管辖，但另一部分国家则主张主权债务行为属于商业行为，而法院有权对商业行为进行管辖，并对有关国家财产予以执行。坚持绝对豁免理论的国家大多属于发展中国家，这些国家由于经济体制原因或经济较为薄弱，希望通过国家对经济活动的大规模参与和主动引导来带动国家经济的快速发展。基于保护国家利益的动机，这些国家普遍倾向于主张国家享有绝对的豁免权，从而将豁免权掌握在自己手中。诚然，坚持绝对豁免理论有利于扩大国家及其财产享有豁免权的范围，为国家行为和财产提供极为强大的保护。但在现实情况中，这种做法的效果是有利有弊的。首先，如果一个国家从事商业行为并与私人交易者产生竞争关系，却在产生诉讼后以国家豁免为理由而否定外国法院对其从事的商业行为的管辖权，长此以往，最终结果一定是这个国家商业信誉的受损。[1]国家信用一旦受损,恢复就十分困难了。其次,法院仅依据其本国法对外国的商业行为进行管辖和执行,该外国主张豁免并不能实质性地影响到内国法院对行使司法权。尤其是涉及对外国财产在法院地国的执行问题,该外国更是无力改变执行结果。最后,由于缺乏对外国国家的非主权行为行使管辖和执行的法律依据,在这些国家一般会发生该国经常在外国被起诉,但本国居民却无法在本国起诉外国国家的情况。这并不利于维持国家之间在诉讼地位上的平等关系。所以,在某种意义上来说,承认国家商业行为原则上不享有国家豁免权,不仅有利于保护国家从事商业行为的信誉,而且可以为本国居民提供一个寻求本国司法救济的机会。因此,国家在制定主权债务违约的国家豁免规则上应既考虑到国家的诉讼主体地位也考虑到本国债权人的诉讼主体地位,只有采取这种转换性视角考虑问题,才能最大限度地保障国家及其企业、居民的利益。

在司法层面上,转换性视角也是司法实践中实行对等原则的现实需要。对等原则是国际法中的一项基本原则,正如德国国际法学者特里佩尔(Triepel)一针见血地指出:"国际法是适用于多元国家间对等关系的法律。"[2]国际民商事诉讼中的对等原则体现在两个国家在同类诉讼中赋予有关诉讼主体以相同的地位、权利或待遇等,实现两国法律对同类法律关系的相同对待。在国家豁免问题上,许多国家也规定了对等原则。如智利1979年第2349号法令第9条规定:"任何外国国家及其机关、组织和企业可以在智利申请管辖和执行豁免,但以根据具体情

---

[1] See Hazel Fox, *The Law of State Immunity*, Oxford: Oxford University Press, 2002, p.37.

[2] 转引自[法]艾玛诺埃尔·德高:《国际法中的对等性》,法国法律和司法判例总书店1980年版,第53~54页。

况,在相同的条件、程度和例外下,该外国自己的立法给予智利国家或他的机构、组织和企业以豁免为条件。"[1]又如中国2005年《外国中央银行财产司法强制措施豁免法》第3条规定:"外国不给予中华人民共和国中央银行或者中华人民共和国特别行政区金融管理机构的财产以豁免,或者所给予的豁免低于本法规定的,中华人民共和国根据对等原则办理。"[2]可见,智利、中国等国家通过成文法的形式确立了国家豁免规则中的对等原则。有一些国家虽然没有明文规定,但在司法实践中适用对等原则。以波兰为例,在1937年在波兰的德国豁免案、1948年S.阿尔多娜诉英国财政部案、1958年法国领事案以及1987年马里亚诉奥地利文化协会案中,波兰法院一直奉行对等原则来决定国家豁免问题。波兰政府在1979年给联合国秘书处的函件中,一方面强调国家管辖豁免的基础是国际法上主权平等的原则,另一方面也肯定了波兰最高法院一贯坚持的对等原则。[3]对等原则的存在促使一个国家在制定国家豁免规则时,要同时考虑适用本国法律和外国法律可能导致的后果。一方面尽量避免外国法律对本国债务进行同等对待而产生的损害性结果,另一方面也应更合理地适用对等原则保护本国债权人的债权。

这种转换性视角看待主权债务中的国家豁免问题的做法,对中国的借鉴意义极大。一方面,根据中国国家外汇管理局的统计数据,截止至2018年底,中国负有外债金额达约19652亿

---

[1] 参见黄进:《国家及其财产豁免问题研究》,中国政法大学出版社1987年版,第38页。

[2] 参见《外国中央银行财产司法强制措施豁免法》第3条。

[3] 参见龚刃韧:《国家豁免问题的比较研究——当代国际公法、国际私法和国际经济法的一个共同课题》(第2版),北京大学出版社2005年版,第114~115页。

美元。[1]巨额债务对中国经济的发展具有重要的影响,而且可以预见到当中国经济影响力不断增长,人民币在国际金融结汇领域的地位不断提高,必将有更多的投资者购买中国主权债务,这些因素都会促使中国立法者需要站在债务国的角度去看待主权债务中的国家豁免问题,根据自身的权益制定有关国家豁免规则,以切实保护债务国的利益。另一方面,中国持有主权外债总额仅次于日本位居世界第二,并连续多年成为美国国债的最大持有国,截止至2018年12月,中国持有美国国债为1.123万亿美元。[2]虽然现在中国大部分外债都为政府及其机关持有,并非为本国私人债权人持有。但随着中国人均富裕度的提高以及国际自由资本市场的开放,私人债权人会逐渐成为海外投资的重要力量。届时,国家豁免规则中对本国债权人的保护也将成为中国立法者和司法者的重要考虑因素。所以,中国需要以转换性的视角去看到主权债务中的国家豁免问题,才能合理、明智地运用国家豁免理论和法律制度去保护自身的权益。

三、在法律的框架内解决问题

在主权债务发展的历史上,解决债务违约纠纷是国际社会萦绕已久的难题。一方面,债权人为了获得债权,运用各种方式向债务国索取,包括债务重组、商业谈判、国际仲裁,乃至诉诸母国要求对其实行外交保护、对债务国实行经济制裁,以及最后发展到武力索债。尤其是债权人通过母国寻求救济的手段,容易引起其母国与债务国之间国家关系的紧张,武力逼债

---

[1] 参见 http://www.safe.gov.cn/safe/2018/0329/8810.html,访问日期:2019年4月20日。

[2] See the website of U. S. Department of the Treasury: http://www.treasury.gov/, Visited in Mar. 27, 2019.

更是对债务国主权赤裸裸的侵犯。[1]直到20世纪初《限制武力索债公约》的出现，才对武力逼债进行了明文限制。而《联合国宪章》的出现，确立了和平解决国际争端的基本原则，才算正式废除了武力作为解决国际债务纠纷的方式。另一方面，在没有强大外力的约束下，债务国也常常利用比债权人更为优越的地位和实力来拖延债务重组或债务谈判，严重损害债权人的利益，甚至为了逃避债务而干脆直接拒绝偿付债务，这些例子并不少见。这些情况的出现，在很大程度上是因为这些债务争端解决方式没有形成一套让人信赖的规则，容易造成债权人或债务国某种程度上对各自权利的滥用。直到主权债务诉讼方式出现后，各国将主权债务违约案件纳入法律框架内进行解决，才使得主权债务违约纠纷有了法律上的约束。[2]国际社会迅速接受了这种对主权债务违约的司法解决方式。以国际仲裁为例，这种准司法程序一直以来受到债权人的青睐，但主权债务诉讼出现后，近40年几乎没有再出现过一个关于主权债务违约的国际仲裁案例。而且，即使在传统的主权债务重组领域，IMF也

---

〔1〕 如前文所述，欧美国家对南美国家债务的武力逼债是为明证。"德拉戈主义"和"卡尔沃主义"就是针对欧美国家的武力索债行为而提出的，主张内国法院对有关的债务争端案件具有专属的管辖权。诚然，这种观点在现在看来是较为武断的，并不完全符合主权债务法律关系的实质，值得商榷。但在当时的历史条件下，这些理论无疑是具有进步意义的，是对武力解决主权债务问题的有力反击。

〔2〕 主权债务诉讼依据的法律主要是各国的国内法。当然也适用国际法，如《联合国国家及其财产管辖豁免公约》《关于国家豁免的欧洲公约》以及《纽约公约》等国际法律，但国际法对于有关主权债务的国家豁免问题规定的内容是不够全面的，而且受到适用效力范围的限制，所以在适用的程度上还是与国内法的适用有所差别。但值得注意的是，国内法和国际法之间是相互影响的。许多国家的立法就受到国际法的直接影响，比如英国《国家豁免法》接受了《关于国家豁免的欧洲公约》的大量规定，在许多条文的规定上与后者保持一致。而国际法的一些条文也可视为源自于国内法，如《联合国国家及其财产管辖豁免公约》的制定即是建立在各国国内的立法与司法实践经验上的。

引入了 SDRM 的司法化程序，将债务重组放在法律框架中进行。

与主权债务违约纠纷的其他解决方式相比，法律方式具有这样的特点：第一，规范化的处理方式。法律方式强调法律规则和法律原则在主权债务违约案件中的适用，这些规则和原则是经过长期实践和论证形成的行为规范，具有较为充分的公正性与合理性。在司法程序中，适用法律规则和原则具有严格的规定，这些规定对债务关系双方的权利和义务具有强大的法律约束力，可以有效地避免双方对自身权利的滥用。这种规范化的处理无疑更容易得到当事人双方的信赖，而且由此形成的有关规则也更容易以制度的形式固定下来，作为解决以后可能产生的其他主权债务纠纷的有用借鉴。第二，解决结果的确定性。在法律方式中，法律规则明确规定了当事人的权利和义务，司法程序也具有严格的实施步骤，即使在不同国家的法律体系中，法律观念、规则和制度也会体现出一种整体的倾向性，当事人可以在起诉前就可能预见到适用何种规则可能并导致何种结果。这使得债务国或债权人在出现债务违约后可以更为准确和有效地选择符合自身利益的救济策略，而预见到可能出现的法律后果也可能反过来减少债务国违约的冲动或是债权人诉讼前不恰当的救济行为。第三，时效性。法律程序一旦开始，包括如送达、传唤、提交证据、质证、判决、上诉等每个步骤都会有严格的时效规定，这使得法律程序在整体上具备了时间上的保障。国际仲裁的时效性更为显著，但其他方式并无时效的要求，例如债务重组经常会出现双方进行长期谈判但最后没有结果，或者即使有了结果但由于时间太长而没有太多意义的情况。法律方式的时效性在一定程度上可以避免这种拖而不决、决而无益的情况发生。[1]第四，国际社会对法律方式的较高认可度。法律自身的权威性和公正性是国际社会承认法律方式的根本原因。主权债务诉讼大多数出现在金融中心所在的发达国家，债权人信赖这些国家相对成熟的法制体系和法治环境是他们起诉的重要原因之一。这些法院作出的有关判决更容易得到其他国家的承认与执行，而且往往成为其他国家在国家豁免方面的立法和司法实践的重要参考，对主权债务的国家豁免规则的形成和发展有着深刻的影响。从长远来看，这有利于促使主权债务领域内相对统一的国家豁免规则的形成，使相同或近似的债务纠纷获得一个相对统一的结果。

　　法律方式是一个较优的解决主权债务纠纷的途径，但并非完美无缺，法律规则的固定性、程序的严格性和复杂性以及调整范围的有限性等因素在某种程度上成为债权人和债务国选择法律方式时的顾虑。而且国家豁免领域存在的诸多现实问题也制约着法律方式在国际范围内普遍适用，如各国在绝对豁免立场和限制豁免立场上的差异，司法管辖和执行对国家主权的影响，国家财产执行的难度，国际立法的缺失和局限，乃至国家之间关系的考虑等。但法律方式提供的基本理念无疑是正确的：即运用法律的思维，通过从法律的角度考虑问题，用法律途径解决问题。虽然与仲裁、债务重组等方式相比，法律方式仍有诸多需要克服的缺点，但至少保证了主权债务纠纷在法律的框架下解决，排除了外交保护、经济制裁甚至武力这种可能造成更大伤害的方式，为债务纠纷提供了一种秩序的、可期的和安

----

〔1〕　当然，司法程序的复杂和严格也可能导致主权债务纠纷案件的长期无法解决，或解决时由于时间成本的过大而没有实际的意义，但与仲裁以外的其他方式相比，法律方式至少具有明确的时间规定，这在心理上会为债权人提供一定的信心。而且，各国法院在保证判决公平的前提下，一直努力减少诉讼程序的时间成本。

全的保障。事实上，法律方式正日益得到国际社会的承认和推行，国际社会根据实际需要陆续制定有关国际公约，鼓励国家签订双边协定或多边公约，将主权债务纠纷纳入到法律调整的框架中。从宏观上来说，人类在历史上漫长的探寻经验表明，法律是目前为止较为有效的、经得起推敲的以及值得人类信赖的一种外在约束手段。法律无疑为我们思考解决主权债务违约的国家豁免问题，提供了更为合理的思维方式和视角。

# 参考文献
MAIN REFERENCES

一、中文资料

(一) 著作类

1. 黄进主编:《国际私法》(第 2 版),法律出版社 2005 年版。
2. 黄进:《宏观国际法学论》,武汉大学出版社 2007 年版。
3. 梁西主编:《国际法》(第 2 版),武汉大学出版社 2003 年版。
4. 龚刃韧:《国家豁免问题的比较研究——当代国际公法、国际私法和国际经济法的一个共同课题》(第 2 版),北京大学出版社 2005 年版。
5. 夏林华:《不得援引国家豁免的诉讼——国家及其财产管辖豁免例外问题研究》,暨南大学 2011 年版。
6. 张虹:《主权债务重组法律问题研究》,中国人民大学出版社 2007 年版。
7. 傅晓峰:《外债新论》,西南财经大学出版社 2003 年版。
8. 王建军等编著:《外债与发展中国家》,中国劳动出版社 1993 年版。
9. 《国际法律问题研究》编写组编:《国际法律问题研究》,中国政法大学出版社 1999 年版。
10. 杜新丽主编:《国际民事诉讼与商事仲裁》,中国政法大学出版社 2009 年版。
11. 甄炳禧:《债务:第三世界的桎梏》,世界知识出版社 1991 年版。
12. 刘丰名:《国际金融法》,中国政法大学出版社 2007 年版。
13. 程晓霞、余民才主编:《国际法》,中国人民大学出版社 2005 年版。
14. 常怡主编:《比较民事诉讼法》,中国政法大学出版社 2002 年版。
15. 邓子基、张馨、王开国:《公债经济学——公债的历史、现状与理论分析》,中国财政经济出版社 1990 年版。

16. 夏征农主编:《辞海》,上海辞书出版社 1989 年版。
17. 于光远主编:《经济大辞典》,上海辞书出版社 1992 年版。
18. 世界银行、国际货币基金组织、国际清算银行、经济合作与发展组织编:《外债定义、统计范围和方法》,赵天朗、王璐、王纲译,中国金融出版社 1991 年版。
19. 财政部国库司编著:《中国政府债务管理报告(2004)》,中国财政经济出版社 2005 年。
20. 余劲松:《跨国公司法律问题专论》,法律出版社 2008 年版。
21. 李仁真主编:《国际金融法学》,复旦大学出版社 2004 年版。
22. 王绍辉编著:《国际金融危机大事件——从陷入深渊到曲折复苏(2006 年 6 月-2010 年 12 月)》,中国统计出版社 2011 年版。
23. 张志前、喇绍华编著:《欧债危机》,社会科学文献出版社 2012 年版。
24. 周弘主编:《欧洲发展报告(2011~2012)》,社会科学文献出版社 2012 年。
25. 周弘主编:《欧洲发展报告(2012~2013)》,社会科学文献出版社 2013 年。
26. 陈元、钱颖一主编:《欧洲的救赎》,中国经济出版社 2012 年版。
27. [奥] 迈克·瓦博:《国际法视角下的主权债务违约》,郭华春译,法律出版社 2013 年版。
28. [美] 大卫·格雷伯:《债》,董子云、孙碳译,中信出版社 2012 年。
29. [美] 小戴维·A. 斯基尔:《债务的世界:美国破产法史》,赵炳昊译,中国法制出版社 2010 年版。
30. [法] 莱昂·狄冀:《公法的变迁:法律与国家》,郑戈、冷静译,中央编译出版社 1999 年版。
31. [奥] 欧根·埃利希:《法社会学原理》,舒国滢译,中国大百科全书出版社 2009 年版。
32. [荷] 格劳秀斯:《战争与和平法》,何勤华等译,上海人民出版社 2005 年版。
33. [英] 约翰·伊特维尔、默里·米尔盖特、彼得·纽曼编:《新帕尔格雷夫经济学大辞典》,经济科学出版社 1992 年版。

34. ［英］亚当·斯密：《国民财富的性质和原因的研究》（下卷），郭大力、王亚南译，商务印书馆 1979 年版。
35. ［英］大卫·李嘉图：《政治经济学及赋税原理》，郭大力、王亚南译，商务印书馆 1962 年版。
36. ［美］米尔顿·德·格林：《美国民事诉讼程序概论》，上海大学文学院法律系译，法律出版社 1988 年版。
37. ［法］雅克·阿塔利：《国家的破产》，吴方宇译，北京联合出版公司 2011 年版。
38. ［法］艾玛诺埃尔·德高：《国际法中的对等性》，法国法律和司法判例总书店 1980 年版。
39. ［美］托马斯·M. 克莱恩：《外债管理》，中国计划出版社 2002 年版。

（二）论文类

1. 张徐："中国政府主权外债风险管理研究"，财政部财政科学研究所 2010 年博士学位论文。
2. 张国武："主权债务重组问题研究"，西南财经大学 2013 年博士学位论文。
3. 张露藜："国家豁免专论"，中国政法大学 2005 年博士学位论文。
4. 李泽华："国债法律制度研究"，中国政法大学 2011 年博士学位论文。
5. 刘衡："国际法之治：从国际法治到全球治理"，武汉大学 2011 年博士学位论文。
6. 张磊："外交保护国际法律制度研究"，华东政法大学 2010 年博士学位论文。
7. 邢自霞："中国外债管理研究"，浙江大学 2008 年博士学位论文。
8. 宋学红："欧元区主权债务危机的演进、影响与应对措施研究"，吉林大学 2012 年博士学位论文。
9. 刘力："国际民事诉讼管辖权研究"，中国政法大学 2003 年博士学位论文。
10. 叶斌："2005 年海牙《协议选择法院公约》研究"，武汉大学 2009 年博士学位论文。
11. 刘华："公债的经济效应研究"，中国社会科学院研究生院 2002 年博士学位论文。

12. 马金华：“外债与晚清政局”，中国人民大学 2004 年博士学位论文。
13. 刘凯：“全球化发展背景下国家主权自主有限让渡问题研究”，中共中央党校 2007 年博士学位论文。
14. 卢璨：“欧洲主权债务危机的演进与解决方案研究”，华中师范大学 2012 年硕士学位论文。
15. 王哲：“后危机时代信用评级机构监管法律制度研究”，复旦大学 2012 年硕士学位论文。
16. 王帅：“用尽当地救济原则研究”，华东政法大学 2011 年硕士学位论文。
17. 普峰：“基于金融危机防控的信用评级机构法律规制研究”，天津财经大学 2012 年硕士学位论文。
18. 陈永亮：“欧洲主权债务危机中的担保问题研究”，辽宁大学 2009 年硕士学位论文。
19. 曾炜：“国家破产法律问题研究——主权债务重组的新思路”，湖南师范大学 2004 年硕士学位论文。
20. 孙亚伟：“有关主权债务危机的文献综述——从欧债危机开始”，华东师范大学 2012 年硕士学位论文。
21. 李海跃：“国家商业行为的法律界定”，华东政法大学 2009 年硕士学位论文。
22. 黄进等：“国家及其财产管辖豁免的几个悬而未决的问题”，载《中国法学》2001 年第 4 期。
23. 黄进、李庆明：“2007 年莫里斯诉中华人民共和国案述评”，载《法学》2007 年第 9 期。
24. 单文华：“卡尔沃主义的'死亡'与'再生'——晚近拉美国家对国际投资立法的态度转变及其对我国的启示”，载《国际经济法学刊》2006 年第 1 期。
25. 单文华、张生、劳志健：“'卡尔沃主义'死了吗"，载《国际经济法学刊》2008 年第 2 期。
26. 邓正来："作为一种'国家法与非国家法多元互动'的全球化进

程——对'法律全球化'争辩的中立性批判",载《河北法学》2008年第3期。
27. 徐崇利:"国际社会理论与国际法原理",载《厦门大学法律评论》2008年第2期。
28. 郭华春:"主权债务债权人的'对价'能力机制分析——基于诉讼角度的观察",载《法商研究》2012年第3期。
29. 杨泽伟:"国际秩序与国家主权关系探析",载《法律科学（西北政法大学学报）》2004年第6期。
30. 俞可平:"论全球化与国家主权",载《文汇报》2004年第1期。
31. 梁云凤:"全球主权债务状况及其启示",载《中国与世界年中经济分析与展望（2010）》,社会科学文献出版社2010年版。
32. 董彦岭、张继华:"外债危机中的政府担保因素分析",载《山东经济》2009年第1期。
33. 安国俊:"英国主权债务危机及启示",载《银行家》2010年第4期。
34. 梁淑英:"浅析国家豁免的几个问题",载《政法论丛》2000年第2期。
35. 陈颖健:"论全球治理与国际法",载《国际问题研究》2008年第6期。
36. 鞠成伟:"埃利希法社会学视野下的法律多元",载《清华法治论衡》2009年第2期。
37. 叶乃锋:"全球化背景下的国家主权析论",载《河北法学》2006年第6期。
38. 刘青建:"国家主权理论探析",载《中国人民大学学报》2004年第6期。
39. 张军旗:"主权让渡的法律涵义三辨",载《现代法学》2005年第1期。
40. 徐泉:"国家主权演进中的'新思潮'法律分析",载《西南民族大学学报（人文社科版）》2004年第6期。
41. 王金胜:"谈当前国际主权债务危机的新特点",载《商业时代》2012年第15期。

42. 安宇宏："何谓主权债务危机"，载《宏观经济管理》2010年第6期。
43. 黄宇红："从全球主权债务危机看中国地方政府债务风险"，载《经济论坛》2010年第9期。
44. 李义超、宋玲："中国主权债务的现状分析及其风险防范对策"，载《金融理论与政策》2010年第、期。
45. 何自力、马锦生："西方国家主权债务危机的成因探析"，载《当代经济研究》2012年第8期。
46. 隆武华："西方经济学家关于外债经济作用的学说"，载《投资研究》1997年第12期．
47. 谢世清："历次主权债务危机的成因与启示"，载《上海金融》2011年第4期。
48. 李东荣："关于主权债务危机的若干思考"，载《中国金融》2010年第5期。
49. 马新民："《联合国国家及其财产管辖豁免条约》评介"，载《法学家》2005年第6期。
50. 杜刚、魏彩林："国际贷款合同法院管辖权的确定"，载《中外法学》1995年第4期。
51. 李俊义："《联合国国家及其财产管辖豁免公约》与中国之应对"，载《法治论丛（上海政法学院学报）》2008年第5期。
52. 李琼英："拉丁美洲与国际法不干涉原则"，载《拉丁美洲丛刊》1982年第1期。
53. 仇海燕："美国与委内瑞拉债务危机（1902—1904）"，载《淮阴师范学院学报（哲学社会科学版）》2002年第6期。
54. 刘海伟："试论国际银团贷款中的'交叉违约条款'"，载《学术探索》2004年第11期。
55. 郭洪俊："国际商业贷款中的违约事件与救济"，载《现代法学》2000年第1期。
56. 高晓宇："论外交保护中用尽当地救济规则及其适用"，载《法制博览（中旬刊）》2013年第4期。
57. 黄亚英："论《纽约公约》与仲裁协议的法律适用——兼评中国加入

《纽约公约》二十年的实践",载《法律科学(西北政法大学学报)》2009年第2期。

58. 赵秀文:"《纽约公约》与国际商事仲裁协议的效力认定",载《河北法学》2009年第27卷第7期。

59. 王元龙:"中国外债问题分析",载《中国外汇管理》1999年第2期。

60. [英]乔治斯·R.德劳莫:"主权豁免和公债",张文庆译,载《环球法律评论》1991年第2期。

61. [苏]M.M.博古斯拉夫斯基、B.B.齐步科夫:"关于国家继承的新公约",黄肇炯译,载《环球法律评论》1984年第6期。

62. [美]艾伦·布坎南、罗伯特·基欧汉:"全球治理机制的合法性",赵晶晶、杨娜译,载《南京大学学报(哲学·人文科学·社会科学版)》2011年第2期。

63. [英]戴维·赫尔德:"重构全球治理",杨娜译,载《南京大学学报(哲学·人文科学·社会科学版)》2011年第2期。

64. [美]马丁·休伊森、蒂莫西·辛克莱:《全球治理理论的兴起》,张胜军译,载《马克思主义与现实》2002年第1期。

65. [荷]K.冯·本达-贝克曼:《法律多元》,朱晓飞译,载《清华法学》2006年第3期。

66. [荷]Albetr Jan van den Berg:《1958年〈纽约公约〉的现代化——2008年"新纽约公约"译释》,黄伟、鲍冠艺译,载《仲裁研究》2010年第1期。

(三)法律文件类

1. 国家外汇管理局:《外债统计监测暂行规定》,1987年8月。
2. 国家外汇管理局:《外债统计监测实施细则》,1997年9月。
3. 国家发展和改革委员会(含原国家发展计划委员会、原国家计划委员会)、财政部、国家外汇管理局:《外债管理暂行办法》,2003年1月。
4. 《中华人民共和国外国中央银行财产司法强制措施豁免法》,2005年10月。
5. 《中华人民共和国民事诉讼法》,2007年10月。

二、外文资料

Ⅰ. Books

1. Ronald I. Mckinnon, H. Pill, *Credible Liberalizations and International Capital Flows: the Overborrowing Syndrome*, Chicago University Press, 1994.
2. Hazel Fox, *The Law of State Immunity*, Oxford University Press, 2002.
3. Harold Laski, *A Grammar of Politics*, Allen &Unwin, 1967.
4. Charles D. Schmerler, James R. Silenat, *The Law of International Insolvencies and Debt Restructuring*, Oceana Publications, 2006.
5. Dr. Pierre F. Walter, Esq. *Sovereign Immunity Litigation in the United States and Canada*, Sirius-c Media Galaxy LLC, 2010.
6. C. Schreuer, *State Immunity: Recent Development*. Grotius Publications, 1988.
7. Hans vanHoutte et al., *Post-War Restoration of Property Rights under International Law*, Cambridge University Press, 2008.
8. Russell H, *Constitutions of the Americas*, Fitzgibbon (ed.) The University of Chicago Press, 1948.
9. DonaldShea, *The Calvo Clause: A Problem of Inter-American And International Law And Diplomacy*, Minnesota University Press, 1956.
10. Jessup, *A Modern Law of Nations*, The Macmillan Company, 1948.
11. L. Oppenheim, H. Lauterpacht, *International Law: A Treatise*, Longmans, 1955, 8th ed.
12. Cheshire, North, *Private International Law*, 1992, 12th ed.
13. EduardoBorensztein, Marcos Chamon, Olivier Jeanne, *Sovereign Debt Structure for Crisis Prevention*, International Monetary Fund, 2004.
14. MichaelWaibel. *Sovereign Defaults before International Courts and Tribunals*, Cambridge University Press, 2013.

Ⅱ. Articles

1. Jonathan I. Blackman, RahulMukhi, The Evolution of Modern Sovereign Debt Litigation: Vultures, Alter Egos, and other Legal Fauna, *Law and Contemporary Problems*, Vol. 73, 2010.

2. W. Mark C. Weidemaier, Sovereign Immunity and Sovereign Debt, *The University of Illinois Law Review*, 2014.
3. Jonathan Eaton, Raquel Fernandez, Sovereign Debt, *Handbook of International Economics*, Vol. 3, 1995.
4. Arvind Subramanian Peterson, Preserving Financial Sector Confidence, Not Monetary Easing, Is Key, *The First Global Financial Crisis of the 21st Century*, Part 2, 2008.
5. John Taylor, Sovereign Debt Restructuring: A U. S. Perspective, Conference on Sovereign Debt Workouts: Hopes and Hazards? *Institute for International Economics*, Washington D. C. , 2002.
6. Aghion Philippe, Oliver Hart and John Moore, The Economics of Bankrupt Reform, *Journal of Law*, Economics and Organization, Vol. 8, 1992.
7. James M. Hays II, The Sovereign Debt Dilemma, *Brooklyn Law Review*, Spring, 2010.
8. JonathanSedlak, Sovereign Debt Restructuring: Statutory Reform or Contractual Solution?, *University of Pennsylvania law Review*, Vol. 152, 2004.
9. Georges R. Delaume, Three Perspectives on Sovereign Immunity, *The American Journal of International Law*, Vol 71, No. 3, 1977.
10. I. M. Sinclair, The European Convention on State Immunity, *International and Comparative Law Quarterly*, 22, 1973.
11. Lederman, Visa Zapata, Toward a Rational System of Forum—Selection Clause Enforcement in Diversity Cases, *N. Y. U. L. Review*, Vol. 66, 1991.
12. DeniseManning-Carol, The Imminent Death of the Salvo Clause and the Rebirth of the Calvo Principle: Equality of Foreign and National Investors, *Law and Policy in International Business*, Vol. 26, 1995.
13. Rosica (Rose) Popova, Sarei v. Rio Tinto and Exhaustion of Local Remedies Rule in the Context of the Alien Tort Claims Act: Short-Term Justice, But an What Cost?, *Hamline Journal of Public Law and Policy*, Vol. 28, No. 2, 2007.
14. L. J. Bouchez, *The Nature and Scope of State Immunity from Jurisdiction and*

Execution, Netherlands Yearbook of International Law, 1979.

15. John C. Coffee, Jr., William A. Kleim, *Bondholder Coercion: The Problem of Constrained Choice in Debt Tender Offers and Recapitalizations*, University of Chicago Law Review, Vol. 58, 1991.

16. José García-Hamilton Jr., Rodrigo Olivares-Caminal, Octavio M. Zenarruza, *the Required Threshold to Restructuring Sovereign Debt*, Loyola of Los Angeles International and Comparative Law Review, Vol. 27, 2005.

17. Barry C. Barnett, Sergio J. Galvis, Ghislain Gouraige, Jr., *On Third World Debt*, Harvard International Law Journal, Vol. 25, No. 1, 1984.

19. Christopher G. Oechsli, *Procedural Guidelines for Renegotiating LDC Debts: An Analogy to Chapter 11 of the U. S. Bankruptcy Reform Act*, Virginia Journal of International Law, Vol. 21, No. 2, 1981.

20. Andreas F. Lowenfeld, *Litigation a Sovereign Immunity Claim - The Haiti Case*, New York University Law Review, October, Vol. 49, No. 4, 1974.

21. A. Mechele Dickerson, A Politically Viable Approach to Sovereign Debt Restructuring, *Emory Law Journal*, 2004.

22. Mashaalah Rahnama-Moghadam, David A. Dilts, Hedayeh Samavati, International Dispute Resolution in Financial Market: the Clubs of London & Paris, *Dispute Resolution Journal*, 1998.

23. Patrick Bolton, David A. Skeel Jr., Inside the Black box: How Should a Sovereign Bankruptcy Framework Be Structured?, *Emory Law Journal*, 2004.

24. Sean Hagan, Designing a Legal Framework to Restructure Sovereign Debt, *Georgetown Journal of International Law*, 2005.

25. Scott A. Gilmore, Immunity Disorders: The Conflict of Foreign Official Immunity and Human Rights Litigation, *George Washington Law Review*, April, 2012.

26. Rony Macmillan, The Next Sovereign Debt Crisis, *Stanford Journal of International Law*, 1995.

27. Curtis A. Bradley, Laurence R. Helfer, International Law and the U. S. Common Law of Foreign Official Immunity, *The Supreme Court Review*,

Vol. 1, 2010.
28. Joseph W. Dellapenna, Interpreting the Foreign Sovereign Immunities Act: Reading or Construing the Text?, 15 *Lewis & Clark L. Rev*, 555, 2011.
29. IngridWuerth, Symposium Epilog: Foreign Sovereign Immunity at Home and Abroad, 44 *Vand. J. Transnat' l L.* 1233, 2011.
30. Stephen J. Choi, G. Mitu Gulati, Innovation in Boilerplate Contracts: An Empirical Examination of Sovereign Bonds, *Emory Law Journal*, 2004.
31. George K. Foster, Collecting from Sovereigns: The Current Legal Framework for Enforcing Arbitral Awards and Court Judgments Against States and Their Instrumentalities, and Some Proposals for Its Reform, *Arizona Journal of International and Comparative Law*, Vol. 25, No. 3, 2008.
32. William W. Bratton & G. Mitu Gulati, Sovereign Debt Reform and the Best Interest of Creditors, *Vanderbilt Law Review*, Vol. 57, No. 1, 2004.
33. AnnaGelpern, Bankruptcy, Backwards: The Problem of Quasi – Sovereign Debt, *Yale Law Journal*, Vol. 121, 2012.
34. William W. Bratton, Pari Passu and a Distressed Sovereign's Rational Choices, *Emory Law Journal*, Vol. 53, 2004.
35. Faisal Z. Ahmed et al. , Lawsuits and Empire: On the Enforcement of Sovereign Debt in Latin America, *Law and Contemporary Problems*, Vol. 73, 2010.
36. Mark A. Cymrot, Barricades at the IMF: Creating a Municipal Bankruptcy Model for Foreign States, *International Law*, Vol. 36, 2002.
37. Jill E. Fisch, Caroline M. Gentile, Vultures or Vanguards?: The Role of Litigation in Sovereign Debt Restructuring, *Emory Law Journal*, Vol. 53, 2004.
38. AdamFeibelman, Equitable Subordination, Fraudulent Transfer, and Sovereign Debt, *Law and Contemporary Problems*, Vol. 171, 2007.
39. Karen Halverson Cross, Arbitration as a Means of Resolving Sovereign Debt Disputes, *American Review of International Arbitration*, Vol. 17, No. 3, 2006.
40. MichaelWaibel, Opening Pandora's Box: Sovereign Bonds in International Arbitration, *American Journal of International Law*, Vol. 101, 2007.

III. Reports

1. IMF, Reviewing the Process of Sovereign Debt Restructuring within the Existing LegalFramewor, Aug. 1, 2003.
2. IMF Working Paper, European Department, Euro Area Sovereign Risk During the Crisis, Prepared by SilviaSgherri and Edda Zoli, Authorized for Distribution by Luc Everaert, October, 2009.
3. BIS, 81st Annual Report, Apr. 1, 2010–Mar. 31, 2011, Basel, Jun. 26, 2011.
4. Anne O. Krueger, International Financial Architecture for 2002: A New Approach to Sovereign Debt Restructuring, speech given at the National Economists' Club Annual Members' Dinner American Enterprise Institute, Washington D. C., April, 2002.
5. World Bank, IMF, BIS and OECD, External Debt Definition, Statistical Coverage and Methodology, 1988.
6. IMF, The Design and Effectiveness of Collective Action Clause, Jun. 6, 2002.
7. Anne O. Krueger, International Financial Architecture for 2002: New Approach to Sovereign Debt Restructuring, Speech at the American Enterprise Institute, Nov. 26, 2001.
8. Michael D. Bordo, Christopher M. Meissner, David Stuckler, Foreign Currency Debt, Financial Crisis and Economic Growth: A Long Run View, National Bureau of Economic Research, BIS Working Paper 15534, 2009.
9. Corsetti, Giancarlo, Paolo Pesenti, Nouriel Roubini, What Caused the Asian Currency and Financial Crisis? A Macroeconomic Overview, Part 1, NBER Working Paper, 6833, 1998.
10. L. M. Drago, Note of Señor Minister of Foreign Relations of the Argentine Republic to the Minister of the Argentine Republic to the United States, Buenos Aires, Dec. 29, 1902, AJIL, 1 (1907).
11. IMF, The Costs of Sovereign Default, Prepared by Eduardo Borensztein and Ugo Panizza, October, 2008.
12. Patrick Bolton, Toward a Statutory Approach to Sovereign Debt Restructuring: Lessons from Corporate Bankruptcy PracticeAround the World, IMF Staff Pa-

pers, 2003.
13. FedericoSturzenegger, Jeromin Zettelmeyer, Has the Legal Threat to Sovereign Debt Restructuring Become Real? IMF, Frebuary, 2002.
14. Hague Conference on Private International Law, Ongoing Work on International Litigation, March, 2013.
15. Gulati, Mitu, Jeromin Zettelmeyer, Making a Voluntary Greek Debt Exchange Work, CEPR Discussion Paper 8754, January, 2012.
16. House Report No. 94-1487, UN State Immunity Materials.

IV. Legal Instruments

1. Convention on the Settlement of Investment DisputesBetween States and Nationals of Other State, Mar. 18, 1965, Washington D. C.
2. Vienna Convention on Succession of States in Respect of State Property, Archives and Debts, Apr. 8, 1983.
3. Vienna Convention on Diplomatic Relations, Apr. 18, 1961.
4. Brussels Convention on Jurisdiction and the Enforcement of Judgments in Civil and Commercial Matters, Sep. 27, 1968, Brussels.
The Hague Convention on the Choice of Court Agreements, Jun. 30, 2005, Hague.
5. Convention on Jurisdiction and the Enforcement of Judgments in Civil and Commercial Matters, Sep. 16, 1988, Lugano.
6. International Convention for the Unification of Certain Rules Concerning the Immunity of State-owned Ships, Apr. 10, 1926, Brussels.
7. The United Nations Convention on Jurisdictional Immunities of States and Property, Dec. 16, 2004, UN.
8. European Convention on State Immunity, May12, 1972, Basel.
9. Foreign Sovereign Immunities Act, Oct. 21, 1976, United States.
10. The State Immunity Act, Jul. 20, 1978, United Kingdom.
11. Foreign State Immunity Act, Dec. 16, 1985, Australia.
12. Sovereign Immunity Act, Jun. 3, 1982, Canada.
13. State Immunity Act, Oct. 12, 1979, Singapore.

14. Charter of Rights and Obligations of National Economies, Dec. 12, 1974, UN.
15. International Covenant on Civil and Political Rights, Dec. 16, 1966, UN.
16. European Convention for the Protection of Human Rights and Fundamental Freedoms, Nov. 4, 1950, Roma.
17. American Treaty on Pacific Settlement, May 2, 1948, Bogatá.
18. Convention Respecting the Limitation of the Employment of Force for the Recovery of Contract Debts, Oct. 18, 1907, Hague.
United Nations Code of Conduct for Transnational Corporations, Jun. 6, 1905, UN.
19. United Nations Convention on the Law of the Sea, Dec. 10, 1982, UN.
The Montevideo Inter-American Convention on Extraterritorial Validity of Foreign Judgments and Arbitral Awards, May 8, 1979, Montevideo.
20. The Hague Convention on the Recognition and Enforcement of Foreign Judgments in Civil and Commercial Matters, Feb. 1, 1970, Hague.
21. The New York Convention on the Recognition and Enforcement of Foreign Arbitral Awards, Jun. 7, 1958, New York.
22. The Restatement (Second) of the Foreign Relations Law, 1965, U. S.
23. The Amendments of U. S. Constitution, May7, 1992.
24. Federal Rules of Civil Procedure, Dec. 1, 2013, U. S.
25. The Code of Civil Procedure of the State of New York, Sep. 1, 1883.
26. The Civil Jurisdiction and Judgments Act 1982, United Kingdom.
27. The Bustamante Code, Feb. 20, 1928, La Havana.
28. Inter-American Convention on International Commercial Arbitration, Jan. 30, 1975, Panama.
29. European Convention on International Commercial Arbitration, Apr. 21, 1961, Geneva.
30. Constitution of the Bolivarian Republic of Venezuela of 1999.
31. Agreement of the International Monetary Fund, Jul. 22, 1944, Washington D. C.
32. Proposed Features of a Sovereign Debt Restructuring Mechanism, Prepared

33. by the Legal and Policy Development and Review Departments, Feb. 12, 2003, IMF.
33. The Design of the Sovereign Debt Restructuring Mechanism—Further Considerations, Prepared by the Legal and Policy Development and Review Departments, Nov. 27, 2002, IMF.
34. Law of the People's Republic of China on the Immunity of Judicial Compulsory Measures against the Properties of Foreign Central Banks, Oct. 25, 2005, China.
35. Law of the People's Republic of China on the People's Bank of China, Mar. 18, 1995, China.

三、网站资料

1. 联合国：http://www.un.org/
2. 联合国国际法委员：http://www.un.org/law/ilc/
3. 联合国法律办公室：http://legal.un.org/ola/
4. 国际货币基金组织：http://www.imf.org/external/index.htm
5. 世界银行：http://data.worldbank.org/
6. 国际清算银行：http://www.bis.org/
7. 经济合作与发展组织：http://www.oecd.org/
8. 海牙国际私法协会：http://www.hcch.net/index_en.php/
9. 穆迪投资服务有限公司：https://www.moodys.com/
10. 惠誉国际信用评级有限公司：http://www.fitchratings.com/
11. 标普信用评级公司：http://www.snpfood.com/
12. 巴黎俱乐部：http://www.clubdeparis.org/en/
13. 美国财政部：http://www.treasury.gov/Pages/default.aspx/
14. 美国联邦储蓄系统：http://www.federalreserve.gov/
15. 如本财务省官网：http://www.mof.go.jp/
16. 中华人民共和国财政部：http://www.mof.gov.cn/index.htm/
17. 中华人民共和国国家外婚管理局：http://www.safe.gov.cn/
18. 中国人民银行：http://www.pbc.gov.cn/

19. 中华人民共和国商务部：http://www.mofcom.gov.cn/
20. 迪拜世界：http://www.dubaiworld.ae/

四、数据库资料

1. 北大法宝：http://www.pkulaw.cn/
2. 中国知网：http://www.cnki.net/
3. 中文社会科学引文索引（CSSCI）数据库：http://cssci.nju.edu.cn/
4. 人大复印及其它数据库：http://202.205.72.203：8080/cgrs/index.jsp/
5. Westlaw International：http://international.westlaw.com/Welcome/314/default.wl? RS = WLIN14.01&VR = 2.0&FN = _ top&MT = 314&SV = Split, Westlaw/
6. Lexisnexis：http://origin-www.lexisnexis.com/ap/auth/
7. Heinonline：http://home.heinonline.org/
8. Julius：http://julius.law.nyu.edu/，
9. Highwire：http://highwire.stanford.edu/
10. Google Scholar Search：http://scholar.google.com.hk/schhp? hl=zh-CN/

附录一
中英文名称对照表
APPENDIX 1

中文名称	英文名称
《外国国家豁免法》（澳大利亚）	Foreign State Immunity Act
《保存地球臭氧层的蒙特利尔协定》	Montreal Protocol
"不方便法院原则"	forum non conveniens
《布鲁塞尔关于民商事案件管辖权及判决执行的公约》	Brussels Convention on Jurisdiction and the Enforcement of Judgments in Civil and Commercial Matters
"不再存在正常司法救济时"	no longer subject to ordinary judicial remedy
"巴黎俱乐部"	The Paris Club
重组信托公司	Resolution Trust Corporation
"长臂管辖权法"	Long-arm Statutes
《承认与执行外国仲裁裁决的纽约公约》	The New York Convention on the Recognition and Enforcement of Foreign Arbitral Awards
"财产混同"规则	The Hotchpot Rule

续表

中文名称	英文名称
地球委员会	Earth Council
迪拜控股	Dubai Holdings
迪拜资本国际公司	Dubai International Capital
"打包协议"	Lump Sum Agreements
对价	Consideration
儿童人权委员会	Committee on the Rights of the Child
房地美	Freddie Mac
房利美	Fannie Mae
发起条款	Initiation Clause
国际海洋法庭	International Tribunal for the Law of the Sea
国际刑事法庭	International Criminal Court
《关于国家对国家财产、档案和债务的继承的维也纳公约》	Vienna Convention on Succession of States in Respect of State Property, Archives and Debts
《高尔报告书》	Al Gore's Report
《关于国家豁免的欧洲公约》	European Convention on State Immunity
国际法学会	The International Law Association
《关于统一国有船舶豁免的若干规则的公约》	International Convention for the Unification of Certain Rules Concerning the Immunity of State-owned Ships
《关于解决各国和其他国家的国民之间的投资争端的公约》	Convention on the Settlement of Investment Disputes Between States and Nationals of Other States

续表

中文名称	英文名称
《国际油污损害民事责任公约》	International Convention on Civil Liability for Oil Pollution Damage 1969
《公民权利和政治权利公约》	International Covenant on Civil and Political Rights
《国家责任公约草案》	Draft Articles on State Responsibility
《国际货币基金组织协定》	Agreement of the International Monetary Fund
《关于主权债务重组机制设计的更多考虑》	The Design of the Sovereign Debt Restructuring Mechanism—Further Considerations
海事管理局	Maritime Administration
《联合国宪章》	Charter of the United Nations
解决争端投资中心	International Center for Settlement of Investment Disputes
《京都协定》	Kyoto Protocol
《外国国家在加拿大法院豁免法》（加拿大）	The State Immunity Act of Canada
交叉违约条款	Cross-defaulting Clause
可持续发展委员会	Commission on Sustainable Development
联邦农业信贷银行系统	Federal Farm Credit Bank System
联邦住房贷款银行	Federal Home Bank
《联合国国家及其财产管辖豁免公约》	The United Nations Convention on Jurisdictional Immunities of States and Property

续表

中文名称	英文名称
联合国国际法委员会	International Law CommissionOf the United Nations
《卢加诺关于法院对民、商事管辖权和判决执行的公约》	Convention on Jurisdiction and the Enforcement of Judgments in Civil and Commercial Matters
《联合国跨国公司行动守则草案》	United Nations Code of Conduct for Transnational Corporations
《联合国海洋法公约》	United Nations Convention on the Law of the Sea
"伦敦俱乐部"	The London Club
美国进出口银行	Export-Import Bank of the U.S.
《外国主权豁免法》（美国）	Foreign Sovereign Immunities Act
马耳他骑士团	Sovrano Militare Ordine Ospedaliero di San Giovanni di Gerusalemme
《美国对外关系法第二次重述》	The Restatement (Second) of the Foreign Relations Law
《美洲国家间关于外国判决和仲裁裁决的域外有效性公约》	The Montevideo Inter-American Convention on Extraterritorial Validity of Foreign Judgments and Arbitral Awards
《民商事案件外国判决的承认与执行公约》	The Hague Convention on the Recognition and Enforcement of Foreign Judgments in Civil and Commercial Matters
女性环境与发展组织	Women's Environment and Development Organization

续表

中文名称	英文名称
农业经营者住房管理局	Farmers Home Administration
欧洲债券	Eurobond
欧洲人权法院	European Court of Human Rights
《欧洲保障人权及基本自由公约》	European Convention for the Protection of Human Rights and Fundamental Freedoms
《领海及毗连区公约》	Convention on the Territorial Sea and the Contiguous Zone
"全球治理委员会"	Commission on Global Governance
"全球沟通学会"	Institute for Global Communications
融资公司	Financing Corporation
"是否享有豁免存疑则不予豁免"	in debio contra immunitatem
"是否享有豁免存疑则应予豁免"	in dubio pro immunitatem
世界资源研究协会	World Resources Institute
《世界自然资源宪章》	World Charter for Nature
"属人理由的豁免"	ratione personae
"属物理由的豁免"	ratione materae
《天涯成比邻》	Our Global Neighborhood
天气行动网络组织	Climate Action Network
田纳西流域管理局	Tennessee Valley Authority
泰特公函	Tate Letter

续表

中文名称	英文名称
退出修改条款	The Clause of Exit Amendments
外国债券	foreign bond
《稳定与增长公约》	Stability and growth pact
《维也纳外交关系公约》	Vienna Convention on Diplomatic Relations
《外国中央银行财产司法强制措施豁免法》	Law of the People's Republic of China on the Immunity of Judicial Compulsory Measures against the Properties of Foreign Central Banks
《外交保护条款草案》	Draft Articles On Diplomatic Protection
学生贷款销售协会	Student Loan Marketing Association
辛迪加（银团）贷款	syndicated bank loans
乡村电气化管理局	Rural Electrification Administration
乡村电话银行	Rural Telephone Bank
小商业管理局	Small Business Administration
《协议选择法院公约》	the Hague Convention on the Choice of Court Agreements
《限制武力索债公约》	Convention Respecting the Limitation of the Employment of Force for the Recovery of Contract Debts
《国家豁免法》（英国）	The State Immunity Act
英国社团	The British Corporation of Foreign Bondholders
用尽当地救济原则	Exhaustion of local remedies

续表

中文名称	英文名称
主权贷款	sovereign loan
主权债券	sovereign bond
总服务管理局	General Services Administration
《中国人民银行法》	Law of the People's Republic of China on the People's Bank of China
"最低限度联系原则"	Minimum Contracts
"正当程序条款"	The Due Process Clause
"债券互换"	Bond Exchange
"主权债务重组机制"	Sovereign Debt Restructuring Mechanism
主权债务解决争端机构	The Sovereign Debt Dispute Resolution Forum
《主权债务重组机制草案》	Proposed Features of a Sovereign Debt Restructuring Mechanism
"债权人批准中止"规则	Creditor-Approved Stays
"针对性执行中止的决定"条款	A Targeted Stay on Enforcement

附录二
常用简称对照表
PPENDIX2

全称	简称
《承认与执行外国仲裁裁决的纽约公约》	《纽约公约》
迪拜世界主权基金	迪拜世界
迪拜资本国际公司	DIC
二十国集团	G20
国际组织联盟	UIA
国际货币基金组织	IMF
《国际货币基金组织协定》	《IMF 协定》
国际清算银行	BIS
《关于主权债务重组机制设计的更多考虑》	《SDRM 设计考虑》
国际海洋法庭	ITLOS
惠誉国际信用评级有限公司	惠誉
经济合作与发展组织	OECD
解决争端投资中心	ICSID
可选择性争端解决方式	ADR
联合国	UN
美国标准普尔公司	标普

续表

全称	简称
穆迪投资服务公司	穆迪
美国次贷危机	次贷危机
NML 资本有限公司	NML
欧盟	EU
欧洲主权债务危机	欧债危机
欧洲人权法院	ECHR
葡萄牙、意大利、爱尔兰和西班牙	PIIGS
世界贸易组织	WTO
世界自然基金会	WWF
世界银行	World Bank
主权债务重组机制	SDRM
主权债务解决争端机构	SDDRF
《主权债务重组机制草案》	《SDRM 草案》

附录三
相关国际公约和国家法律节选

联合国国家及其财产管辖豁免公约

(2005年1月17日订于纽约)

本公约缔约国,

考虑到国家及其财产的管辖豁免为一项普遍接受的习惯国际法原则,

铭记《联合国宪章》所体现的国际法原则,

相信一项关于国家及其财产的管辖豁免国际公约将加强法治和法律的确定性,特别是在国家与自然人或法人的交易方面,并将有助于国际法的编纂与发展及此领域实践的协调,

考虑到国家及其财产的管辖豁免方面国家实践的发展,

申明习惯国际法的规则仍然适用于本公约没有规定的事项,

议定如下:

第一部分 导言

第一条 本公约的范围

本公约适用于国家及其财产在另一国法院的管辖豁免。

第二条 用语

1. 为本公约的目的:

（a）"法院"是指一国有权行使司法职能的不论名称为何的任何机关；

（b）"国家"是指：

（一）国家及其政府的各种机关；

（二）有权行使主权权力并以该身份行事的联邦国家的组成单位或国家政治区分单位；

（三）国家机构、部门或其他实体，但须它们有权行使并且实际在行使国家的主权权力；

（四）以国家代表身份行事的国家代表。

（c）"商业交易"是指：

（一）为销售货物或为提供服务而订立的任何商业合同或交易；

（二）任何贷款或其他金融性质之交易的合同，包括涉及任何此类贷款或交易的任何担保义务或补偿义务；

（三）商业、工业、贸易或专业性质的任何其他合同或交易，但不包括雇用人员的合同。

2. 在确定一项合同或交易是否为第1款（c）项所述的"商业交易"时，应主要参考该合同或交易的性质，但如果合同或交易的当事方已达成一致，或者根据法院地国的实践，合同或交易的目的与确定其非商业性质有关，则其目的也应予以考虑。

3. 关于本公约用语的第1款和第2款的规定不妨碍其他国际文书或任何国家的国内法对这些用语的使用或给予的含义。

第三条 不受本公约影响的特权和豁免

1. 本公约不妨碍国家根据国际法所享有的有关行使下列职能的特权和豁免：

（a）其外交代表机构、领事机构、特别使团、驻国际组织

代表团,或派往国际组织的机关或国际会议的代表团的职能;和

(b) 与上述机构有关联的人员的职能。

2. 本公约不妨碍根据国际法给予国家元首个人的特权和豁免。

3. 本公约不妨碍国家根据国际法对国家拥有或运营的航空器或空间物体所享有的豁免。

第四条 本公约不溯及既往

在不妨碍本公约所述关于国家及其财产依国际法而非依本公约享有管辖豁免的任何规则的适用的前提下,本公约不应适用于在本公约对有关国家生效前,在一国法院对另一国提起的诉讼所引起的任何国家及其财产的管辖豁免问题。

第二部分 一般原则

第五条 国家豁免

一国本身及其财产遵照本公约的规定在另一国法院享有管辖豁免。

第六条 实行国家豁免的方式

1. 一国应避免对在其法院对另一国提起的诉讼行使管辖,以实行第5条所规定的国家豁免;并应为此保证其法院主动地确定该另一国根据第5条享有的豁免得到尊重。

2. 在一国法院中的诉讼应视为对另一国提起的诉讼,如果该另一国:

(a) 被指名为该诉讼的当事一方;或

(b) 未被指名为该诉讼的当事一方,但该诉讼实际上企图影响该另一国的财产、权利、利益或活动。

第七条 明示同意行使管辖

1. 一国如以下列方式明示同意另一国对某一事项或案件行使管辖，则不得在该法院就该事项或案件提起的诉讼中援引管辖豁免：

(a) 国际协定；

(b) 书面合同；或

(c) 在法院发表的声明或在特定诉讼中提出的书面函件。

2. 一国同意适用另一国的法律，不应被解释为同意该另一国的法院行使管辖权。

第八条 参加法院诉讼的效果

1. 在下列情况下，一国不得在另一国法院的诉讼中援引管辖豁免：

(a) 该国本身提起该诉讼；或

(b) 介入该诉讼或采取与案件实体有关的任何其他步骤。但如该国使法院确信它在采取这一步骤之前不可能知道可据以主张豁免的事实，则它可以根据那些事实主张豁免，条件是它必须尽早这样做。

2. 一国不应被视为同意另一国的法院行使管辖权，如果该国仅为下列目的介入诉讼或采取任何其他步骤：

(a) 援引豁免；或

(b) 对诉讼中有待裁决的财产主张一项权利或利益。

3. 一国代表在另一国法院出庭作证不应被解释为前一国同意法院行使管辖权。

4. 一国未在另一国法院的诉讼中出庭不应被解释为前一国同意法院行使管辖权。

第九条 反诉

1. 一国在另一国法院提起一项诉讼，不得就与本诉相同的法律关系或事实所引起的任何反诉向法院援引管辖豁免。

2. 一国介入另一国法院的诉讼中提出诉讼请求，则不得就与该国提出的诉讼请求相同的法律关系或事实所引起的任何反诉援引管辖豁免。

3. 一国在另一国法院对该国提起的诉讼中提出反诉，则不得就本诉向法院援引管辖豁免。

第三部分　不得援引国家豁免的诉讼

第十条　商业交易

1. 一国如与外国一自然人或法人进行一项商业交易，而根据国际私法适用的规则，有关该商业交易的争议应由另一国法院管辖，则该国不得在该商业交易引起的诉讼中援引管辖豁免。

2. 第1款不适用于下列情况：

（a）国家之间进行的商业交易；或

（b）该商业交易的当事方另有明确协议。

3. 当国家企业或国家所设其他实体具有独立的法人资格，并有能力：

（a）起诉或被诉；和

（b）获得、拥有或占有和处置财产，包括国家授权其经营或管理的财产，其卷入与其从事的商业交易有关的诉讼时，该国享有的管辖豁免不应受影响。

第十一条　雇用合同

1. 除有关国家间另有协议外，一国在该国和个人间关于已全部或部分在另一国领土进行，或将进行的工作之雇用合同的诉讼中，不得向该另一国原应管辖的法院援引管辖豁免。

2. 第1款不适用于下列情况：

（a）招聘该雇员是为了履行行使政府权力方面的特定职能；

(b) 该雇员是：

(一) 1961 年《维也纳外交关系公约》所述的外交代表；

(二) 1963 年《维也纳领事关系公约》所述的领事官员；

(三) 常驻国际组织代表团外交工作人员、特别使团成员或获招聘代表一国出席国际会议的人员；或

(四) 享有外交豁免的任何其他人员；

(c) 诉讼的事由是个人的招聘、雇用期的延长或复职；

(d) 诉讼的事由是解雇个人或终止对其雇用，且雇用国的国家元首、政府首脑或外交部长认定该诉讼有碍该国安全利益；

(e) 该雇员在诉讼提起时是雇用国的国民，除非此人长期居住在法院地国；或

(f) 该雇员和雇用国另有书面协议，但由于公共政策的任何考虑，因该诉讼的事由内容而赋予法院地国法院专属管辖权者不在此限。

第十二条 人身伤害和财产损害

除有关国家间另有协议外，一国在对主张由可归因于该国的作为或不作为引起的死亡或人身伤害、或有形财产的损害或灭失要求金钱赔偿的诉讼中，如果该作为或不作为全部或部分发生在法院地国领土内，而且作为或不作为的行为人在作为或不作为发生时处于法院地国领土内，则不得向另一国原应管辖的法院援引管辖豁免。

第十三条 财产的所有、占有和使用

除有关国家间另有协议外，一国在涉及确定下列问题的诉讼中，不得对另一国原应管辖的法院援引管辖豁免：

(a) 该国对位于法院地国的不动产的任何权利或利益，或该国对该不动产的占有或使用，或该国由于对该不动产的利益或占有或使用而产生的任何义务；

(b) 该国对动产或不动产由于继承、赠予或无人继承而产生的任何权利或利益；或

(c) 该国对托管财产、破产者财产或公司解散前清理之财产的管理的任何权利或利益。

第十四条 知识产权和工业产权

除有关国家间另有协议外，一国在有关下列事项的诉讼中不得向另一国原应管辖的法院援引管辖豁免：

(a) 确定该国对在法院地国享受某种程度、即使是暂时的法律保护的专利、工业设计、商业名称或企业名称、商标、版权或任何其他形式的知识产权或工业产权的任何权利；或

(b) 据称该国在法院地国领土内侵犯在法院地国受到保护的、属于第三者的 (a) 项所述性质的权利。

第十五条 参加公司或其他集体机构

1. 一国在有关该国参加具有或不具有法人资格的公司或其他集体机构的诉讼中，即在关于该国与该机构或该机构其他参加者之间关系的诉讼中，不得向另一国原应管辖的法院援引管辖豁免，但有以下条件：

(a) 该机构的参加者不限于国家或国际组织；而且

(b) 该机构是按照法院地国法律注册或组成，或其所在地或主要营业地位于法院地国。

2. 但是，如果有关国家同意，或如果争端当事方之间的书面协议作此规定，或如果建立或管理有关机构的文书中载有此一规定，则一国可以在此诉讼中援引管辖豁免。

第十六条 国家拥有或经营的船舶

1. 除有关国家间另有协议外，拥有或经营一艘船舶的一国，在另一国原应管辖的法院有关该船舶的经营的一项诉讼中，只要在诉讼事由产生时该船舶是用于政府非商业性用途以外的目

的，即不得援引管辖豁免。

2. 第 1 款不适用于军舰或辅助舰艇，也不适用于一国拥有或经营的、专门用于政府非商业性活动的其他船舶。

3. 除有关国家间另有协议外，一国在有关该国拥有或经营的船舶所载货物之运输的一项诉讼中，只要在诉讼事由产生时该船舶是用于政府非商业性用途以外的目的，即不得向另一国原应管辖的法院援引管辖豁免。

4. 第 3 款不适用于第 2 款所指船舶所载运的任何货物，也不适用于国家拥有的、专门用于或意图专门用于政府非商业性用途的任何货物。

5. 国家可提出私有船舶、货物及其所有人所能利用的一切抗辩措施、时效和责任限制。

6. 如果在一项诉讼中产生有关一国拥有或经营的一艘船舶、或一国拥有的货物的政府非商业性质问题，由该国的一个外交代表或其他主管当局签署并送交法院的证明，应作为该船舶或货物性质的证据。

第十七条　仲裁协定的效果

一国如与外国一自然人或法人订立书面协议，将有关商业交易的争议提交仲裁，则该国不得在另一国原应管辖的法院有关下列事项的诉讼中援引管辖豁免：

（a）仲裁协议的有效性、解释或适用；

（b）仲裁程式；或

（c）裁决的确认或撤销，

但仲裁协议另有规定者除外。

第四部分　在法院诉讼中免于强制措施的国家豁免

第十八条　免于判决前的强制措施的国家豁免

不得在另一国法院的诉讼中针对一国财产采取判决前的强制措施，例如查封和扣押措施，除非：

（a）该国以下列方式明示同意采取此类措施：

（一）国际协定；

（二）仲裁协议或书面合同；或

（三）在法院发表的声明或在当事方发生争端后提出的书面函件；或

（b）该国已经拨出或专门指定该财产用于清偿该诉讼标的的请求。

第十九条　免于判决后的强制措施的国家豁免

不得在另一国法院的诉讼中针对一国财产采取判决后的强制措施，例如查封、扣押和执行措施，除非：

（a）该国以下列方式明示同意采取此类措施：

（一）国际协定；

（二）仲裁协议或书面合同；或

（三）在法院发表的声明或在当事方发生争端后提出的书面函件；或

（b）该国已经拨出或专门指定该财产用于清偿该诉讼标的的请求；或

（c）已经证明该财产被该国具体用于或意图用于政府非商业性用途以外的目的，并且处于法院地国领土内，但条件是只可对与被诉实体有联系的财产采取判决后强制措施。

第二十条　同意管辖对强制措施的效力

虽然必须按照第18条和第19条表示同意采取强制措施，但按照第 7 条的规定同意行使管辖并不构成默示同意采取强制措施。

第二十一条　特定种类的财产

1. 一国的以下各类财产尤其不应被视为第 19 条（c）项所指被一国具体用于或意图用于政府非商业性用途以外目的的财产：

（a）该国外交代表机构、领事机构、特别使团、驻国际组织代表团、派往国际组织的机关或国际会议的代表团履行公务所用或意图所用的财产，包括任何银行账户款项；

（b）属于军事性质，或用于或意图用于军事目的的财产；

（c）该国中央银行或其他货币当局的财产；

（d）构成该国文化遗产的一部分或该国档案的一部分，且非供出售或意图出售的财产；

（e）构成具有科学、文化或历史价值的物品展览的一部分，且非供出售或意图出售的财产。

2. 第 1 款不妨碍第 18 条和第 19 条（a）项和（b）项。

第五部分　杂项规定

第二十二条　诉讼文书的送达

1. 送达传票或对一国提起诉讼的其他文书应按以下方式进行：

（a）按照对法院地国和有关国家有约束力的任何可适用的国际公约；或

（b）如果法院地国法律未作禁止，则按照求偿方和有关国家关于送达诉讼文书的特殊安排；或

（c）如无此公约或特殊安排，则：

（一）通过外交渠道送交有关国家的外交部；或

（二）采取有关国家接受的不受法院地国法律禁止的任何其他方式。

2. 以第 1 款（c）（一）项所指的方式送达诉讼文书时，外交部收到该项文书即视为该项文书已送达。

3. 在必要时，送达的文书应附有译成有关国家正式语文或正式语文之一的译本。

4. 任何国家在对其提起的诉讼中就实质问题出庭，其后即不得声称诉讼文书的送达不符合第 1 款和第 3 款的规定。

第二十三条　缺席判决

1. 不得对一国作出缺席判决，除非法院已查明：

（a）第 22 条第 1 款和第 3 款规定的要求已获遵守；

（b）从按照第 22 条第 1 款和第 2 款送达传票或其他起诉文书之日算起，或视为已送达之日算起至少已经四个月；并且

（c）本公约不禁止法院行使管辖权。

2. 对一国作出任何缺席判决，应通过第 22 条第 1 款所指的一种方式并按该款规定将判决书的副本送交该有关国家，必要时附上译成有关国家正式语文或正式语文之一的译本。

3. 申请撤销一项缺席判决的时限不应少于四个月，时限应从有关国家收到判决书副本或视为有关国家收到判决书副本之日算起。

第二十四条　法院诉讼期间的特权和豁免

1. 如一国未能或拒绝遵守另一国法院为一项诉讼的目的所下达的关于要求它实行或不实行一项特定行为，或提供任何文件，或透露任何其他资料的命令，则这种行为除了对该案的实质可能产生的后果外，不应产生任何其他后果。特别是，不应因此对该国处以任何罚款或罚金。

2. 一国对它在另一国法院作为被告方的任何诉讼，均无须

出具无论何种名称的担保、保证书或保证金保证支付司法费用或开支。

第六部分　最后条款

第二十五条　附件

本公约附件为公约的组成部分。

第二十六条　其他国际协定

本公约不影响与本公约所涉事项有关的现有国际协定对缔约国所规定的，适用于这些协定缔约方之间的权利和义务。

第二十七条　争端的解决

1. 缔约国应致力通过谈判解决关于本公约的解释或适用方面的争端。

2. 两个或两个以上的缔约国之间关于本公约的解释或适用方面的任何争端，不能在六个月内谈判解决的，经前述任一缔约国要求，应交付仲裁。如果自要求仲裁之日起六个月内，前述缔约国不能就仲裁的组成达成协定，其中任一缔约国可以依照《国际法院规约》提出请求，将争端提交国际法院审理。

3. 每一个缔约国在签署、批准、接受或核准本公约或加入本公约时，可以声明本国不受第 2 款的约束。相对于作出这项保留的任何缔约国，其他缔约国也不受第 2 款的约束。

4. 依照第 3 款的规定作出保留的任何缔约国，可以随时通知联合国秘书长撤回该项保留。

第二十八条　签署

本公约应在 2007 年 1 月 17 日之前开放给所有国家在纽约联合国总部签署。

第二十九条　批准、接受、核准或加入

1. 本公约须经批准、接受、核准或加入。

2. 本公约持续开放给任何国家加入。

3. 批准书、接受书、核准书或加入书应交存联合国秘书长。

第三十条　生效

1. 本公约应自第三十份批准书、接受书、核准书或加入书交存联合国秘书长之日后第三十天生效。

2. 对于在第三十份批准书、接受书、核准书或加入书交存以后批准、接受、核准或加入本公约的每一国家，本公约应在该国将批准书、接受书、核准书或加入书交存之后第三十天生效。

第三十一条　退出

1. 任何缔约国可书面通知联合国秘书长退出本公约。

2. 退出应自联合国秘书长接到通知之日起一年后生效。但本公约应继续适用于在退出对任何有关国家生效前，在一国法院对另一国提起的诉讼所引起的任何国家及其财产的管辖豁免问题。

3. 退出决不影响任何缔约国按照国际法而非依本公约即应担负的履行本公约所载任何义务的责任。

第三十二条　保存机关和通知

1. 联合国秘书长应为本公约的保存机关。

2. 联合国秘书长作为本公约的保存机关，应将以下事项通知所有国家：

（a）本公约的签署及按照第 29 条和第 31 条交存批准书、接受书、核准书或加入书或退出通知的情况；

（b）本公约按照第 30 条生效之日期；

（c）与本公约有关的任何文书、通知或来文。

第三十三条　作准文本

本公约的阿拉伯文、中文、英文、法文、俄文和西班牙文文本同等作准。

本公约于 2005 年 1 月 17 日在纽约联合国总部开放供签字。下列签署人经各自政府正式授权在本公约上签字，以昭信守。

公约附件：

对公约若干规定的理解

本附件旨在列出对有关规定的理解。

第十条

第十条中的"豁免"一词应根据本公约全文来理解。

第十条第 3 款并不预断"掀开公司面纱"的问题，涉及国家实体故意虚报其财务状况或继而减少其资产，以避免清偿索赔要求的问题，或其他有关问题。

第十一条

第十一条第 2 款（d）项所提到的雇主国"安全利益"主要是针对国家安全事项和外交使团和领事馆的安全而言。

1961 年《维也纳外交关系公约》第四十一条和 1963 年《维也纳领事关系公约》第五十五条规定，条款提及的所有个人都有义务遵守东道国的法律规章，包括遵守东道国的劳工法。同时，1961 年《维也纳外交关系公约》第三十八条和 1963 年《维也纳领事关系公约》第七十一条规定，接受国有义务在行使管辖时，不对使团或领馆开展工作造成不当妨碍。

第十三条和第十四条

"确定"一词不仅指查明或核查是否有受保护的权利，而且也指评价或评估此类权利的实质，包括其内容、范围和程度。

第十七条

"商业交易"一词包括投资事项。

第十九条

(c) 款"实体"一词系指作为独立法人的国家,以及具有独立法人地位的联邦制国家的组成部分、国家政治区分单位、国家的机构或部门或其他实体。

(c) 款"与被诉实体有联系的财产"一语应理解为具有比"所有"或"占有"更广泛的含义。

第十九条并不预断"掀开公司面纱"的问题,涉及国家实体故意虚报其财务状况或随后减少其资产,以避免清偿索赔要求,或其他有关问题。

* ①该公约尚未生效。②中国于 2005 年 9 月 14 日签署该公约。

关于国家豁免的欧洲公约

(1972 年 5 月 16 日订于巴塞尔)

签署本公约的欧洲会议成员国,

考虑到欧洲会议的目的在于实现其成员国相互间的更大的团结;

注意到在国际法内有一种对一国在外国法院被诉案件中得主张的豁免权加以限制的趋势;

为了制定关于在它们相互关系中,一国得免于受另一国法院管辖的范围的及有利于保证对另一国作出的判决能被遵从的共同规则;

考虑到采行此项规则将有助于欧洲会议成员国在法律范围内承担的协调工作的进展,

兹议定如下:

第一章 司法管辖的豁免

第一条

一、缔约国在另一缔约国法院提起或参加诉讼时,即系就各该诉讼自愿接受该国法院的管辖。

二、该缔约国不得向另一缔约国法院就下列任何反诉主张豁免:

(一)反诉所根据的法律关系或事实与本诉相同者;

(二)反诉如以独立的诉讼程序单独提出,依本公约的规定,该国亦不得主张豁免者;

三、缔约国在另一缔约国法院提起反诉时,即不仅单就反诉部分而且并就本诉部分,也自愿接受了该国法院的管辖。

第二条

缔约国不得在另一缔约国法院主张豁免,如果由于下列缘由,该国已承担了接受该法院管辖的义务:

(一)由于国际协定;

(二)由于在书面合同中包含了一项明示的条款;或

(三)由于在双方当事人间发生争端以后,已曾作出一项明示的同意。

第三条

一、缔约国如在主张豁免前,已经参加有关实质性问题的诉讼程序,即不得再主张免于另一缔约国法院的管辖。但如该国能使法院确信,倘非先参加此项程序,即无法获悉可据以提出豁免的事实时,得根据这些事实主张豁免,但以尽可能及时提出此项主张为限。

二、如果缔约国为了主张豁免而在另一缔约国出庭,该缔约国不得视为已放弃豁免。

第四条

一、除第五条另有规定外,缔约国不得主张免于另一缔约国法院的管辖,如果该诉讼涉及该国的一项债务,而依照合同,此项债务应在法庭地国家的领土内履行者。

二、第一款不适用于:

(一) 合同是由国家相互间缔结的情况;

(二) 合同双方当事人另有书面约定时;

(三) 以某国为一方的合同是在该国缔结的,而其所承担的债务又是受其行政法支配的。

第五条

一、缔约国不得主张免于另一缔约国法院的管辖,如果该诉讼涉及该国与个人的雇用合同而其工作又必须在法庭地国家领土内履行者。

二、第一款不适用于下列情况:

(一) 在提起诉讼时,该个人系雇用国的国民;

(二) 在订立合同时,该个人既非法庭地国家的国民,又非其惯常居住户;或

(三) 合同双方当事人另有相反的书面约定,但合同的主要内容依法庭地国的法律系专属该国法院管辖者除外。

三、对于受雇于第七条所述的办事处、代理机构或其他组织的工作人员,本条第二款(一)项和(二)项仅适用于在订立合同时,该个人在雇用他的缔约国有惯常居所的为限。

第六条

一、缔约国不得主张免于另一国法院的管辖,如它参加了与私人,一人或若干人,共同组织的、设在法庭地国领土内或在其领土内有实际和法定所在地、登记事务所或主营业所的公司、社团或其他法律实体,而该诉讼涉及到以该国为一方,以

该实体或其他参加者为另一方之间，在由于参加了此项实体而发生的事件中的相互关系。

二、如有相反的书面约定，第一款不适用之。

第七条

一、如缔约国在法庭地国的领土上设有办事处、代理机构或其任何形式的组织，通过它，和私人一样，从事于商业、工业或金融业的活动，而诉讼与该办事处、代理机构或其他任何形式的组织的此项活动有关时，不得主张免于另一缔约国的司法管辖。

二、如各方当事人均为国家或如另有相反的书面约定时，第一款不适用之。

第八条 缔约国不得主张免于另一缔约国法院的管辖，如诉讼涉及：

（一）专利、工业设计、商标、服务标志或其他类似权利，此项权利在法庭地国已申请、登记或注册或得到其他保护，而该国即是此项权利的申请者或所有者；

（二）被指控在法庭地国领土内，侵害属于第三者的并受法庭地国保护的此项权利；

（三）被指控在法庭地国领土内，侵害属于第三者的并受法庭地国保护的著作权；

（四）在法庭地国使用商号的权利。

第九条 缔约国不得主张免于另一缔约国法院的管辖，如诉讼涉及：

（一）其对不动产的权利或利益，或其使用或占有；或

（二）由于对不动产的权利或利益，或其使用或占有而发生的债务或责任，而且该财产系位于裁判地国领土之内的。

第十条 缔约国不得主张免于另一缔约国法院的管辖，如

诉讼涉及由于继承、赠与或取得无主物而发生的关于动产或不动产的权利。

第十一条 缔约国不得主张免于另一缔约国法院的管辖，如诉讼涉及因人身伤害或毁损有形财物而请求损害赔偿，而造成伤害或毁损的事实又发生于法庭地国的领域内，其伤害和毁损的肇事者在发生此项事实时，亦在该领域内。

第十二条

一、缔约国已书面同意将已发生或可能发生的民事或商事争议交付仲裁时，该国不得主张免于另一缔约国法院的管辖，如仲裁系或将在该国领土内，或依照该国的法律进行，而诉讼又涉及下列有关事项：

（一）仲裁协议的效力及其解释；

（二）仲裁程序；

（三）仲裁裁决的废弃；

但仲裁协议另有相反规定时，不在此限。

二、第一款不适用于国家间的仲裁协议。

第十三条 非当事人的缔约国就涉讼于另一缔约国法院中作为诉讼标的的财产主张享有权利或利益，而依其情况，如向该缔约国提起诉讼、该缔约国应有权享受豁免时，则不适用第一条第一款的规定。

第十四条 不得援用本公约的任何条款以另一缔约国对该项财产享有权利或利益这个惟一事实为理由，阻止各缔约国法院对财产的管理，诸如为信托财产、破产财团进行管理、监督或调解。

第十五条 缔约国应有享受免受另一缔约国法院管辖之权，如诉讼不属于第一条至第十四条的范围；法院应拒绝受理此类诉讼，即使相关国家并未到庭。

第二章 程序规则

第十六条

一、在另一缔约国法院对缔约国进行诉讼,应适用下列规则。

二、法庭地国主管部门应将下列文件,

(一)起诉文件的原本或副本;

(二)对被告国所为任何缺席判决的副本,

通过外交途径送交被告国的外交部;如认为恰当,并请转送其他主管部门这些文件,必要时,应附具被告国官方语言或官方语言之一种的译本。

三、在该外交部收到时,第二款所述的文件应认为已完成送达。

四、一国应到庭应讯或就缺席判决提出上诉的期限为两个月,自该国外交部收到起诉文件或判决书副本之日后起算。

五、如到庭应讯或就缺席判决提出上诉的期限系由法院规定时,则法院应给予该国不少于两个月的期限,自该国外交部收到起诉文件或判决书副本之日后起算。

六、缔约国到庭应诉应视为已放弃对送达方法的异议。

七、缔约国如不到庭,只有在证实起诉文件已依照第二款送达以及第四款和第五款规定的到庭应讯期限已经遵守的情况下,才得对之作出缺席判决。

第十七条 法庭地国如对其国民或在其国内有住所或居所之人并不要求为缴纳裁判费用或开支提供担保,则缔约国亦不得被要求提供担保,不论是何种保证书或担保品。缔约国如在另一缔约国法院为原告时,应支付可能应由其负担的一切裁判费用和开支。

第十八条 缔约国在另一缔约国法院的诉讼中为当事人时,不得由于其未能提示或拒绝提示任何文件或其他证据而对之采用任何强制措施或加以处罚。但法院得根据其未能提示或拒绝提示作出它认为适当的任何结论。

第十九条

一、法院对以缔约国为当事人而提起的诉讼,应在一方当事人的请求下,或如其本国法律许可,得依职权拒绝该案件的进行或中止诉讼程序,如该同一当事人之间,根据同一事实,并为了同一目的已另有诉讼,

(一)正由该缔约国法院受理并系首先提起的;或

(二)正由任何另一缔约国法院受理,并系首先提起,而可能导致一项判决,依照第二十条或第二十五条的规定,该诉讼中的国家一方必须赋予效力的。

二、任何缔约国,如其法律对于在同一当事人之间,根据同一事实,并为了同一目的,正涉讼于另一缔约国法院的案件,规定由法院斟酌情况拒绝该案的进行或中止诉讼程序者,得向欧洲理事会秘书长发出通知,宣布该法院不受第一款规定的约束。

一、缔约国应给另一缔约国法院作出的判决以效力,如:

(一)依照第一条至第十三条的规定,该国不得主张司法豁免者;以及

(二)为缺席判决而不得或不再得予以废弃,或该判决为不得,或不得再进行上诉、或依其他通常程序请求复审或予以撤销者。

二、但有下列任何情况之一时,缔约国对该项判决并无给予效力的义务,如:

(一)给予效力显将违反该国的公共政策,或,依其情况,

有一方当事人未曾有适当的机会以充分地陈述其案情时；

(二) 在相同当事人间,根据相同事实,为了相同的目的,已另有诉讼：

1. 正在该国法院涉讼,而且系首先提出者；以及

2. 正在另一国法院涉讼,而且系首先提出,并可能导致一项判决,而对该项判决根据本公约条款,该诉讼中的国家一方必须给予效力者；

(三) 该判决的结果和对同一当事人间所作另一判决的结果互相矛盾或不一致：

1. 该另一判决系由该缔约国的法院作出,而诉讼系在该法院首先提出者,或该另一判决系在该判决前作出并已符合第一款 (二) 项规定的条件者；或

2. 该另一判决系由另一缔约国法院作出而且系首先符合本公约规定的要求者；

(四) 第十六条规定未被遵守,而该国亦未到庭或对缺席判决提起上诉者。

三、此外,第十条规定的案件,缔约国对其判决无给予效力的义务：

(一) 判决地国法院若准用了被诉国奉行的司法管辖权的规定 (指本公约《附件》以外者) 即不得享有管辖权者；

(二) 如该法院未依照被诉国国际私法规则适用应适用的法律而适用了其他法律,从而导致结果不同的判决时。

但,缔约国不得援用上述 (一) 和 (二) 项列举的拒绝理由,如该国受其与法庭地国所订的关于承认和执行判决的协定的约束,而该判决又符合协定中有关管辖的要求,又如协定中尚有有关适用法律的要求时,而该判决亦符合此项要求时。

第二十一条

一、如向缔约国作出判决而该缔约国不给以效力，引用该判决的一方当事人有权要求该国主管法院作出应否依第二十条赋予效力的决定。此项诉讼亦可由被判决的国家向该法院提出，如果其法律是这样允许的。

二、除了为适用第二十条而有此必要时，该主管法院不得就该判决的实质性问题进行审查。

三、依第一款向一国法院提起诉讼时：

（一）在诉讼进行中应给予各方当事人以到庭陈述的机会；

（二）要引用该判决的一方当事人提供的文件无须再经过合法认可或其他类似手续；

（三）不得由于国籍、住所或居所的原因向要引用该判决的一方当事人要求提供任何种类的担保或担保品；

（四）引用该判决的一方当事人应有享受司法救助的权利，其待遇应不低于定居或住在该国的国民的条件。

四、各缔约国在交存其批准书、接受书或加入书等文件时，应指定第一款所述的法院一所或若干所，并将此通知欧洲理事会秘书长。

第二十二条

一、缔约国对该国作为当事人一方在另一缔约国法院进行诉讼中所作的和解应给予效力；第二十条规定不适用于此项和解。

二、如该国不使此项和解生效，得适用第二十一条规定的程序。

第二十三条 不得对缔约国在另一缔约国领土内的财产采取任何执行措施或保全措施，但个别案件，经缔约国以书面明示同意时，在其同意的范围内，不在此限。

第四章 任意选择条款

第二十四条

一、虽有第十五条的规定,但任何国家均得在签署本公约时或交存其批准书、接受书或加入书时,或其后任何日期,以向欧洲理事会秘书长发出通知书的方式,声明凡不属于第一条至第十三条的案件,该国法院应有权受理对另一缔约国的诉讼,其范围与受理对非缔约国的诉讼同。此项声明应无损于外国就其行使国家主权的行为,享有司法豁免权。

二、但曾为第一款声明的国家的法院仍无权受理对另一缔约国的诉讼,如其管辖权系完全根据本公约《附件》所述的一项或多项理由,除非另一缔约国已经参加涉及实质性问题的诉讼程序而未首先对法院的管辖权提出异议。

三、依本条对缔约国提起的诉讼,适用第二章的规定。

四、依第一款作出的声明得以向欧洲理事会秘书长发出通知书的方式予以撤销。撤销应在通知书收到之日后经过三个月发生效力,但并不影响在撤销生效日期以前已提出的诉讼。

第二十五条

一、曾为第二十四条声明的任何缔约国,应给予为同样声明的其他缔约国的法院对不属第一条至第十三条案件所为的判决以效力:

(一)如第二十条第一款(二)项规定的条件已完成,并且

(二)如该法院依下列各款应认为具有管辖权。

二、但,缔约国对此项判决亦得不给予效力,如:

(一)具有第二十条第二款规定的拒绝给予效力的理由;或

(二)第二十四条第二款的规定未被遵守。

三、除应受第四款规定的约束外,缔约国法院应被认为依

第一款（二）项规定有管辖权，如：

（一）经法庭地国家和另一缔约国参加的协议条款承认其管辖权时；

（二）两国间对民事判决的承认和执行无协议，如法庭地国法院准用被判决的国家国内施行的管辖权规则（在本公约《附件》规定以外者）应视为有权受理时。本条款不适用于由于合同所发生的问题。

四、缔约国，在为第二十四条规定的声明后，通过对本公约的补充协议，得确定其法院依本条第一款（二）项规定应认为具有管辖权的情事。

五、如缔约国对该判决不给以效力，得适用第二十一条规定的程序。

第二十六条 尽管有第二十三条的规定缔约国和私人一样从事于工业或商业活动从而在诉讼中被判决败诉时，法庭地国对其专用于此项活动的国家的财产，得根据判决予以执行，如：

（一）法庭地国及被判决的国家均曾为第二十四条的声明；

（二）导致判决的诉讼属第一条至第十三条规定以内或是依照第二十四条第一款和第二款提出的；

（三）该判决是符合第二十条第一款（二）项规定的要求的。

第五章　一般规定

第二十七条

一、本公约所称"缔约国"不包括与其有区别的、可以起诉或被诉的缔约国的任何法律实体，亦不因该实体经被授予公共职能而有所不同。

二、对第一款所述的实体得和对私人一样在另一缔约国法院对之起诉,但法院对有关实体行使国家主权的行为,不得受理。

第二十八条

一、在不影响第二十七条规定的情况下,组成联邦国家的各邦不享有豁免权。

二、但作为本公约一方的联邦国家得向欧洲理事会秘书长发出通知,声明其所属各邦得援用适用于缔约国的规定并承担相同的义务。

三、在联邦国家经依据第二款作出声明后,对联邦各邦送达文件应依照第十六条向联邦国家的外交部为之。

四、只有联邦国家有权作出本公约规定的各种声明、通知或照会,也只有联邦国家得为依第三十四条所为诉讼的当事人。

第二十九条　本公约不适用于涉及下列事项的诉讼:

(一) 社会保障;

(二) 原子事件造成的财产损失或人身伤害;

(三) 进出口税收、国内税收或罚金。

第三十条　本公约不适用于涉及关于缔约国所有或经营的航行远洋的船舶的活动,或关于此项船舶的货运及客运,或关于缔约国所有的货物通过商船货运所发生的请求权的诉讼。

第三十一条　本公约任何条款均不得影响缔约国武装部队,在另一缔约国领土内时,其一切行为或不行为,或其他有关事项,享有的豁免权或特权。

第三十二条　本公约任何条款均不影响与外交使团、领事馆及其有关人员的执行职务有关的特权和豁免权。

第三十三条　本公约任何条款均不影响现有的或将来的涉及本公约所述各事项而在特殊方面缔结的国际条约。

第三十四条

一、在两个以上的缔约国之间，就本公约的解释或适用发生的任何争议，应依争议一方的申请，或依特别协议，提交国际法院，但有关各方同意他种和平解决争议的方法时，不在此限。

二、但是，不得向国际法院提出涉及下列事项的诉讼：

（一）在缔约国于另一缔约国法院被控告的诉讼中所发生的争议，在该院尚未作出符合第二十条第一款（二）项规定条件以前者；

（二）在依照第二十一条第一款向缔约国法院提出的诉讼中发生的争议，在该院尚未就此项诉讼作出终局决定以前者。

第三十五条

一、本公约只适用于在其生效后提出的诉讼。

二、在本公约生效后才成为本公约成员的国家，本公约只适用于对该国生效以后提出的诉讼。

三、本公约任何条款均不适用于由于在其开放签字日期以前的行为、不行为或事实而发生的诉讼，或以其为根据的判决。

第六章　最后条款

第三十六条

一、本公约对欧洲理事会的成员国开放签字，并需经批准或接受。批准书或接受书应交存于欧洲理事会秘书长处。

二、自交存第三份批准书或接受书之日后满三个月，本公约应即生效。

三、关于其后批准或接受的签字国，本公约应自其交存批准书或接受书之日后满三个月开始生效。

第三十七条

一、本公约生效以后，欧洲理事会的部长会议得经投票国一致的同意票，邀请任何非成员国参加本公约。

二、参加以向欧洲理事会秘书长交存参加书为之，并自交存参加书之日后满三个月生效。

三、但是，如在该参加尚未生效前，已参加本公约的国家反对该非会员国的参加，则本公约即不得适用于该两国之间的关系。

第三十八条

一、任何国家均得在签署或交存其批准书、接受书或参加书时，限制本公约仅适用于其特定的领土的一处或若干处。

二、任何国家在交存其批准书、接受书或参加书时，或在其后任何日期，均得向欧洲理事会秘书长提出声明，将本公约扩及适用于其声明中具体规定的，由该国对其国际关系负有责任并有权代其承担义务的其他一处或若干处领土。

三、依照前款所作的任何声明，就关于此项声明中所述的任何领土，得根据本公约第四十条规定的程序予以撤销。

第三十九条 对于本公约不允许作任何保留。

第四十条

一、任何缔约国，就其本国一切有关事项，得向欧洲理事会秘书长发出通知，废止本公约。

二、此项废止应在秘书长收到通知之日后满六个月开始生效。但本公约仍应适用于在通知生效前已经提出的诉讼及此项诉讼中作出的判决。

第四十一条 欧洲理事会秘书长应通知欧洲理事会成员国及已参加本公约的任何国家：

（一）任何签署；

（二）任何批准书、接受书或参加书的交存；

（三）依照本公约第三十六条及第三十七条，本公约开始生效的日期；

（四）依照第十九条第二款的规定收到的任何通知；

（五）依照第二十一条第四款的规定收到的任何照会；

（六）依照第二十四条第一款的规定收到的任何通知；

（七）依照第二十四条第四款的规定作出的撤销通知；

（八）依照第二十八条第二款的规定收到的任何通知；

（九）依照第三十七条第三款的规定收到的任何通知；

（十）依照第三十八条的规定收到的任何声明；

（十一）依照第四十条的规定收到的任何通知及废止生效的日期。

下列签署人，经本国政府正式授权，签署本公约，以资证明。

1972年5月16日订于巴塞尔，用英文和法文写成，两种文本具有同等效力，合成正本一份，交存欧洲理事会档案库。欧洲理事会秘书长应将经核证无误的副本分送各签字国和加入国。

附件

第二十条第三款（一）项、第二十四条第二款及第二十五条第三款（二）项所提及的管辖权，其确定管辖权的根据如下：

（一）在法庭地国领土内属被告所有的财产，或原告经依法占有或扣押的位于法庭地国领土内的财产，但下列情况除外：

1. 诉讼的目的在于主张确认该财产之所有权或占有权时，或诉讼的发生与有关该财产的另一争议有关时，或

2. 诉讼的主题为债务而该财产系属此项债务的担保品时；

（二）原告之国籍；

（三）原告的住所、惯常居所或一般居所在法庭地国领土

内，但对于某种类的合同得例外地根据其特殊内容及性质准许如此确定管辖权者除外。

（四）被告曾在法庭地国经营商业，但以诉讼系由于此项商业业务而发生者为限。

（五）原告单方面指明了法庭，特别是记载于发票者。

法人的实际和法定所在地，经登记的事务所所在地或主营业地应视为其住所地或惯常居所地。

《欧洲国家豁免公约》的追加议定书

欧洲理事会成员国，本议定书的签字国，

注意到欧洲国家豁免公约（以下称公约），尤其是其中的第二十一条和第三十四条；

为了通过增补一些条款以规定欧洲的解决争议的程序，从而促进在公约涉及事项的范围内的协调工作，

兹同意下列条款：

第一章

第一条

一、对缔约国作出判决，而该国并未使之生效，谋求适用该判决的一方当事人应有权要求对依照公约第二十条或第二十五条应否使之生效的问题作出决定，并得为此向下列机构之一提起诉讼：

（一）适用公约第二十一条向该国主管法院；或

（二）向依本议定书第三章规定组成的欧洲法院，但该国应

为本议定书的成员国且未作出第四章所述的保留。

两者任选其一，一经选定，不得变更。

二、如意欲依照公约第二十一条第一款的规定向其本国法院提出诉讼的国家，应将其意图通知判决中胜诉的一方。如该方在收到通知后三个月内未向欧洲法院提出诉讼，该国才可提出此项诉讼。此项限期一经届满，胜诉一方即不得再向欧洲法院提出诉讼。

三、除非为了适用公约第二十条和第二十五条而有此必要外，欧洲法院不得审查判决的实质性部分。

第二章

第二条

一、发生在本议定书的两个或两个以上的缔约国之间的有关公约的解释或适用的任何争议，应依争议一方的申请或依特别协议，提交依本议定书第三章规定组成的欧洲法院。本议定书缔约国承担不把此类争议提交另一种不同方式解决的义务。

二、如争议涉及在公约一缔约国法院对公约另一缔约国提出的诉讼中的问题，或依公约第二十条向公约一缔约国法院提出的诉讼中的问题，在各该法院对此项诉讼作出终局判决前，此项争议不得交付欧洲法院。

三、有关判决的争议如依本议定书第一章，欧洲法院曾就此作过决定或正在被要求作出决定时，不得向欧洲法院起诉。

第三条

一、本议定书的任何条款不得解释为意在阻止欧洲法院就两国或两国以上的公约缔约国之间可能发生的有关公约的解释或适用的争议作出决定，而此项争议，其有关国家或其中任何有关国家即使非本议定书的缔约国时，亦得通过特别协议提交欧洲法院。

第三章

第四条

一、关于国家豁免权方面应设立一欧洲法院以决定依本议定书第一章及第二章向其提出的案件。

二、欧洲法院应包括欧洲人权法院的成员,至于已经加入本议定书的各非欧洲理事会成员国得就其具有该法院成员应有资格的人员中各指定一人,并应经欧洲理事会部长委员会同意,其任期为九年。

三、欧洲法院院长应为欧洲人权法院院长。

第五条

一、依照本议定书第一章规定向欧洲法院提起诉讼时,应由成员国七名组成一个欧洲法院的审判庭。为原判决中被告国国民的欧洲法院成员及为法庭地国国民的欧洲法院成员均为该庭的当然成员。缺少符合上述条件的任何一个成员时,则由有关政府任命一人,以该庭成员身份参加审判。其余五名成员应由欧洲法院院长在书记官长前以抽签方式选择之。

二、依本议定书第二章规定向欧洲法院提起诉讼时,其审判庭应按前款的方式组成之,但为争议的当事国国民的欧洲法院成员应为该庭的当然成员。如无符合上述条件的成员时,则由有关政府任命一人以该庭成员身份参加审判。

三、审判庭在案件的审判中发生重大的有关公约或本议定书的解释问题时,该庭得随时放弃管辖权而让欧洲法院全体会议受理。如该问题的解决可能导致与欧洲法院的审判庭或欧洲法院全体会议以前所作出的判决不一致的结果时,放弃管辖权应是必需的。管辖权的放弃应是终局的。放弃管辖权无须说明理由。

第六条

一、欧洲法院应就对该法院是否有管辖权的一切争议作出决定。

二、欧洲法院审讯应公开进行,但法院就例外情况另有决定时,不在此限。

三、欧洲法院的判决,由出席成员的过半数决定,并在公开庭宣布。欧洲法院的判决应附有理由。如判决的全部或一部不代表欧洲法院的一致意见,任何成员均有权发表其个别意见。

四、欧洲法院的判决应为终局的,并对当事各方有约束力。

第七条

一、欧洲法院应起草其自己的规则,并确定其自己的程序。

二、欧洲法院的书记处人员应由欧洲人权法院的书记官长调配。

第八条

一、欧洲法院的经营费应由欧洲理事会负担。加入本议定书的非欧洲理事会的成员国亦应提供经费,其方式由部长委员会与这些国家商定。

二、欧洲法院的成员应按每一值勤日收取报酬,由部长委员会核定。

第四章

第九条

一、任何国家,得在签署本议定书时,或在交存其批准书、接受书或加入书时,向欧洲理事会秘书长发出通知,声明其仅受第二章至第五章的约束。

二、此项通知得随时予以撤销。

第五章

第十条

本议定书应对已经签署公约的欧洲理事会成员国开放签字。本议定书应经批准或接受，批准书或接受书应向欧洲理事会秘书长交存。

美国外国主权豁免法（节录）

（公法 94—583，1976 年 10 月 21 日）

第一条 为了规定美国法院对外国的诉讼管辖和在何种情况下可对外国免予起诉或不扣押其财产，以及为其它目的而制定的法律。

美利坚合众国参议院和众议院在国会集会，规定本法称为《1976 年外国主权豁免法》。

第二条

1. 修正美国法典第二十八编第八十五章，在第一千三百三十一条之前增订下列新条款：

第一千三百三十条 对外国的诉讼

"1. 对本编第一千六百零三条第 1 款所指的外国进行非陪审的民事诉讼，不论争议的数额大小，只要按照本编第一千六百零五条至第一千六百零七条或者任何可以适用的国际协定的规定，在对人诉讼中的求偿问题上该外国不能享受豁免的，地区法院对它既具有初审管辖权。

"2. 凡按照第 1 款规定属地区法院管辖的每项赔偿要求，如已经按照本编第一千六百零八条规定送达传票的，地区法院对外国本身的管辖权（指要求被告人出庭）应继续存在。

"3. 在第2款的适用上，某外国的出庭，对于不是由于本编第一千六百零五条至第一千六百零七条所列举的交易活动或事件所引起的任何求偿问题，并未授予地区法院对该外国本身的管辖权。"

2. 在本章的"章的分析"中，在"第一千三百三十一条联邦问题；争议数额；诉讼费"之前，增订下述新项目："第一千三百三十条对外国的诉讼"。

第三条 修正美国法典第二十八编第一千三百三十二条。删去该条第1款（2）和（3），并用下列各项代替之：

"（2）某州的公民及某外国的公民或属民；

"（3）不同州的公民和成为追加当事人的某外国公民或属民；

"（4）本编第一千六百零三条第1款所规定的外国作为原告人，以及某州的公民或不同州的公民。"

第四条

1. 修正美国法典第二十八编。在第九十五章之后增订新的一章如下：

"第九十七章　在管辖上的外国的豁免权
"第一千六百零二条 查明事实和宣布宗旨
"第一千六百零三条　定义
"第一千六百零四条　关于外国不受（美国）管辖的豁免
"第一千六百零五条　对于外国享有管辖豁免权的一般例外
"第一千六百零六条　责任的范围
"第一千六百零七条　反诉
"第一千六百零八条　送达；答辩时间；缺席判决

"**第一千六百零九条** 对外国财产扣押和执行的豁免

"**第一千六百一十条** 对于扣押豁免和执行豁免的例外

"**第一千六百一十一条** 对某类财产的执行豁免

"**第一千六百零二条** 查明事实和宣布宗旨

国会认为,美国法院就外国要求从该法院取得管辖豁免权一事所作的决定应有利于公平正义并保护外国和在美国法院诉讼的当事人的权益。按照国际法,各国就其商业活动而言,是不能在外国法院里取得管辖豁免的,而且为执行与它们的商业活动有关的判决,可以扣押外国的财产。今后,凡外国提出豁免权的要求,应当由联邦法院及各州法院按本章规定的原则决定之。

"**第一千六百零三条 定义**

"在本章的适用上,

"1. 除本编第一千六百零八条所使用者外,'外国'包括外国的政治分机构或者第2款所规定的某外国的代理机构或媒介。

"2. '外国的代理机构或媒介'是指下列任何一个实体:

"(1) 独立的社团法人或非社团法人。

"(2) 外国机关或该机关的政治分机构,或其大多数股份或其他所有权属于外国或其政治分机构的。

"(3) 既非本编第一千三百三十二条第3款和第4款所规定的美国某州公民,亦非依照任何第三国法律设立的实体。

"3. '合众国'包括受美国管辖的全部领土、水域、大陆或岛屿。

"4. '商业活动,是指某种正常做法的商业行为,或是指某种特殊的商业交易或行动。是否是商业性的活动,应当根据行为的做法的性质,或特殊的交易和行动的性质决定,而不是根据其目的。

"5. '外国在美国进行的商业活动'是指该国所进行的与美国有实质交往的商业活动。

"第一千六百零四条 关于外国不受（美国）管辖的豁免

"如在本法制定时，美国是某些现行国际协定的缔约国之一，则这些国际协定中的外国应当不受联邦法院和各州法院的管辖，但本章第一千六百零五条至第一千六百零七条所规定的除外。

"第一千六百零五条 对于外国享有管辖豁免权的一般例外

"1. 如有下列任何一项情况，外国不能免于联邦法院或各州法院的管辖：

"(1) 该外国已明确地或默示地放弃其豁免权。关于此项弃权，除根据弃权的条件予以撤回者外，该外国可能声称的任何撤回均属无效；

"(2) 该诉讼是基于该外国在美国进行的商业活动而提出的；或者基于与该外国在别处的商业活动有关而在美国完成的行为提出的；或者基于与该外国在别处的商业活动有关，而且在美国领土以外进行但在美国引起直接影响的行为提出的；

"(3) 违反国际法取得的财产，其财产权利尚有争议并且该项财产或者用该项财产换得的任何财产现在美国境内且与该外国在美国进行的商业活动有关的；或者该项财产或者用该项财产换得的任何财产是属于该外国在美国从事商业活动的某一机构所有或者属于该机构的经营者所有的；

"(4) 由于继承或馈赠而取得的在美国的财产权利，或者尚有争议的坐落在美国的不动产权利；

"(5) 上述第（2）项所未包括的其他情况，即某外国或者该外国任何官员或雇员在职务或雇佣范围内的行动中发生侵权行为或过失，从而在美国境内造成人身伤害、死亡或者财产损

害或丧失,(受害一方)为此向该外国追索损害赔偿金的;但本项规定不适用于下列情况:

"(甲)基于行使和履行或者不行使和履行自由裁量权能而提起的任何权利要求,不管此项自由裁量是否被滥用。

"(乙)由于诬告、滥用程序、文字诽谤、口头诽谤、歪曲、欺骗或者干涉契约权利而引起的任何权利要求。

"2. 为了对某外国的船只或货物行使海上留置权提起海事诉讼,而此项权利要求是基于该外国的商业活动的,在下述情况下,该外国不得在联邦法院享受管辖豁免:

"(1)诉讼通知是用传票和原告起诉书的副本寄给要求对之行使留置权的船只或货物的所有人或其代理人的;但是如果该船只或货物是按照以提起诉讼一方当事人的名义所取得的通令而被扣押的,则可认为无须投递通知,也不必在以后投递——除非该当事人不知道该外国的船只和货物包括在内,在这种情况下,扣押通令的送达即成为有效交付此项通知。

"(2)本编第一千六百零八条所规定的对外国开始诉讼的通知是按本条第2款(1)项所规定的方式于十天内发出的,或者,在当事人不知道该外国的船只或货物是包括在内的情况下,即于该当事人确定该外国的权益存在之日起十天内发出。

按照本条第2款(1)项的规定,无论通知系于何时交付,此后该海上留置权即被视为对当时拥有有关船只或货物的外国的一种对人的求偿权。如果法院判决该外国赔偿总额不大于对之行使海上留置权的船只和货物的价值,此价值应在按照本条第2款(1)项的规定送达通知的同时决定之。

"**第一千六百零六条 责任的范围**

"对于任何赔偿要求,如某外国按本章第一千六百零五条或第一千六百零七条规定无权享受豁免,则该外国应按一个私人在类似情况下适用的方式和范围负责。但一个外国除了其代理人或媒介之外,对于惩罚性的损害赔偿不负责任。但如引起死亡,而行为或者不行为所在地的法律规定(或在解释上规定)损害赔偿只是惩罚性质的,则该外国对实际损害或者补偿性损害应负赔偿责任,其数额按照为其利益提起诉讼的人们由于此项死亡所引起的金钱损失计算。

"**第一千六百零七条** 反诉

"如某外国在联邦法院或州法院提起诉讼或参加诉讼,则该外国对下述任何一项反诉不得享受豁免:

"1. 如果此项反诉已在控诉该外国的另一诉讼中提出,而按照本章第一千六百零五条的规定该外国对于此项反诉是无权享受豁免的;

"2. 反诉系由该外国所提出的作为权利要求主体部分的事件或事务所引起的;

"3. 反诉索赔的范围在数额上不超过该外国索赔额,或在种类上和该外国索赔也无不同。

"**第一千六百零八条** 送达;答辩时间;缺席判决

"1. 联邦法院和各州法院应向外国或外国的政治分机构送达传票:

"(1) 按照原告与外国或外国的政治分机构之间关于送达传票所作的特别协议,投送传票和原告起诉书的副本;

"(2) 如果没有特别协议,则按照可以适用的关于司法文件送达的国际公约,投送传票和原告起诉书副本;

"(3) 如无法按照第(1)或第(2)项规定送达,则应当将传票和原告起诉书的副本以及诉讼通知书,连同上述各件的该外国官方文字的译文,由法院书记员通过签收邮件的方式,迅速寄交该有关外国的外交部长。

"（4）如果按照第（3）项规定，无法在三十天之内送达，则应将传票和原告起诉书的副本各两份以及诉讼通知书一份，连同该外国官方文字的每个文件译文，由法院书记员通过签收邮件的方式，迅速寄交在华盛顿哥伦比亚特区的国务卿，促请专门的领事部主任注意。而国务卿应当通过外交途径将上述文件的副本一份转送给该外国，并且应当寄给法院书记员一份业经认证的外交照会副本，指明各该文件已于何时发出。

本项规定所称"诉讼通知书"是指依照国务卿以规章规定的方式寄给外国的通知书。

"2. 联邦法院和各州法院应采用以下方法向外国的代理机构或媒介送达文件：

"（1）按照原告与该代理机构或媒介之间所作的关于送达的专门协议，投寄传票和原告起诉书的副本；

"（2）如果没有专门协议，则或把传票和原告起诉书的副本寄给主管职员、代理人或者总代理人，或者寄给其他被指定的或依法律授权在美国接受诉讼文件送达的任何其他代理人；或者按照可以适用的关于司法文件送达的国际公约办理。

"（3）如无法按照第（1）项或第（2）项规定送达文件，又如有理由预计能实际送达通知，即可将该传票和原告起诉的副本，连同该外国官方文字的每个文件的译文一并交邮寄出：

"（甲）依该外国或政治分机构的当局在答复函询或请求时所示的地址；

"（乙）通过必须签收的邮递方式，由法院书记员寄交负责接收文件的代理机构或媒介；

"（丙）依照法院所作的与文件送达地区法律规定相一致的命令的指示。

"3. 在下列情况下即认为文件已经送达：

"（1）按第1款第（4）项规定送达的，送达时间从经过认证的外交照会副本注明的发出日期起算；

"（2）按本条其他各款规定送达的，送达时间从证明文件，邮件回执或可以作为送达方法使用的其他送达证件上注明的收到日期起算。

"4. 在联邦法院或者州法院起诉的任何诉讼中，外国及其政治分机构或者外国的代理机构或媒介，应当在按照本条规定送达文件后六十天内，对原告起诉书作出答辩或者其他表示答复的抗辩。

"5. 联邦法院或者州法院不得对外国及其政治分机构或外国的代理机构或者媒介作缺席判决，除非原告能够提出令法院满意的证据使其要求或权利得到确认。任何这类缺席判决书的副本应当以本条所规定的送达方式送交该外国或政治分机构。

"**第一千六百零九条** 对外国财产扣押和执行的豁免

基于在本法制定时美国为其缔约国之一的某些现行国际协定，某一外国在美国的财产应当免于扣押和执行，但本章第一千六百一十条和第一千六百一十一条所规定的除外。

"**第一千六百一十条** 对于扣押豁免或执行豁免的例外

"1. 本章第一千六百零三条第1款中所规定的外国在美国的财产用来在美国进行商业活动的，不得就本法生效以后联邦法院或者州法院所作的判决而在辅助执行的扣押问题上或者在执行问题上，在下列情况下，享受豁免：

"（1）该外国在辅助执行的扣押问题上或执行问题上已明确地或默示放弃其豁免权。关于此项弃权，除根据弃权的条件予以撤回外，该外国可能声称的任何撤回均属无效。

"（2）此项（诉讼）请求所根据的财产是现在用于或者过

去用于商业活动的财产。

"（3）此项执行是关于某项确认下述财产权的判决的：此项财产权是违反国际法取得，或者已经同违反国际法而取得的财产进行了交换的。

"（4）此项执行是关于确认下述财产权的判决的：

"（甲）此项财产权是通过继承或者赠与取得的；

"（乙）此项财产权为不动产并坐落在美国：如果它不是用作某外交或领事使团的用房或者该使团团长的住宅。

"（5）此项财产包括某项契约义务或由此而生的任何收益，它们是按照汽车保险、其他责任保险或者意外保险等保险单赔偿外国及其雇员或者使其不受损害并且用来满足判决书中所载的权利要求的。

"2. 除第1款规定外，凡外国代理机构或媒介在美国的财产用来在美国进行商业活动的，不得就本法生效以后联邦法院或州法院所作的判决而在辅助执行的扣押问题上或者在执行问题上，在下列情况下，享受豁免：

"（1）该代理机构或媒介在辅助执行的扣押问题上或执行问题上已明确地或默示放弃其豁免权。关于此项弃权，除根据弃权的条件予以撤回者外，该外国可能声称的任何撤回均属无效。

"（2）该判决有关的（诉讼）请求权是该代理机构或媒介根据本章第一千六百零五条第1款第（2）项、第（3）项或第（5）项或第一千六百零五条第2款规定不得享受豁免的。至于此项（诉讼）请求所根据的财产究系现在或过去用于商业活动则在所不问。

"3. 在判决书正式作成和按照本章第一千六百零八条第5款规定发出法定通知书后，如法院断定已过合理期限，即可作出本条第1款和第2款所提及的扣押和执行的命令，在此以前，不许扣押或执行。

"4. 凡本章第一千六百零三条第 1 款所规定的在美国用于商业活动的外国财产,在联邦法院或州法院提起的任何诉讼中,如遇下述情况,即不得在作成正式判决书之前,或者在本条第 3 款所规定的期限届满之前享受扣押豁免:

"(1) 该外国的判决前已明确放弃其扣押豁免权。对此项弃权,除根据弃权的条件予以撤回者外,该外国可能声称的任何撤回均属无效。

"(2) 该项扣押的目的在于保证履行某项已经作出或最终可能作出的对该外国的判决,而不是为了取得管辖权的。

"第一千六百一十一条 对某类财产的执行豁免

"1. 尽管有本章第一千六百一十条的规定,但总统指定可以享受《国际组织豁免法》所规定的特权,免除(如免除捐税)和豁免权的那些机构的财产,则不应当由于在联邦法院或各州法院提起诉讼而遭扣押或受任何其他阻止向该外国付款或者阻止按该外国的付款通知付款等司法程序的管辖。

"2. 尽管有本章第一千六百一十条的各项规定,如有下述情况,某外国的财产仍应享受扣押和执行豁免:

"(1) 此项财产是某外国中央银行或者金融机关自己所有的,除非该银行、金融机关或者它们的政府已经在辅助执行的扣押问题上或者在执行问题上明确放弃其豁免权。对此项弃权,除根据弃权的条件予以撤回者外,该银行、金融机关或政府可能声称的任何撤回均属无效。

"(2) 此项财产现在使用上或者打算在使用上与军事活动有关,并且

"(甲)属于军事性质的,或者

"(乙)在军事当局或国防机构控制之下的。"

2. 对美国法典第二十八编《第四部分——管辖权与审判管辖区》的分析予以修正，在"95. 海关法院"之后增订下列新项目："97. 外国享有的管辖豁免权"。

第五条 修正美国法典第二十八编第一千三百九十一条，在其结尾部分增加下述新款项：

"(f) 按照本编第一千六百零三条第1款的规定，可以分别在下述司法管辖区对外国提起民事诉讼：

"(1) 在引起（诉讼）请求权的事件或不作为的实质部分或者成为本诉讼主体的财产的实质部分所在地的司法管辖区；

"(2) 如根据本编第一千六百零五条第2款规定提出请求时，在某外国的船只和货物所在地的司法管辖区；

"(3) 如果按照本编第一千六百零三条第2款的规定对某外国的代理机构或媒介提起诉讼时，在该代理机构或媒介获准在该地经营业务或者正在该地经营业务的司法管辖区；

"(4) 如对外国或其政治分机构提起诉讼的，在哥伦比亚特区美国地区法院。"

第六条 修正美国法典第二十八编第一千四百四十一条，在其结尾部分增加下述新款项：

"(4) 对于本编第一千六百零三条第1款所指的外国，在州法院提起的任何民事诉讼案件，可以由该外国提请转移至主管的地区和分区（包括此项案系属中的地方在内）的美国地区法院审理。案件转移后，该诉讼应当由该法院审理，不需要陪审员参加。如果根据本款规定转移案件时，则本章第一千四百一十六条第2款所规定的期限可随时因故延长。"

第七条 如果本法的任何一项规定或者对任一外国的适用失去效力，此种失效并不能影响本法的其他规定或适用。除此项条款无效或不适用外，其他规定或适用照样有效。为此，本法的各项规定是可分的。

第八条 本法自制定之日起算，经过九十天生效。

1976年10月21日批准。

英国国家豁免法

（1978年7月20日）

本法规定关于外国国家在联合王国起诉或被诉程序的新规则；规定确认《欧洲国家豁免公约》成员国法院所作针对联合王国的判决的效力；规定关于外国国家元首豁免权与特权的新规则；以及诸如此类的事项。

女王陛下经本届国会上、下两院诸元老及议员的咨议与同意，并经其授权，特制定本法如下：

第一篇 外国国家在联合王国起诉或被诉司法管辖豁免权

第一条 司法管辖的一般豁免

（1）除本法本篇另有规定者外，外国国家不受联合王国法院的管辖。

（2）对在诉讼中未出庭的国家，法院亦应实施本条所赋予的豁免。

豁免的例外

第二条 自愿接受管辖

（1）在诉讼中自愿接受联合王国法院管辖的国家，不予豁免。

（2）国家在引起诉讼的争议发生后或发生前的书面协议中，均可表示接受管辖，但在协议中关于适用联合王国法律的约定，不得视为自愿接受管辖。

（3）国家应认为已自愿接受管辖——

（a）只要它已提起诉讼；或

（b）除下述（4）、（5）款的情形外，它已介入诉讼或已在诉讼中采取行动。

（4）仅以下列目的所为之介入或任何行动，上述（3）（b）项不得适用：

（a）主张享有豁免权；或

（b）在诉讼如对该国提起它有权取得豁免的条件下，出面维护其财产权益。

（5）国家因忽视给它以豁免权的事实情况而采取的任何诉讼活动，上述（3）（b）项不得适用，这种事实情况虽尚不能适当认定，但豁免一旦提出，即是合理可行的。

（6）在诉讼中，自愿接受管辖，也扩大适用于上诉而不适用于反诉，但反诉是就本诉的同一法律关系或事实提出的，不在此限。

（7）驻联合王国的外交使团团长，或其时正执行此等职务的人员，应认为有权代表其国家在诉讼中表示接受管辖；任何有权代表国家，以及经国家授权签订契约的人员，在因此等契约发生的诉讼中，应认为有权代表国家表示接受管辖。

第三条 在联合王国履行的商业行为和契约

（1）国家在涉及下列情事的诉讼中，不得享有豁免——

（a）国家参加的商业行为，或

（b）国家根据契约所承担的义务（不管是否为商业行为），其全部或部分应在联合王国境内履行的。

（2）如争议双方均为国家，或另有书面协议，本条即不得适用；如契约（非商业行为）是在有关国家境内缔结，其发生争议的义务又受该国行政法支配时,上述(1)(b)项不得适用。

(3) 本条"商业行为"系指:

(a) 任何提供货物或服务的契约;

(b) 任何贷款或其他提供资金和保证的行为,或有关此等行为的补偿,或其他金融债务;以及;

(c) 国家除行使主权外所参加或从事的任何其他行为或活动(不论是否为商业的、工业的、金融的、职业性的或其他类似性质的行为或活动);

但本条上述(1)款中两项,均不适用于国家与个人订立的雇用契约。

第四条 雇用契约

(1) 在联合王国境内与个人订立雇用契约,其工作的全部或部分要在联合王国境内履行,在关于这种契约的诉讼中,国家不得享有豁免。

(2) 除(3)、(4)款情况外,本条不适用于——

(a) 提起诉讼时,该人是所涉国家的国民;或

(b) 在订约时,该人既非联合王国的国民,亦非联合王国的常住居民;或

(c) 契约双方当事人另有书面约定。

(3) 如工作是为该国家出于商业目的而设立于联合王国境内的机关、代理机构或组织所进行的,上述(2)(a)(b)两项不得排除本条的适用,但其人于订约时就是该国的常住居民则不在此限。

(4) 依联合王国的法律,要求诉讼应在联合王国法院提起时,上述(2)(c)项不得排除本条的适用。

(5) 上述(2)(b)项中"联合王国的国民",是指联合王国及其殖民地的公民,《1948年不列颠国籍法》第二条、第十

三条和第十六条,或《1965年不列颠国籍法》所规定的不列颠臣民,或属于上述1948年国籍法所称不列颠的保护民或南德西亚的公民。

(6)本条"关于雇用契约的诉讼",包括这种契约的当事人间涉及他们有资格享有或承担法定权利或义务的诉讼,或涉及作为雇主或雇员的问题的诉讼。

第五条 人身伤害与财产损害

国家在涉及下列情事的诉讼中,不得享有豁免:

(a)死亡或人身伤害;或

(b)有形财产的损害或灭失,只要此等情事是因在联合王国境内的作为或不作为引起的。

第六条 财产的所有、占有及使用

(1)在涉及下列情事的诉讼中,国家不得享有豁免:

(a)国家对位于联合王国的不动产所享有的权利,或对此种不动产的占有或使用;或

(b)因国家享有对这种财产的权利,或因其占有或使用这种财产而产生的义务。

(2)国家在涉及其因继承、赠与或无主物占有等方式而取得的对动产或不动产的任何权利的诉讼中,不享有豁免。

(3)国家对任何财产享有权利或主张权利的事实,不得排除法院行使涉及死亡人,精神不健全的人,或破产或结业的公司,或信托管理的财产的管辖权。

(4)法院可以受理对个人而不是对国家提起的诉讼,即令此等诉讼涉及——

(a)国家占有或控制的财产;或

(b)国家主张享有权利的财产,

只要诉讼向该国家提出它无权取得豁免,或在(b)项情况

下，该国家对财产的权利主张，无初步证据可资证实或允许的。

第七条 专利、商标等

国家在涉及下列情事的诉讼中，不得享有豁免。

（a）在联合王国登记或受保护的属于该国家的，或该国家已向联合王国提出申请的专利、商标、设计或植物品种培育者的权利；

（b）指控该国家在联合王国侵犯专利、商标设计、植物品种培育者权利或著作权的；或

（c）在联合王国使用某一商号或店名的权利。

第八条 法人等团体的成员资格

（1）在涉及国家作为法人团体、非法人团体或合伙的成员资格的诉讼中，如此等法人团体、非法人团体或合伙有下列情况者，国家不得享有豁免：

（a）有国家以外的其他成员；以及

（b）依联合王国法律组成或创设，或受联合王国控制，或其主营业所在联合王国的；只要这种诉讼发生于该国家和团体或他的成员之间，或发生于该国家与其他合伙人之间。

（2）如争议的当事人间于书面协议中有相反约定，或于设立或调整该团体或合伙的章程或其他文件中有相反规定，则本条不予适用。

第九条 仲裁

（1）国家把已发生或可能发生的争议，以书面协议提交仲裁时，在联合王国法院涉及该项仲裁的诉讼中，该国家不得享有豁免。

（2）本条于仲裁协议中有相反约定时亦属有效，但不适用于国家间的仲裁协议。

第十条 用于商业目的的船舶

(1) 本条适用于——

(a) 海事诉讼；以及

(b) 其权利主张构成海事诉讼标的的诉讼。

(2) 在下列诉讼中，国家无豁免权：

(a) 对属于该国家所有的船舶提起的对物之诉；或

(b) 为执行与船舶有关的请求而提起的对人之诉。

(3) 如对国家的某一船舶提起对物之诉，是为了执行对该国家另一船舶对人之诉的请求时，上述(2)(a)项的规定不适用于首先提到的那一船舶，但如对上述另一船舶提起诉讼时，该两船舶均用于或拟用于商业目的的，不在此限。

(4) 在下列诉讼中，国家无豁免权：

(a) 对属于该国家的船货提起的对物之诉，只要该船货及载运该货物的船舶于诉因发生时，均用于或拟用于商业目的者；或

(b) 为执行对该船货的请求而提起的对人之诉，只要运载该船货的船舶如

前所述，当时是用于或拟用于商业目的者。

(5) 前面所指属于国家的船舶或船货，也包括处于国家占有或控制之下的，或国家主张有权利的船舶或船货；且于适用上述(4)款时，第(2)款的规定，如适用于船舶一样，也适用于船舶以外的财产。

(6) 在本条(1)款所指的诉讼中，如该国为布鲁塞尔公约成员国，而且诉讼请求又涉及该国国家所有或控制的船舶，涉及这种船舶的货物或旅客的运输，或涉及其他船舶载运的为该国家所有的船货，则本法第三条至第五条的规定不得适用。

第十一条 增值税、关税等

国家在涉及因下列情事而承担责任的诉讼中,不得享有豁免:

(a) 增值税、任何关税或执照税或农业税;或

(b) 为商业目的而占有房屋的房地产税。

程序

第十二条 文件送达与缺席判决

(1) 对国家提起诉讼所要求送达的诉讼文书或其他文件,应由外交与联邦事务部送交该国外交部,一经该国外交部收受,即视为有效送达。

(2) 出庭期限(无论法院规则有无规定)为诉讼文书或文件依上述规定收受之日起的两个月内。

(3) 已出庭的国家不得在诉讼中以未遵守上述(1)款规定而表示反对。

(4) 除证明已遵照上述(1)款的规定送达,并依上述(2)款规定,出庭时期已经届满,得对一个国家作缺席判决。

(5) 对国家作出的缺席判决,其副本应由外交与联邦事务部送交该国外交部,驳回判决的期限(无论法院规则有无规定)为该国外交部收受判决副本之日起的两个月内。

(6) 上述(1)款的规定,无碍于使用该国同意的诉讼文书或其文件的任何送达方式,并凡依此等方式已有效送达者,上述(2)、(4)款的规定即不得适用。

(7) 本条不得解释为同样适用于对国家提出的反诉或对物之诉,上述(1)款的规定不得解释为赞同国外送达需取得同意的法院规则。

第十三条 诉讼程序上的其他特权

(1) 在以国家为当事人的诉讼中,不得因国家或代表国家

未能或拒绝披露或提供任何文件或资料,而科以监禁或罚金。

(2) 除下述(3)、(4)款的情形外——

(a) 对国家不得以发布禁令,或发布为特定履行,或返回土地或其他财产的命令,作为司法救助。

(b) 国家的财产不得作为法院判决或仲裁裁决强制执行的标的,或在对物之诉中,不得作为扣押、留置或拍卖的标的。

(3) 上述(2)款的规定,不妨碍经有关国家的书面同意而采取任何司法救助方法,或开始任何程序;此种书面同意(可包含于事先的协议中)可表明它只用于有限的范围或普遍适用;但仅表示接受法院管辖的条款,不得认为合于本款所指的同意。

(4) 上述(2)(b)项的规定,无碍于对正用于或拟用于商业目的财产采取任何程序,但对不属第十条范围的案件,本款对《欧洲国家豁免公约》成员国的财产,仅在下列情况下适用:

(a) 为执行下述第十八条(1)(b)所指的终局判决而开始的程序,只要该国已依《公约》第二十四条作过宣告;或

(b) 为执行仲裁裁决而开始的程序。

(5) 外国驻联合王国的外交使团团长或临时执行其职务的人员,应认为有权代表该国家表示上述(3)款所指的同意,并就上述(4)款所指,对于任何财产并非由该国,或为了该国,而用于或拟用于商业目的,他的证书,除非有相反的证据,应认为是充分的证明。

(6) 本条适用于苏格兰时——

(a) 关于 injunction(禁令)应解释为 interdict(制止令);

(b) 上述(2)(b)项应代以:

"(b) 国家的财产,不得作为法院判决或命令,或仲裁裁决的强制执行的标的,或在对物之诉中,不得作为扣押或拍卖的

标的"。并且

（c）凡所指"process"（程序），应解释为diligence（施行），凡所指"the issue of any process"（开始任何程序）应解释为"the doing of diligence"（开始施行），以及上述（4）（b）项所指"an arbitration award"（仲裁裁决），应解释为"a decree arbitral"（仲裁判决）。

补充条款

第十四条 享有豁免权与特权的国家

（1）本法本篇规定的豁免权和特权，适用于任何外国或英联邦内联合王国以外的国家，其所指国家，还包括：

（a）该国行使公职的君主或其他元首；

（b）该国政府；以及

（c）该国政府各部，

但不包括同该国家政府行政机构有别并具有起诉、被诉能力的任何实体（以下称"独立实体"）。

（2）独立实体仅在下述条件下，不受联合王国法院的管辖：

（a）诉讼涉及该独立实体为国家行使代理权所为的行为；并且

（b）该国家于同样情况下可享有豁免（或者，在适用上述第十条规定的诉讼中，该国不是布鲁塞尔公约成员国）。

（3）如独立实体（非国家中央银行或金融当局）在依上述（2）款可享有豁免权的诉讼中，自愿接受管辖，则上述第十三条（1）—（4）款适用于国家的规定，亦适用于他们。

（4）国家中央银行或其他金融机构的财产，不得认为是上述第十三条（4）款所指用于或拟用于商业目的的财产；在此种银行或机构为独立实体时，第十三条（1）、（2）款适用于国家的规定，亦适用于它们。

（5）上述第十二条的规定，亦适用于对联邦国家组成区域提起的诉讼；女王陛下并得以枢密院的命令，将本法本篇其他适用于国家的条款，适用于枢密院命令所特别指明的这种组成区域。

（6）本法本篇的规定，依枢密院的命令，不适用于某一组成区域时，本条上述（2）、（3）款将把它当作独立实体而予以适用。

第十五条　豁免权与特权的限制与扩大

（1）如女王陛下认为本法本篇赋予任何所涉国家的豁免与特权，

（a）超过了依该国法律赋予联合王国的豁免与特权；或

（b）少于该国与联合王国共同参加的条约、公约或其他国际协议所要求的豁免与特权，女王陛下得以枢密院命令，依女王陛下认为适当的范围予以缩减或扩大。

（2）任何包含本条所指命令的法律文件，均可依上议院或下议院的决议而宣告无效。

第十六条　排除事项

（1）本法本篇不影响《1964 年外交特权法》或《1968 年领事关系法》所规定的豁免权与特权；并

（a）上述第 4 条的规定，不适用于《1964 年外交特权法》列举的属公约所指的使馆人员，或《1968 年领事关系法》列举的属公约所指的领事馆人员的雇用所引起的诉讼；

（b）上述第六条（1）款不适用于涉及国家为实现外交使命而所有的或占有的财产的诉讼。

（2）本法本篇的规定，在适用于涉及驻扎于联合王国时特别受《1952 年客军条例》管辖的外国武装部队所为或相关行为的诉讼。

（3）对应适用《1965 年核设施法》第十七条（6）款的诉

讼,本法本篇不予适用。

(4) 本法本篇不适用于刑事诉讼。

(5) 本法本篇适用于上述第十一条以外的征税诉讼。

第十七条 第一篇的解释

(1) 本法本篇中

"布鲁塞尔公约"是指1926年4月10日在布鲁塞尔签订的《统一国有船舶豁免某些规则的国际公约》;

"商业目的"是指上述第三条(3)款所指行为或活动的目的;

"船舶"包括气垫船。

(2) 上述第二条(2)款第十三条(3)款中所指协议,包括条约、公约或其他国际协议。

(3) 上述第三条至第八条所指联合王国境内,应认为包括作为一个成员国参加《欧洲国家豁免公约》的联合王国所代表的任何附属领土。

(4) 上述第三条(1)款,第四条(1)款及第十六条(2)款中所指联合王国,包括它的领海及《1964年大陆架法》第一条(7)款指明的任何区域。

(5) 本法本篇的"对物之诉",在苏格兰系指海事诉法。

第二篇 公约成员国法院针对联合王国的判决

第十八条 针对联合王国的判决的承认

(1) 本条适用于《欧洲国家豁免公约》其他成员国法院所作针对联合国的任何判决,只要这种判决是

(a) 在根据与本法第二条至第十一条的相应规定,联合王国不得享有豁免权的诉讼中作出的。

(b) 终局判决,亦即不得上诉或不能再上诉的判决,或属

不可驳回的缺席判决。

（2）除下述第十九条规定的情况外，本条所适用的判决，应为联合王国任一法院承认为具有排除当事人间基于同一诉因提起任何诉讼的终局的效力，并在此等诉讼中，可作为抗辩或反诉的可靠依据。

（3）联合王国于另一公约成员国法院所达成的任何解决办法，依该国法律认为与判决具有同等效力者，对这解决办法，上述（2）款（但第十九条除外）亦应适用。

（4）本条所指公约成员国的法院，包括该成员国任何领土上的法院。

第十九条 不予承认的各种例外情况

（1）对下列判决，法院无须按上述第十八条的规定予以承认：

（a）承认其效力，将显然违反公共政策的，或判决是在诉讼的任一方当事人无充分出庭机会的情况下作出的；或

（b）判决未依相应于上述第十二条的规定作出，且联合王国亦未出庭，或要求驳回这个判决的。

（2）对下列判决，法院无须按上述第十八条的规定予以承认：

（a）如相同的当事人根据相同的事实为了相同的目的，另有诉讼

（i）现正在联合王国法院审理，且是首先在此起诉的；或

（ii）现正在另一公约成员国法院审理，且是首先在该处起诉，并可能作出可适用第十六条的判决的；或

（b）判决的结果与相同当事人间另一诉讼的判决结果不相一致，并且

（i）另一判决是联合王国法院的判决，且是诉讼也首先在

联合王国提起的，或是在上述第一次提到的判决成为第十八条(1)(b)项所指的终局判决之前作出的；或

(ⅱ) 另一判决是公约其他成员国法院作出的，第十八条已可适用于该判决。

(3) 外国法院在诉讼中，依与上述第六条（2）款相应的规定，认为联合王国不得享有豁免权而对联合王国作出的判决，如该法院有下列情况之一者，无须依上述十八条的规定承认其效力：

(a) 依其适用的相应于联合王国对此等事项的管辖权规则，该国法院对案件无管辖权；或

(b) 所适用的法律，不是联合王国国际私法规则指引的法律，而且如依这样指定的法律，将得到不同的判决结果。

(4) 本条上述（2）款所指联合王国法院，包括联合王国作为欧洲公约一个成员国所代表的任何附属领土的法院，所指欧洲其他成员国的法院，也包括该成员国所代表的任何领土的法院。

第三篇 其他及补充

第二十条 国家元首

(1) 除本条规定以及必要的修订外，《1964年外交特权法》应适用于

(a) 君主或其他国家元首；

(b) 组成其眷属的家庭成员；以及

(c) 其私人仆从，

适用于外交使团团长的外交特权，亦适用于组成其眷属的家庭成员及私人仆从。

(2) 依本条上述（1）款（a）（b）项赋予的豁免与特权，不受《1964年外交特权法》第三十七条（1）款或第三十八条

表 1 中提到的国籍或居所的限制。

（3）除国务大臣有相反的指示，依本条（1）款规定享有豁免权与特权的人，亦享有《1971 年移民法》第八条（3）款所规定的免责权。

（4）除涉及增值税和关税或执照税外，本条对有关的人在所涉诉讼中是否免征或豁免纳税不产生影响。

5）本条适用于依本法第一篇享有豁免和特权的国家君主或其他国家元首，并在适用本篇于任何行使公职的君主或国家元首时，不致减损其权利。

第二十一条 证明书的证据效力

国务大臣，或代表国务大臣出具的证书，对下列任何问题，都是不容置辩的确定的证明：

（a）某一国家是否为本法第一篇所指的国家，某一领土是否为本法第一篇所指联邦国家的组成领土，或一个人或一些人是否为本法第一篇所指的国家元首或政府首脑；

（b）某一国家是否为本法第一篇所指布鲁塞尔公约的成员国；

（c）某一国家是否《欧洲国家豁免公约》的成员国，以及是否已依该公约第二十四条作过宣告；或有关领土是否是作为公约一个成员国的联合王国或其他国家所代表的领土；

（d）文书是否已依上述第十二条（1）款或（5）款的方式送达或收受，以及何时送达或收受。

第二十二条 一般解释

（1）本法所指"法院"，包括任何行使司法职能的法庭或机构；所指联合王国的法院或法律包括联合王国任何部分的法院或法律。

（2）本法所指出庭或缺席判决，包括任何类似的诉讼程序。

(3) 在本法中，《欧洲国家豁免公约》是指以这一名称于 1972 年 5 月 16 日在巴塞尔签订的公约。

(4) 在本法中，"附属领土"是指

(a) 海峡群岛的任何岛屿；

(b) 马恩岛；

(c) 由联合王国负责其外交事务的殖民地；或

(d) 在女王陛下统治领域外，女王陛下以联合王国政府的权力，对它有管辖权的任何国家或领土。

(5) 本法授予枢密院发布命令的任何权力，包括变更或撤销的前命令的权力。

第二十三条 简称，废除，生效和范围

(1) 引用本法时，可称为《1978 年国家豁免法》。

(2) 《1938 年司法行政条例（其他规定）》第十三条和《1940 年法律改革条例（其他规定）（苏格兰）》第七条，（因本法第一篇而成为不必要）应予废除。

(3) 除下述（4）款外，本法第一篇、第二篇，不适用于诉因发生于本法

生效日以前的有关诉讼，特别是，

(a) 第二条（2）款和第十三条（3）款，不适用于前此达成的协议；以及

(b) 第三条、第四条、第九条，不适用于本法生效日前所参加的任何行为、契约或仲裁协议。

(4) 上述第十二条，适用于本法生效后所提起的任何诉讼。

(5) 本法自大法官以法律文件作出的命令所指定的日期生效。

(6) 本法亦适用于北爱尔兰。

(7) 女王陛下可通过枢密院命令，将本法中任何规定加以修改或不做修改，扩大适用于任一附属领土。

后记
POSTSCRIPT

　　完成一部著作，真不是一件容易的事。正如本书成文之初，我把自己比作一个母亲，在经历了漫长的等待和煎熬后，终于费尽力气生产出自己的娃娃，那种感觉恍如隔世。也许这个比喻对我而言并不恰当，也许未来我会遇到更大的挑战，但此刻我是满足的。这部著作，其中的每一个词语、每一句话、每一个观点，都幻化成一个个跳跃的音符，在我面前四散开来，充满了热情和活力，演奏出美妙的乐章。

　　是的，在我面前，它们是鲜活的，充满了生命力。与其说我编写了它们，不如说它们为我带来了无与伦比的体验。它们是积累与沉淀，正如巍峨的金字塔，只有从地基开始一砖一瓦地堆砌和建筑，才能建造出伸向蓝天的尖顶。每一个脚步每一滴汗水，都挥斥着奋发和努力；它们是执着与坚持，正如轮回的四季，春花秋月，夏云冬雪，始终如一地坚持在大树身上刻下了无法磨灭的年轮。许多的思考和领悟，都不知不觉地留在了心里；它们是珍惜与感动，正如神奇的五味瓶，有枯燥、烦闷、疑惑和沮丧，也有淡定、惊喜、喜悦和欣慰。最后，都化成了身体的养分。回头细细品味，这正是生命应有的味道。

　　在创作的路上，如果没有我的父母、师长、同学和朋友的陪伴、支持、鼓励和帮助，我也许很难应对学习、生活或工作上的挑战，最后顺利完成本书。因此，请允许我在此对你们表达我最诚挚的谢意。

首先，要感谢我的导师黄进教授，不仅要感谢他在我读博士的三年中对我学术的指导和鼓励，还要感谢他对我生活和工作的关怀、帮助。他是我在学术和人生道路上的引路人，在我看不清方向、做不了抉择、下不了决心的时候，总是会给我富有远见的指点，让我在一个正确的方向前进。在我遇到困难踟蹰不前、难以解决的时候，总是他给我以最有力的帮助来度过难关。而在我因为种种原因犯下错误或过失的时候，也总是他给以我博大的包容和谆谆教导，让我得以改正错误、不断完善。对于本书的写作，他为我提供了大量的指导和帮助。从本书构思之初，他就为我提供了许多极为珍贵的参考资料，还提出了诸多高屋建瓴的意见，这些大多成为了后来论文写作的重要线索；在论文写作阶段，也是他持续的督导和鞭笞，让我不敢懈怠；待论文成稿之时，他耐心为我修改多次，无论是具体内容还是形式要求。我印象特别深刻的是，在他身体不适，腰痛未愈时，床边仍然放着我修改过的书稿。老师待我如父似友，回想起三年的点点滴滴，心里蕴藏深深的感动。

其次，感谢杜新丽老师以及国际法学院的诸位老师。杜老师虽非我导师，却胜似导师。她宽厚和蔼、学识渊博，在她的教导下如沐春风，让我感到莫名的感激和温暖。她无论是学习上、生活上，还是工作上都给予了我无私的关怀和帮助。她就像一个妈妈一样爱护着她的学生，能遇到她是一种幸福。我还要感谢赵相林老师、宣增益老师、齐湘泉老师、孔庆江老师、宋连斌老师、霍政欣老师等其他的国际法学院的老师们，他们都在学术上或生活上给予了我关怀和指导。再次，我要特别感谢一下我在纽约大学的导师 Jerome A. Cohen 教授，他为我提供了去纽约访学的机会，而且在访学期间为我的学术研究提供了全方位的支持和帮助，我在纽约的所见、所闻、所感、所思都成为了我人生中极为重要的组成部分。Cohen 教授学富五车，具有深邃的洞察力，他的教导和指点使我在国际法的研习宽度和高度上都得到了极大的提升。而他一以贯之的爽朗笑容，挥洒自如的包容性格，以及充满智慧的思考方式，都给我留下了深刻的印象，而无可无不可的人生境界更是让我高山仰止。除此以外，我还要感谢在纽约访学期间给我的学术研究以及生活各方面提供过帮助的 Ira、Frank、Fox、Kingsbury、Alvarez、Alston 教授们，他们真诚、热情而无私的鼓励和帮助，构成了我对纽约大学法学院的美好回忆。

对于一直陪在我身边的国际法班的同学们，也是我需要着重感谢的对象。他们一直对我如兄弟姐妹般的关心和帮助，让我感受到了班级的团结和温暖。大家一起上课、一起玩耍、一起写论文，我不是一个人，我们都在路上，同窗之情也是对我奋勇向前的巨大激励。另外，我需要特别感谢一下我在纽约的室友和好友 Ruben De Bie，他与我在纽约就住在一起，一起上学一起生活。虽然他不是法律专业的学生，但是他对法律很感兴趣，而且往往能从一个外专业的角度给我许多具有建设性的意见，也拓展了我对中外学术研究角度和论文写作的见识。在我写论文的时候，他也给予了我无论是专业上还是语言上极大的帮助，他向我推荐了许多在国家豁免领域颇有建树的文献，也指出了我在运用外文资料和写作时的错误。

最后，我要特别感谢我的父母。我在外求学多年，一直没有好好地侍在他们身边照顾他们，实属不肖。他们不以为逆，反而多年来一直鼓励我认真学习，努力向上，在经济上、精神上都给予我无限的支持和帮助，却从未对我提过任何要求，怕我会有压力。可以说，没有他们的无私付出，我不可能有一个宽裕的时间和扎实的条件去求学，乃至完成本书。对于他们，我只有无尽的感激和愧疚。对他们的感谢，无以言表。

　　写作是让人感到孤独的，但正是因为有你们的相伴，我不再孤独。

严文君

2019 年 11 月